# 모래놀이치료와
# 數 상징

Pratibha S. Eastwood 저
정정순 · 김보애 · 정선영 공역

## Nine Windows to Wholeness:
## Exploring Numbers in Sandplay Therapy

학지사

# 역자 서문

　현대사회는 과학적 근거에 기초하여 제반 문제를 해결하려는 경향이 강하다. 반면 사회가 점점 복잡해지고 다양해짐에 따라 인간의 내면세계에 존재하는 질서와 영적 성장에도 점점 더 관심을 기울이게 된다. 이 분야에 대한 연구가 진행되면서 한 인간의 내면에 자리하는 깊은 무의식의 세계가 매우 소중함을 인식하게 되었다. 이러한 관점에서 볼 때 심리치료 분야에 대한 관심이 높아지고, 이와 깊은 관계에 있는 모래놀이치료에 대한 관심도 마찬가지로 커지고 있다. 모래놀이치료는 심리적 장애를 포함한 클라이언트로 하여금 내적, 외적 갈등이나 억압된 느낌이나 정서를 외적으로 표현하는 일을 돕는다.

　이 책은 기존의 철학, 종교, 수학 분야에서 제시되는 數에 대한 시각을 모래상자를 이용하여 심리학적으로 재조명하고 있다. 이 책을 읽으면서 다양한 집단에서 반복적으로 드러나는 數의 원형이 모래놀이 상황에서도 역동적으로 유사하게 일어나고 있다는 것을 발견하게 된다. 모래상자 안에서 펼쳐지는 내면의 세계를 숫자를 통하여 알게 되는 것이다. 모래놀이는 다양한 소품들과 아울러 숫자를 매개로 삶을 이해하고 질서를 유지하는 작업을 돕는다. 예를 들면, 호수를 만들어 놓고 오리가 한 마리밖에 없을 때 클라이언트는 왠지 모르게 외롭고 불안함을 느끼게 된다. 그러나 이내 오리 한 마리를 더 가져오면 클라이언트의 마음은 한층 더 안도감을 느낀다. 이렇게 모래놀이를 통하여 전개되는 소품의 숫자에 따라 모래상자의 이미지는 달라진다.

많은 학자들이 數에 대하여 많은 연구를 하였고, 모래놀이치료의 창시자인 도라 칼프 역시 인간의 정신세계를 이해하기 위해 數를 사용했다. 이 책의 저자인 이스트우드는 칼프처럼 자기 자신과 다른 사람의 삶을 이해할 수 있는 길을 數로 나타내었다. 나아가 그는 數의 세계를 모래놀이에 연결시켜 이 과정에서 나타난 인간의 마음을 이해할 수 있다고 보고 있다.

이 책은 우리의 내면에 존재하면서도 인식하지 못하는 '무의식'의 강력한 힘을 원형의 관점에서 數를 통해 이해하도록 쓰여 있다. 이 책은 총 3부로 구성되었다. 제1부에서는 1에서 9까지의 數에 대한 원형적인 내용으로 긍정적인 면과 부정적인 면을 다루고 있다. 제2부와 제3부에서는 실제적으로 數가 모래상자에서 어떻게 나타나는지, 어떠한 의미를 갖는지 살펴본다. 특히 1에서 9까지의 數에 대한 접근방법으로 서양적인 위계적 방법과 동양적인 동시적 접근방법을 알아본다. 이러한 접근방법은 에릭슨의 심리발달체계 및 십우도와 비교될 수 있다. 마지막으로 제3부에서는 임상에 나타난 실제 사례를 통하여 저자가 치료했던 모래상자의 장면을 보고 분석해 봄으로써 실제적으로 모래상자를 읽어 가는 연습을 한다.

이스트우드는 정신을 보다 깊이 이해하고자 모래놀이에서 표현된 융의 개성화 과정과 數가 어떻게 연관되는가를 설명해 주고 있다. 인간의 무의식이 數를 통하여 어떻게 의식에 영향을 주는지 사례를 통하여 제시하고 있다. 이와 같은 내용이 하나의 자극제로 받아들여져서 모래놀이치료에 대한 심리학적 의미를 재발견하고, 인간이 갖고 있는 다양한 數에 대한 관점들을 재조명해 볼 수 있는 기회가 되길 바란다.

이 책의 번역을 완료하기까지 오랜 시간이 걸렸다. 번역을 하면서 원문에 충실하면서도 독자들이 읽고 이해하기 쉽도록 문장을 다듬는 일에 여춘자, 김혜림 수녀님과 김윤희, 권보영, 배진형, 이희신, 박미정 선생님이 수고해 주셨다.

　이 책이 모래놀이치료에 관련하여 활동하는 분들뿐만 아니라 치료 현장에서 수퍼바이저, 상담심리치료 전공자 또는 치료사로 활동하고 있는 교수진 등에게 도움이 되기를 바란다.

　끝으로 이 책의 출간을 맡아 주신 학지사의 김진환 사장님, 편집 교정을 담당해 주신 편집부의 이세희 선생님과 저작권 계약을 위해 애쓰신 안선영 선생님께 깊은 감사의 마음을 표한다.

2006년 7월

역자　정정순 · 김보애 · 정선영

# 추천의 글

이스트우드(Pratibha Eastwood)는 정신을 보다 깊이 이해하고자 노력하는 과정에서 수(數)가 심리적 · 영적 상태에 어떤 의미를 부여하는지 탐구하게 되었다. 그녀는 數에 대한 그러한 탐험에 우리를 초대한다. 이 얼마나 멋진 모험인가! 우리는 그녀와 함께 신화적, 종교적, 원형적인 다양한 관점에서 數를 바라보게 된다. 그 여정의 결과로 모래 작품(sand creation)을 보거나 숫자로 표현될 때마다 數라고 하는 보편적인 언어를 통해 무의식이 어떻게 소통하는지를 통찰할 수 있을 것이다.

이 책은 여타의 모래놀이 문헌과 견줄 수 있는 훌륭한 책이다. 우리는 이 책이 다음 세대 모래놀이 이론가 및 연구자들의 저술에 선구자가 되리라 믿는다. 이 책처럼 앞으로 나오게 될 서적들은 단일한 렌즈를 사용하여 모래놀이 작품을 보다 깊이 이해할 수 있도록 이끌어 줄 것이고, 궁극적으로는 전체적인 과정에 대한 우리의 지식을 확장시켜 줄 것이다. 이스트우드는 모래 속에서 數가 어떻게 표현되는지를 봄으로써 모래놀이 창작품을 이해하는 체계적인 방법을 제시한다. 더 넓은 무의식의 원형 세계를 조명하는 데는 많은 방법들이 있다는 것을 그녀 자신도 인정하지만, 그녀는 數가 갖는 의미를 깊게 검토함으로써 그 영역을 탐색한다. 이 책에서 그녀는 깊은 내면의 치유과정을 數가 어떻게 전달해 주는지에 대한 자신의 깊은 이해와 존경을 감동적으로 보여 준다.

　이 훌륭한 책은 다양한 영역에서 일하는 임상가들과 영적 구도자들을 매료시킬 만한 새로운 수준의 통찰을 제공한다. 그녀는 우리로 하여금 삶의 모든 측면에서 표현되고, 진단할 경우에도 반영되는 보편적인 진리가 數 속에 있음을 알게 해 준다.

　數에 대한 풍부한 정보에 덧붙여 이스트우드는 다양한 자료로부터 임상가들에게 실용적인 훈련 지침서 기능을 할 수 있도록 2, 3부에서는 실제적인 부분을 다룬다. 첫 번째 실제 부분에서는 모래상자 안에서 數가 어떻게 나타나는지 확인할 수 있도록 도울 것이다. 두 번째 실제 부분에서 독자들은 저자가 직접 수행했던 치료를 재현한 모래놀이 장면을 보고 분석해 볼 수 있는 기회를 갖는다. 독자들은 자신들의 반응을 저자의 분석과 비교해 보는 기회를 갖게 된다. 이 책의 제1부에서 얻은 인지적인 정보를 실제 사례에 적용할 수 있는 이러한 기회는 독자의 지적인 부분이 실제적 이해와 통합될 수 있게 해 준다. 이책은 이러한 중요한 두 가지 학습방법을 결합하고 있어 더욱 쉽고 편하게 이용할 수 있는 임상자료가 된다.

　모래놀이의 창시자인 칼프(Dora Kalff)는 정신세계를 이해하기 위해 數를 사용했다. 그녀는 고대 히브리 전통인 '이름에 대한 수점(數占, numerology of names)'을 사용했는데, 이 수점에서는 특정 값들이 모음과 자음으로 각각 나누어지며, 이름에 있는 글자들이 특수한 코드에 따라 추가되고 해석된다(Martin Kalff, personal communication, February 3, 2002). 칼프는 사람들에 대한 자신의 비범한 직관을 향하는 매개로 이 방법을 규칙적으로 사용했다. 내가 칼프와 가진 첫 회기에서 그녀는 나의 이름과 생년월일을 적어 보라고 했다. 그 속에 담긴 數들을 통해 그녀는 나의 심리적 성향, 타고난 재능, 성장의 가능성과 아울러 앞으로의 도전에 관한 실로 놀라운 통찰을 보여 주었다. 그녀는 내게 이 방법을 단 한 번만 사용했고 다시는 언급하지 않았다. 이후 몇 년 동안, 다른 사람들 또한 그녀를 통해 놀라운 경험을 했다는 말을 들었다. 그러나 그녀가 사용했던 방법은 그녀의 제자들 중 누구에게도 전수되지 않았다. 이 방법은 이 책의 부록에 수록되어 있다.

이스트우드 또한 칼프처럼 數가 가진 정확성과 힘에 놀랐다고 한다. 두 사람 모두 數는 자기 자신과 다른 사람의 삶의 여정에 질서를 부여하고 이해할 수 있는 길이라고 보았다. 이 책을 통해 이스트우드는 數의 세계를 모래놀이와 통합하면서 한 걸음 더 정진한다.

이스트우드는 우리가 자신의 세계에 대해 생각할 수 있는 또 다른 방법을 제시한다. 이 책을 읽으면서 우리는 막힌 사고에서 탈피하여 생각을 확장하고 우리의 세계를 보다 넓게 보게 된다.

이 책 속에 담겨진 많은 정보와 통찰은 단숨에 이해될 수 없다. 이는 치료자와 보다 높은 의식을 추구하는 사람들이 모래상자 속에 나타나는 의식의 특수한 측면을 조명하고 그들 자신 및 타인의 삶의 여정을 이해하기 위해 시간을 거듭하면서 다시 사용할 자원인 것이다. 數의 원형을 이해하는 데서 오는 의미는 풍성하고도 신비해서 이 책을 지속적으로 접하게 할 것이다. 우리는 數가 가진 원형적인 의미를 보다 깊이 있게 이해하고 싶은 사람들뿐만 아니라 초보자와 숙련된 임상가 모두에게 이 책을 권하고 싶다.

프리드만과 미첼
2002년 2월 Los Angeles CA

## 저자 서문

오랫동안 나는 '숫자에는 어떤 매력이 있기에 인간이 數를 통해서 우주의 흐름을 이해하고 조직하고 싶어하는가' 라는 생각을 했다. 특히 위험하고 비본질적이며 혼란스럽다고 생각하는 세상에서 삶의 의미를 이해하고 싶은 것이 인간의 기본적인 욕구라면, 나는 세상의 유형과 사이클을 이해해야만 평화를 느낄 수 있다고 생각한다. 오랫동안 숫자는 미지의 것을 예언하는 방법이었다. 전통적으로 우리는 무의식을 의식화시키고 미지 세계의 무질서에 적응하는 방법을 창조함으로써 현실을 탐구하고 체계화했다. 나는 사람의 내적인 역동성을 안다는 것을 말하기 위해 '나는 그 사람의 숫자를 얻었다.' 라는 표현을 사용한다.

나는 이스라엘에서 성장할 때 숫자와 관련된 알파벳을 가진 언어로 말했다. 나는 어렸을 때부터 숫자를 우주의 비밀이라고 생각했다. 어렸을 때 나는 버스표에 있는 숫자를 가지고 하루의 행운을 점치곤 했는데…… 그것이 맞는 것 같았다. 어떤 면에서 그것은 내가 무엇을 하고 있는지에 대해서 알지도 못하면서 나의 무의식과 모험을 하고 있었던 것이다. 내가 인도에서 영적인 구도자가 되어서야 비로소 숫자로 점보는 방법이 우리의 개인적인 영적 여정을 이해하는 방법이라는 것을 깨달았다. 모래놀이치료의 창시자인 칼프(Dora Kalff) 여사와 같이 숫자로 보는 점의 정확성과 그 위력에 의해서 나는 경외감마저 느졌다.

융(C. G. Jung)과 폰 프란츠(Marie-Louise von Franz), 에릭 노이만(Eric Neumann), 에드워드 에딘거(Edward Edinger), 마리온 우드맨(Marion Woodman)과 같은 융의 동료들처럼 나중에 나는 원형의 관점에서 숫자를 더 보게 되었다. 숫자와 모래놀이에서 표현된 개성화 과정과 관계가 있는 것인지 그리고 관계가 있다면 어떻게 관계가 있는지에 대해서 모래놀이치료자가 알고 싶어 하는 것은 자연스러운 일인 것 같았다. 나는 숫자가 삶을 이해하고 질서 이루도록 돕는 원형이라고 가정했다. 또한 이 가정이 정확한지에 대해서도 알고 싶었다.

나는 모래놀이에서 숫자가 나타나는 것을 많은 모래놀이치료자와 클라이언트들이 알게 됨을 보아 왔다. 그러나 숫자의 의미를 이해하기 위한 체계적인 방법에 대해서는 들어 본 적이 없었다.

이 책이 나오기까지 애써 주신 많은 분들에게 감사드리는데, 특히 13장을 만들 수 있도록 도와준 쉐리 쉐퍼드(Sherri Shepard)에게 감사를 드린다.

내가 힘들어진다 하더라도 기꺼이 나에게 정직한 피드백을 주고 나의 이 수학적인 연구가 옳다는 것에 확신을 주었던 이스라엘의 과학자 호바브 드로(Hovav Dror), 이샤이 드로(Ishai Dror), 루티 코렌(Ruti Koren), 미켈 코렌(Michael Koren)에게 감사를 드린다.

이렇게 아름다운 책으로 나올 수 있도록 인내와 존경의 마음으로 지지해 주고 조언하며 나를 도와준 헤리티지 출판사(Heritage Press)의 딕 리데이(Dick Lyday)에게 감사를 드린다.

마지막으로 주제에 대한 생각을 나누기 위해 시간과 에너지를 쏟아 주고 더 잘 다듬을 수 있도록 도와준 클라우스 새틀러(Klaus Sattler)와 스콧 넬슨(Scott Nelson)에게 감사를 드린다.

그러나 모든 책에 있어서 가장 중요한 것은 책을 교정하고 다듬는 작업을 계속하는 것이다. 처음부터 끝까지 변함없이 충실하게 타이프를 쳐 준 줄리아 프리드맨(Julia Freeman)과 모나 퀸(Mona Kwon)에게 감사를 드린다.

이러한 꿈이 현실이 되도록 도와주면서 내 마음의 무거운 짐을 가볍게 해 주기 위해 수고해 준 사무실 직원 모두에게 감사를 드린다. 여러분 모두에게 진심으로 감사드린다. 여러분의 도움이 없었다면 나는 이렇게 아름다운 책을 펴낼 수 없었을 것이다.

# 차 례

## 제1부

# 제2부

## 들어가는 말

## 數가 가진 의미

數는 우리의 경험에 의미를 부여하는 기본적인 원형들 중 하나다. 그것은 인간정신에 있어서 질서의 원형까지는 아니더라도 질서의 가장 본질적 요소라고 알려져 왔다. 그 이상으로, 數와 그에 대응하는 기하학적 도형, 예를 들면 원이나 삼각형은 전체성, 양극성, 균형, 순환성과 같은 원칙을 인류에게 표상해 왔다. 그것들은 의식적으로든 무의식적으로든 많은 이들이 달성하고자 애쓰는 것, 바로 전체성의 경험을 연구한다. 그런 면에서 각각의 數는 삼라만상의 혼란을 다루고 전체성에 이르는 창을 발견하는 서로 다른 전략을 나타낸다.

현대 과학의 관점에서는 數를 단순히 양을 나타내는 지표로만 간주하며 數가 가진 계량적 측면에 초점을 맞추는 경향이 종종 있는 것 같다. 현대 사람들보다 數의 기원에 보다 가까운 고대인들은 數가 가진 신비함에 대한 감각, 즉 오늘날 우리가 數의 질적인 측면이라고 부르는 것과 관련된 감정을 더욱 갖고 있었다. 수학자들이 많은 방식으로 數를 계산하고 조작함에도 불구하고 數는 본질적으로 영적이며 신비스러운 것이라 할 수 있다. 예를 들어, 마야 신화에 나오는 주요 인물들의 이름은 모두 數다. 인류는 數를 발명한 것이 아니라 현실에 없어서는 안 될 필수적인 부분으로 數를 발견했다. 만일 우리가 다양한 언어들 속에서 '數' 라는 단어가 가진 어원상의 뿌리까지 가 본다면, 우리는 단순한 셈 이상으로 훨씬 더 깊은 무엇인가와 관련되는, 민간전승을 통해 내려온 확증을 얻게 된다. 數에 해당하는 그리스 단어는 아리스모스(arithmos)다. 이를 통해 우리는 數가 본래는 리듬(rhythm)이었다고 생각해 볼 수 있다. 독일어에서 '말하다' 에 해당하는 동사는 에르잘렌(erzahlen)으로, 이는 잘(Zahl), 즉 數라는 단어에서 파생된 것이다. 또한 프랑스에서 '말하다' 는 라꽁떼(raconter)로, 이는 '계산하기' 혹은 '셈' 의 의미에 가깝다. 중국어에서 '계산하다' 에 해당하는 단어는 수안(Suan), 즉 발생하고 있는 일의 기원을 생각하는 것을 의미한다. 이러한 어원의 구조 속에서 우리가 알 수 있는 것은 인류가 신화나 원형적인 설화(archetypal tale)를 말할 때 그것이 '셈하기' 와 같다는 것을 본래 알고 있었음이 분명하다는 것이다. 신화나 설화는 질서 있게 흘러가는 리듬감 있는 사건의 반복을 따른다.[1] 그렇다면 數가 정신세계와 물질세계를 결합하는 원형이라고 융(Carl G. Jung)이 가정했던 것은 놀랄 일이 아니다.

　표면상으로는 이미 잊혀진 듯 보이고 소홀히 취급되는 듯 보여도 수학자를 움직이게 만드는 요인은 數가 육체의 세계가 가진 모든 수수께끼들에 대한 궁극적인 답이라는 믿음이었다. 폰 프란츠(Marie-Louise von Franz)는 마치 자기(self)가 리듬 있게 똑딱이는 숫자 시계인 것처럼 이 원형을 바라보라고 제안한다.[2]

　고대 수학철학자들에 의하면, 數와 그것을 표상하는 기하학적 형상은 일관되고, 이해하기 쉬운 언어, 완전한 원형의 원본이다. 따라서 상징적 수학은 심적으로도 영적으로도 우리 내면의 신성한 구조에 대한 안내를 제공해 준다. 우리는 자연, 물리학, 음악, 종교, 동화, 신화, 점성술, 상업, 농업, 건축 등 그 속에서는 물론 심리학 속에서도 數를 발견한다. 數가 나타내지 않는 삶의 영역은 거의 없다. 폰 프란츠는 다음과 같이 말한다. "우리의 가장 기본적인 심리구조는 보편적으로 집단적인 행동양식을 의미하는 원형에 의해 형성되기 때문에, 우리 모두는 특정 상황에서 동일한 방식으로 반응하게 되는 것이다…. 만일 어떤 환자의 무의식 속에 형성된 원형이 있다면, 그의 반응이나 문제를 상당한 수준까지 예측할 수 있다. 왜냐하면 방법을 안다면 그러한 행동양식을 읽어 내고 그와 동시에 의식적 상황과 문제를 재구성하는 것이 가능하기 때문이다…. 만일 우리가 현 상황의 가장 기저에 놓인 원형의 배열을 알게 된다면 우리는 이후의 일이 어떻게 진행되어갈지 어느 정도까지는 알 수 있게 된다."[3] 가시적인 일상의 심리적 행위들을 질서의 원형들, 즉 아홉 가지 數의 원형들에 연결시키는 것이 이 책에서의 필자의 바람이다.

## 數의 신학과 심리학

고대인들은 수학을 종교나 철학과 분리시키지 않았다. "數에 대해 생각하기 시작할 때 모든 수학자 뒤에는 과학자가 있었고, 모든 과학자 뒤에는 성직자가 있었다."[4]라고 이야기되어 왔다. 현대에는 심리학자들이 있다고 말할 수도 있지 않을까. 융은 數가 원형이며, 우리가 무의식과 연결되면서 우리는 數의 원형들과 동반되는 신비함을 느끼기 시작한다고 말하고 있다.[5] 원형으로서의 數에 대한 지식의 많은 부분은 피타고라스(Pythagoras)까지 거슬러 올라가는데, 그는 미술, 건축, 음악, 윤리학, 역사 분야에서 수학과 비율을 도구로 활용하는 인도주의적 철학을 만들었다. 피타고라스로 인해 "모든 사물은 數다." "신은 기하학자다." 등의 말이 생겨났다. 이집트 불가사의의 전수자로서 그는 數를 세상의 열쇠라고 보았다. 피타고라스식 전통, 즉 플라

톤 학파와 연금술, 아울러 여타의 신비주의적 종파들의 가르침은 數의 상징성과 상호관계를 포함하여 넓게 구성되었다. 보다 명확히 말하자면, 피타고라스는 數의 내적인 질서와 그 상징성이 인간 정신에 대해 특수한 영향을 미친다고 믿었고, 따라서 數, 정신, 세계 간의 관계를 발견했다. 이것을 심리학적으로 이야기한다면, 數 원형의 의미가 개인의 심리적·영적 상태를 이해하는 데 가장 중요하다고 말할 수 있다.

## 數 조직에 대한 두 가지 접근방법

융학파 정신분석가인 폰 프란츠는 상이한 문화들 속에서 數의 조직을 이해할 수 있는 두 가지 방식을 밝혀내면서 數 원형에 대한 이해에 중요한 공헌을 했다.[6] 그녀는 서양적 시각은 위계적이고, 시간 제한적이며 진화론적인 데 반해 동양 체계는 동시적이며 세계 전체와의 관계 속에서 각 數의 내·외적 요인들의 관계를 탐색한다고 한다. [그림 1]은 이러한 두 가지 접근방법을 시각적으로 보여 준다.

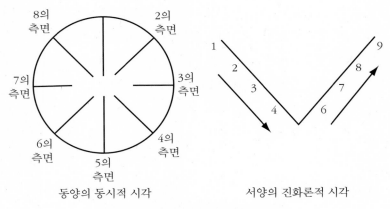

동양의 동시적 시각      서양의 진화론적 시각

**[그림 1] 數의 조직에 관한 두 가지 시각**

## 서양의 진화론적 접근방법

서양의 접근방법에 대해서는 많은 글들이 쓰여 왔다. 이 접근방법은 자연에서의 창조적 순환과정과 같은 진화론적 모델에 그 기초를 두며, 이 모델은 씨앗에서 열매 맺기까지의 생애주기와 운동과 성장을 반영하는 주기성으로 특징 지어진다. 점진적으로 진화하는 각각의 수준에서는 앞선 수준을 포함하며 그 위에 자기 단계가 갖는 특징을 추가한다. 융이 말하듯, "모든 점진적인 단계는 새로운 속성과 새로운 변화를 받아들이는 것이다."[7][8] 뉴만(Neumann)의 용어를 사용하면, 이는 어머니의 자궁에서 나오는 과정이라고 할 수 있으며, 수동적이고 미분화된 상태로부터, 구속으로부터 해방되는 분화의 상태로 나아가는 것이다. 이러한 분화를 따라 해방된 영웅은 여성과의 관계를 형성하기 위해 다양한 방법으로 노력한다. 진화론적인 여정은 자아(ego)와 자기(self) 간 관계의 발달적 과정 속에서 나타난다. 어떻게 이러한 개인의 진화론적인 역동이 數 속에서 표현되는가는 3장에서 11장까지 광범위하게 다룰 것이며, 필자는 1에서 9까지의 數 원형을 각 장에서 하나씩 상세하게 다룰 것이다. 12장에서는 진화론적 접근방법과 에릭슨(Erik Erikson)의 심리발달모델 사이의 부합 정도를 밝힐 것이다.

폰 프란츠가 명백히 설명했듯이 서양의 관점은 외부지향적이다. 다시 말하면, 우리는 물리적 사건을 먼저 보고 난 후 수학적 방식을 추상적으로 끌어낸다. 우리는 數라고 하는 원형적 언어 속에서 심오한 상징적인 태피스트리(tapestry)를 가정할 수 있으며, 거기서 수열은 변화에 대한 신화적 탐구와 공통점이 있다. 이러한 數의 진화론적인 여정은 또한 주기적이며, 이는 영적인 수준에서 형태나 물질로의 하강, 완전에 대한 추구 그리고 그 후에 거치는 연금술의 도정을 표상한다.

여기서 연금술의 도정은 물질과 영혼의 통합을 말하는 것으로 이러한 도정 과정을 통해 영혼은 물질을 이끌고 물질은 영혼을 따르게 된다.

## 동양의 동시적 접근방법

數에 대한 동양의 동시적 관점에 대한 글은 훨씬 적다. 이 관점에서 강조하는 것은 내면 요소와 외면 요소 간의 관계다. 동시적 시각에서 이러한 개념은 바로 모든 경험이 그 순간 하나의 전체임을 의미한다. 이것은 단선적이지 않고 현실에 대한 내향적이고 직관적인 접근방법이며, 정신을 먼저 보고 하나의 사건을 읽어내기 위해 '동시에 일어난 사건들'을 포함시키는 접근방법이다. 폰 프란츠는 다음과 같이 가정한다.

> 의식영역에서 數는 양적인 불연속과 질적인 개별수인 것으로 나타나는 데 반해, 무의식에서는 집단적 무의식의 다른 모든 원형들이 그러하듯 모든 數는 흐르는 하나의 연속선 속에서 數가 서로 스며들고 중첩된다. 이 관점에서 보면 모든 數는 근원적인 것이 단지 질적으로 분화되어 현시화된 것들이라고 할 수 있다. 근원적인 것은 우누스 문두스(unus mundus)의 수학적 상징이다.[9]

중국인은 이러한 접근방법에 기반한 종교철학을 발전시켰다. 우리는 이 관점을 도교의 본질 속에서 보게 되는데, 여기서는 이후 다양하게 분화된 모든 것들을 담아내는 그릇이 되는 근본적 통일체로서의 우주, 즉 도(道)에 초점을 둔다. 노자(老子)는 내면과 외면의 에너지들 사이의 친밀한 상호작용을 도(道)의 조화로우면서도 이원론적인 원칙으로 설명했다.

서른 개의 살이 한 수레바퀴 안에서 함께 연결되나
마차를 움직이게 하는 것은 가운데에 난 구멍이다.
우리는 한 덩어리 진흙으로 그릇 형상을 만드나
그 그릇을 쓸모 있게 만드는 것은 그 내부의 비어 있음이다.
우리는 나무로 문과 창을 만들어 집을 세우나
방을 살기 좋게 하는 것은 비어 있는 안쪽 공간이다.
우리는 유형의 것을 가지고 무언가를 세우지만
우리가 사용하는 것은 바로 무형의 것이다.[10]

이 시가 우리에게 말해 주듯이, 동시적 접근방법에서는 외면으로 드러나는 물질세계의 것들은 내면의 중심 혹은 통일성(Oneness)과 복잡하게 연결되어 있거나 그러한 중심과 통일성과의 관계에 실제로 기반을 둔다. 모든 외면적인 것들은 수레바퀴에서 그 중심과 연결된 동등한 살들이라고 볼 수 있다. 따라서 우리는 동시성의 내·외적 접근방법과 시간 제한적이지도 않고 진화론적이지도 않은 '있음(isness)'을 보게 된다. 14, 15장에서는 數 속에 이론적으로, 개인 심리적 과정으로 나타나는 이러한 동시적 시각을 좀 더 상세하게 다루게 된다.


## 이 책에 대하여

이 책은 두 가지 유형의 독자층을 염두에 두고 구성되었다. 첫 번째는 의식의 여정에 관심 있는 일반 독자이고, 두 번째는 치료적 공동체와 특별히 모래놀이치료를 하는 사람들이다.
일반 독자를 위해 이 책에서는 다양하고 겉보기에는 무관해 보이는 분야들로부터 문헌 및 연구를 모았다. 이는 수학의 신학에서부터 동화 분석에 이르는 것으로 그 범위가 광범위하다. 이렇게 광범위한 자료들은 그러한 모든 단편들이 의식 상태들에 대한 인류 경험의 본질에 대해 얼마나 실제로 서로 다른 관점들인지를 보여 주는 데 매우 독보적인 역할을 해 줄 것이다. 1에서 9까지의 아홉 가지 數가 갖는 상징성을 통해 이러한 의식 상태들을 강조하고 이해할 수 있으며, 필자는 이것이야말로 모든 數가 환원하게 되는 원형이라고 본다.

이것은 또한 더 높은 의식을 추구하는 사람들에게 이러한 의식 상태들이 실제로 질서, 리듬, 이치를 가졌으며, 모래놀이치료라고 불리는 독특한 융학파의 치료방법을 통해 다다를 수 있고 다루어질 수 있음을 보여 준다. 좀 더 구체적으로 말하면, 제2부에서는 더 나은 의식을 추구하는 사람이 사랑이나 헌신과 같은 개인적 이슈에 기반을 두고 한 개인의 의식 상태를 항해하는 지도를 발견할 수 있고, 부록에서는 數와 관련되는 보다 개인적인 정보에 기반을 두고 그러한 지도를 찾을 수 있다고 하겠다.

의식을 발견, 탐색, 발전시키는 과정에 언어적, 비언어적으로 참여하는 것은 모래놀이를 통해 가능해진다. 모래놀이는 놀이임과 동시에 명상이다. 모래놀이를 통해 모든 이들의 가장 큰 수수께끼인 인류의 정신을 풀어 가는 과정에 의식적으로도 무의식적으로도 참여할 수 있게 되는 것이다.

각 數의 밑받침이 되는 심리적인 토대를 이해함으로써 그 사람의 현 존재상태 혹은 갈등과 數 원형 사이의 연결을 인식할 수 있다. 이를 통해 시각적인 면에서 획기적인 변화가 가능해진다. 즉, '문제'에 사로잡혀 있기보다는 의식 상태의 맥락 내에서 개인 상황이 보다 깊이 있게 실현될 수 있게 된다. 따라서 보다 쉽게 선택할 수 있는 자유가 주어져, 자기이해와 자기수용이라는 끝도 없이 풍성한 세계로 열려진 문을 발견하게 된다.

　이 책은 또한 전문가들을 위해서 영적·심리적 존재의 아홉 가지 본질들이 치료과정을 도와주는 지도로서 어떻게 해독될 수 있는지 보여 준다. 이는 특히 치료적인 환경 속에서 보다 나은 관계형성이나 긍정적인 전이를 형성하기 위한 경우 더욱 유용하다. 전이를 테스트하는 어떠한 경우라도 가장 중심적인 질문은 '여기는 나에게 안전한 곳인가'다. 치료가 가능하기 위해서는 대답이 "그렇다"이어야만 한다. 우리가 다룰 전이에 대한 테스트들은 우리가 어느 정도 통제할 수 있는 것들이다. 數 원형에 의해 부각된 이슈들에 민감해진 치료자는 클라이언트의 욕구와 관심사를 이해하는 폭과 깊이가 넓어지는 기회를 갖게 될 것이다. 치료자는 또한 의식 상태를 이해하고 지각하며, 판단을 줄이고, 보다 명확하고 적합한 언어로 클라이언트를 만날 수 있을 것이다. 또한 이 교재를 치료에 적용하는 데 관심 있는 전문가를 위해 제3부 18장에서는 실제를 돕는 교재와 치료도구로 사용할 수 있는 數의 속성들을 요약한 표를 제시하였다. 이를 통해 이 책에서 다룬 내용들이 개인적인 경험 속으로 좀 더 쉽게 통합될 수 있을 것이다.

　*본문 속에서 '그/그녀'라는 단어의 사용에 대한 언급 : 필자는 종종 남성 대명사 '그'를 사용하곤 하지만 이는 남성과 여성 둘 다를 동등하게 표현하는 것이다.
　*본문 속에서 역자는 '수'를 한자의 '數'로 사용한다.

## 자료 개괄

구조적으로 보면 제1부에서는 이론적이고 원형적인 내용을 다루는 반면, 제2부와 제3부에서는 실제적인 응용과 관련되는 내용을 담고 있다. 제1부에서 필자는 일반적으로 數가 갖는 의미를 개괄하는 것에서부터 출발한다. 그 다음은 數 원형이 치료과정에서 어떻게 드러나는지 보여 주기 위한 매개로 모래놀이치료를 선택한 이유를 설명한다. 클라이언트의 의식 안에서 일어나는 변형을 예고하면서 말이다. 필자는 또한 한 개인의 모래놀이 사진에서 數들이 관찰되고 인식되는 몇 가지 방법을 언급한다.

이렇게 개괄한 후, 필자는 1에서 9까지의 數가 갖는 원형적인 중요성을 별도로 살펴본다. 각각의 數에 '개성(personality)' 즉 그 數가 지시하는 사물들의 특성에 영향을 주는 개별적인 속성이 담겨 있다는 피타고라스의 주장을 적용한다(이는 수점의 전제이기도 하다. 수점에서는 개인의 인생행로를 결정함에 있어 출생일을 사용하는데, 이것에 대해서는 부록에서 논의한다). 우리가 다른 數를 살펴볼 수도 있다는 점은 인정하지만, 9보다 큰 두 자리 이상의 모든 數들은 그 數를 구성하는 개별의 數들을 더함으로써 한 자리의 數로 환원할 수 있다. 예를 들면, $127 = 1+2+7 = 10 = 1+0 = 1$, 혹은 $4098 = 4+0+9+8 = 21 = 2+1 = 3$ 이다. 따라서 1에서 9까지의 數들은 그 원형들을 확실하게 표상한다. 달리 말하면, 모든 數들은 원형적인 값으로 환원될 수 있다는 것이다. 이러한 아홉 개의 數는 실로 에너지의 톤(tones), 즉 식별가능하고 독특하며, 다양한 형태로 재차 반복되는 의식의 특수한 주파수라고 할 수 있으며 어떤 점에서 9 다음에 이어지는 數들은 첫 번째 주기가 반복되는 것이라 할 수 있다.

1에서 9까지 數 원형들에 대한 내용은 종교, 신화, 동화, 점, 수학, 기하학, 자연, 건축, 인류의 역사, 심리학으로부터 상징이라는 요소를 통해 도출되었다. 제1부의 각 장은 해당 장의 數 원형이 갖는 아주 핵심적인 본질에 대응하는 목록들을 열거함으로써 시작한다. 여기에는 해당 數와 관련된 색상, 원소, 분위기, 관련되는 물체, 이중적인 표상 등이 포함된다. 이러한 것들은 역사적이고, 전통적이며, 과학적일 뿐만 아니라 이 주제에 대한 필자 자신의 연구에서 새롭게 발견한 점들도 포함하고 있다.

이러한 요소들이 어떻게 역사적이면서도 과학적인지를 보여 주기 위해, 필자는 먼저 색상 도수에 대해 간단히 다루고자 한다. 색상과 數 사이의 대응은 인간 에너지 분야에서 파생한 것임은 증명되진 않았지만 그럴듯하고 이치에 맞기도 한다. 이 인간 에너지 분야에서는 우파니샤드(Upanishads)에서 묘사된 바와 같이, 베다(Veda)의 사제들이 만든 것으로 보이는 체계 속에서 동일한 순서에 따라 색상과 차크라(chakras)가 서로 대응한다.[11] 색상 도수는 빛의 굴절에 기반한 물리적 현상에 연결시켜서 나온 것이다. 뉴턴(Issac Newton)은 유리 프리즘이나 크리스탈에 투사된 백색광의 광선이 전통적으로 그 數들에 기인한 일련의 색상들이 이어진 색상 스펙트럼으로 굴절하는 것을 발견했다(그림 2) 참조). 물리학에서 색은 파장이나 주파수와 같은 식으로 측

[그림 2] 빛은 프리즘에 의해 스펙트럼으로 분산되어 나타난다

정된다. 우리가 색을 통과해 이동할 때 주파수는 증가하고 파장은 감소하는데, 이는 한 자리의 數에서도 그러하다.[12] 물리학자 헤르만 본 헬름홀츠(Herman von Helmholz)가 색상과 음계 간의 대응에 대해 알아냈다.

각각의 數에 대해 필자가 언급하는 다음의 대응은 數와 원소 (element) 사이에 이루어지는 것으로, 數 원형을 초기의 화학과 연금술, 신화에 연결시켜 살펴보게 될 것이다. 여기서 사용되는 네 가지 원소들은 불, 물, 흙, 공기다. 이들을 짝지어 놓은 몇몇 쌍들은 數 원형의 특성과 분명히 연관되는데, 그 내용은 각 數를 설명하는 본문에서 좀 더 상세하게 다루고 있다.

세 번째로 대응되는 것은 분위기(vibration)로, 數를 고대 수학과 기하학에 연결시키는 것이다. 분위기는 남성적이거나 여성적이거나 혹은 둘 다이다. 피타고라스 같은 고대 그리스 수학철학자는 홀수는 남성적, 짝수는 여성적이라고 보았다. 필자는 본질적으로 이러한 모델을 따르지만, 이와 아울러 각각의 원형에 대한 필자 자신의 연구에 기반해 이러한 범주를 자유롭게 적용한다.

필자는 또한 물체(objects)라는 범주도 포함시켰는데, 이것은 전형적인 모래상자 작품에서 보여질 수 있는 것으로 각각의 數와 관계된다. 이러한 소품은 모래놀이 문헌과 융학파의 문헌에서 수집한 자료에서 도출하였으며, 이뿐만 아니라 서적 목록에서 數와 관련된 문헌을 찾아 조사, 수집한 자료에서도 도출하였다. 모래놀이치료자들에게 필자는 또한 각 數에 대한 장 속에서 많은 모래놀이 사례를 제시함으로써 數가 갖는 상징적인 의미를 인식하는 서로 다른 방법들을 구체적으로 예시하였다. 이러한 사례 속에서 우리는 수학 속에 내재된, 신화와 종교 속에서 인격화된, 그리고 건축과 치료과정 속에서 묘사된 대응되는 원형들을 풍부한 상상력을 동원하면서 검토해 볼 수 있다.

　대응 목록 중에서 논의되는 마지막 항목은 數를 포함하여 모든 상
징의 본질 속에 내재하는 밝은 면과 어두운 면의 역설이다. 각각의 數
에서 우리는 이러한 이중성을 발견한다. 우리가 물질세계 속에 존재
하는 한 이중성은 삶의 모든 국면에서 나타난다. 이러한 소재는 대부
분 수점에서 도출되었으며, 에니어그램(Enneagram) 같은 영적인 체계
와 필자 자신의 작업 등에도 그 토대를 두었다.

　제2부에서는 1에서 9까지의 數에 대한 서양적(위계적) 접근방법과
동양적(동시적) 접근방법을 보다 더 깊게 조망하도록 한다. 아울러 이
러한 접근방법을 에릭슨의 심리발달체계 및 십우도(十牛圖)와 대응하
여 분석한다. 그 다음 필자는 모래놀이치료자들이 실제의 장에서 이
러한 소재를 사용할 때 알아두어야 할 점에 대해 논한다. 여기서는 數
지도(number map)를 사용해 무엇이 안전하고 보호적인 치료환경을
조성해 주는가에 대한 내용과 모래놀이 과정에서 개인의 상태를 이해
하고 진단하고자 數를 사용할 때 신중해야 하는 단어에 대해서 다룬
다. 여기서부터 관심 있는 독자라면 이 책이 다루는 내용에 대해 자신
이 이해한 바를 실천해 보기 위해 제3부에 있는 '각본'으로 나아갈 수
있을 것이다. 여기에는 의식의 다양한 數의 상태를 인식하는 데 있어
독자의 기술과 자각을 형성해 줄 질문과 모래놀이상자의 예가 포함되
어 있다.


## 달을 가리키는 손가락


　數에 대한 이 정보는 초보자를 위한 입문서로 기획되었다. 각 數가

가진 상징성은 여기서 더 깊이 있게 다루기에는 너무도 광대한 주제다. 필자 이전에도 이러한 작업을 위해 모험에 뛰어들었던 사람들이 있다(참고문헌 참조. 그중에서도 특히 Schimmel, Schneider, Buess). 더구나 무의식은 항상 환영(幻影) 속에 머물러 있으며, 모든 단어와 체계들은 달을 가리키는 손가락일 뿐, 달 그 자체가 아니다. 그러나 때때로 달을 가리키는 손가락 하나가 큰 도움이 될 수 있다. 필자는 아홉 가지 數의 원형을 깊게 이해함으로써 클라이언트가 제시하는 문제 본질의 핵심을 더 직관적으로 잘 맞출 수 있음을 알게 되었다. 언어적으로도 그렇고 모래상자에서도 그러하였다. 필자는 독자들 또한 그렇게 되길 바란다.

이 책은 개별적인 數가 각각 갖는 정적인 관점에 주로 초점을 맞추었지만, 그렇다고 해서 數가 의식에 대한 개인의 여정이나 모래놀이 과정을 통해 매우 흥미롭고 다양한 진화와 퇴화의 패턴 속에서 역동적으로 움직인다는 사실을 흐리게 하려는 것은 아니다.

고대 수학 전통에서도 그러했듯이, 필자는 이 책에 있는 어떠한 것도 사실은 완전히 독창적이진 않다고 보는 게 최선이라고 생각한다. 물론 필자가 꾼 꿈이나 통찰들을 통해 새로 제시된 내용들이 있다고 해도 원형과 관련된 이와 같은 정보들은 의식과 數에 관해 다루는 많은 다른 책의 일부에서, 그리고 집단정신 속에서 나타나기 마련인 것이다.

미주

1. von Franz, Marie-Louise, *On Divination and Synchronicity,* p. 77.

2. von Franz, *On Divination and Synchronicity,* pp. 65-77

3. von Franz, *On Divination and Synchronicity,* p. 54, 94.

4. Bell, Eric Temple, *The Magic of Numbers,* p. 11.

5. 첫 번째 요소인 '알키(arche)'는 시작, 시원, 원인, 가장 중요한 원리를 의미한다. 그러나 또한 지도자의 지위, 최고의 지배와 통치(다른 말로, 왕 혹은 '군주')를 의미한다. 두 번째 요소인 '타입(type)'은 충격, 충격에 의해서 생성된 것, 동전… 형태, 형상, 원형, 질서, 기준, 모형의 각인을 의미하며, 비유적이고 현대적인 의미에 있어서 어떤 형태의 기저가 되는 모형, 원시적인 형태(예를 들면, 다수의 비슷한 인간, 동물 혹은 식물에 종류의 기저를 이루는 형태)를 의미한다. Yolanda Jacobi, quoted in Stevens, Dr. Anthony, *Archetypes,* p. 47.

6. von Franz, Marie-Louise, *Number and Time,* p. 39.

7. Jung, C, G., *Memories, Dreams and Reflections,* p. 287.

8. Ken Wilber discusses in detail his concepts of hierarchy in his book, *The Essential Ken Wilber,* pp. 65-66.

9. von Franz, *Number and Time,* pp. 65-66.

10. Levitt, Susan, *Taoist Feng Shui,* p. 8.

11. 우파니샤드(VIII6)

12. 시각적인 의미에 있어서 색상은 반사된 빛의 색상에 의해서 나타난다. 빨강은 빨강 이외의 다른 모든 색상이 흡수되고, 빨강이 반사되기 때문에 빨갛다. 흰색은 모든 색채를 반사한다(이와 같이 영원한 색 또는 영원한 혹은 신적인 에너지가 흰색으로 표현되는 것은 놀랍지 않다. 이 영원한 흰색의 각각 다른 부분이다). 검은색은 색상이 없는 것이다. 즉, 모든 색상이 흡수되고 아무것

도 반사되지 않는다. 빛은 파장이다. 그리고 파장의 길이가 색상을 결정한다. 빨강은 가장 낮은 에너지와 주파수, 해와 열에 가까운 가장 긴 파장을 가진다. 보라색 색상 스펙트럼으로 갈수록 거기에는 더 높은 주파수와 에너지가 있으나 파장은 짧다. 흰색에 가까울수록 파장은 더욱 짧게 굽어진다.

# 제1부

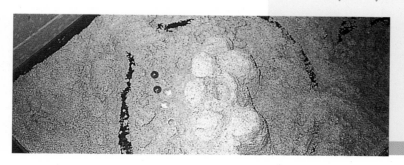

## 01 모래놀이치료와 프시케의 이미지로서의 數

정신적 삶은 주관적인 심상에 기반을 둔다. 각 개인은 의식의 상태를 묘사하는 심상과 현실에 대하여 그 자신의 경향을 지니게 된다. 상징의 세계는 원형의 세계와 외면적인 현실 사이를 잇는 교량이 된다. 사람의 개인적 심리는 정신으로부터 심상을 통해 제시된다고 말할 수 있다. 심리치료자로 일하면서 필자는 모래놀이치료가 정신의 상태를 따라가기에 유용한 가장 좋은 방법임을 알게 되었다. 개인의 모래작품은 그의 내면적 심리상태를 반영해 주는 눈에 보이는 심상을 제시하기 때문이다. 모래, 장난감 그리고 그것들을 배열하는 중에 만들어지는 이러한 심혼 속에서 우리는 원형에 대한 눈에 보이는 상징적 표상을 보게 되며, 이러한 표상 중 일부는 이 책 전반에서 다루게 될 數들이다. 로르샤흐(Rorchach)와 같이 무의식을 읽어내는 진단방법들이 있듯, 모래작품 속의 기하학적 디자인이나 또는 소품들의 실제 수량을 통해 나타나는 數는 우리로 하여금 융이 무의식의 고무적이고 역동적인 측면이라고 규정한 바 있는 영혼에 좀 더 가까이 갈 수 있도록 해 준다. 본 장에서는 모래놀이치료라고 하는 방법에 익숙하지 않은 독자들에게 이 치료방법을 간단히 개괄하고자 한다.

## 모래놀이치료란 무엇인가

모래놀이는 도라 칼프에 의해 약 40년 전쯤 개발되었다. 칼프는 융 부부(Emma & Carl Jung)와 함께 융학파 치료자로 훈련받았다. 그 이름이 말해 주듯, '모래놀이치료'는 치료를 위한 매개로 '모래'에서의 '놀이'를 활용한다. 모래놀이 치료실은 특정 비율로 제작된 모래상자들이 갖춰져 있는데, 그 바닥과 안쪽은 내수성 있는 밝은 파란 페인트칠이 되어 있으며, 마른 모래와 젖은 모래상자 두 가지가 다 구비되어 있다. 또한 조그마한 장난감과 같은 상징물들로 제시되는 매우 많은 상징들이 구비되어 있다. 모래놀이에서 클라이언트들은 모래상자와 장난감들을 자유자재로 이용할 수 있으며, 모래로 형태를 만들거나 물을 첨가하거나, 모래 표면이나 모래 속에 물체들, 즉 소품들을 배치시키거나, 아예 모래 속에 파묻거나 혹은 파란 바닥을 이용하여 모래 작품을 만든다. 놀이, 진실성, 자발성, 무비판적이고 자유로우며 보호되는 공간 그리고 이용 가능한 매우 다양한 심상이라는 요소를 결합함으로써 무의식에게 스스로를 부상시키고 표현할 수 있도록 자유를 준다.

기분, 감정, 생활의 변화, 놀람 등은 가시적이고 실체적인 무엇인가로 형상화될 때까지 우리의 마음을 심하게 뒤흔들 수 있다. 이렇게 형상화시킨 다음에 우리는 객관적으로 이런 것들과 관련될 수 있다. 모래놀이는 구체적으로 경험되고 표현되는 감정과 기분 속에 참여할 수 있는 기회를 제공한다. 모래, 물, 상징을 사용함으로써 의식적인 내용뿐만 아니라 무의식적인 내용은 물체들의 외면세계와 내면의 상상 기능들이 자발적으로 만나는 과정에서 자연스럽게 경험되고 표현될 수 있게 된다. 이는 그 개인이 새로운 통찰과 치유를 경험할 수 있는 전체로서의 정신의 상을 제공해 준다.

자아가 건강하게 발달하기 위해서는 자기(self)가 경험되어야만 한다는 것이 융의 전제이며, 이러한 개성화 과정은 의식과 무의식의 통합을 통해 발생한다. 칼프의 말을 인용하면, 모래놀이에서는

> 상징물인 소품을 사용함으로써, 그리고 모래상자에 의해 제한된 영역 속에서 모래를 배열함으로써 클라이언트는 자신의 내면 상태에 부합하는 세계를 구축할 수 있는 가능성을 갖게 된다. 이런 식으로 자유롭고 창조적인 놀이를 통해 무의식의 과정들이 세 가지 범주의 형태로, 그리고 꿈의 경험과 비교할 만한 그림세계 속에서 가시화된다. 이런 식으로 형성되는 일련의 심상을 통해 융이 언급했던 개성화의 과정이 고무되고 실현되는 것이다.[1]

따라서 모래놀이는 심상과 언어의 수준에서 의식과 무의식이 만나고 비합리적인 것과 합리적인 것이 만나는 장소라고 볼 수 있겠다. 그런 점에서, 클라이언트는 자신의 경험을 그것의 창조된 심상을 마주하게 됨으로써 자각하게 된다. 융학파 분석가인 포랫(Rina Porat)은 이러한 심상이 "내면의 진실과 개인의 실제 그대로의 실체를 보여 주면서, 의식의 통제를 벗어난 부지불식간의 무의식적인 정신과정이 표현되는 것"이라고 볼 수 있다고 융의 말을 인용한다.[2] 그녀는 계속해서 "알 수 없는 삶의 측면은 무의식에 의해 포착되고 반사되면서 상징적

심상들로 표현된다. 심상의 배열은 한편에서는 무의식의 자발적 활동의 결과이고 또 다른 한편에서는 순간적인 의식 상태의 결과다."라고 말한다.[3]

## 數를 발견하기 위해 왜 모래놀이치료를 사용하는가

모래놀이를 하면서 주어진 시간 안에 정신의 진실한 상을 볼 가능성이 많다고 믿기에 필자는 이 책에서 모래놀이치료 사례를 통해 數 원형을 보여 주고자 하였다. 앞에서 거론했듯이, 각각의 작품을 만들어 가는 과정에서 이루어지는 의식과 무의식 사이의 상호작용이 이 요소 중의 하나다. 정신의 진실한 상을 드러내게 하는 또 다른 요소는 치료적인 모래놀이 환경이다. 이러한 환경은 클라이언트가 자신의 정신을 탐색하는 데 대해 무비판적이고 비판단적으로 보호받는다는 느낌을 형성해 준다(이것에 대해서는 아래에서 간단히 언급하고 16장에서 보다 자세히 다룬다).

모래놀이는 정신이 현시화되는 안전한 그릇이다. 안전하게 하는 요소는 모래상자 그 자체에 내재되어 있다. 상자는 모래놀이 과정에 참여하는 개인이 가지고 있는 상상의 범위와 일치하는 경계를 가진 공간이다. 따라서 이러한 크기는 그 개인이 자신의 작품 전체를 온전히 자각할 수 있게 해 준다. 안전은 또한 치료적 관계 속에서 존재하는데, 모래놀이 과정이 안전하고 비판단적이므로 이는 '미지의 영역' 혹은 무의식을 모래놀이 과정에 참여하게 하고, 심지어 그 과정을 이끌어 가도록 초대한다. 따라서 그 개인은 자신이 창조하는 심상의 개인적 · 집합적 연상 속으로 자기 성찰을 하게 되면서 놀이에 몰두하게 된다. 클라이언트 내면세계의 심오하고 의미 있는 심상은 이러한 '상자'라고 하는 물리적이고 치료적인 공간이라는 경계에 의해 유지된다. 융학파 분석가이면서 미국 모래놀이치료협회의 설립자인 브래드웨이(Kay Bradway)는 다음과 같이 말한다.

　　모래놀이가 가진 힘은 실제 모래와 물, 그리고 상징물들과 그가 믿는 비간섭적이고 지혜로운 치료자에 의해 보호받고 있다는 감정 속에서 이러한 매개들을 가지고 자신이 원하는 것을 할 수 있는 자유로운 마음으로 작업하는 공고한 잠재력과 관계가 있다. 모래와 물의 결합, 상징물들이 놓인 선반, 자유와 보호는 참 간단해 보인다. 그러나 이러한 결합은 치유와 변화 둘 다에 대한 잠재력을 갖는다.[4]

## 자유에 대한 열쇠로서의 원형

　數 원형을 설명하기 위해 모래놀이 사례를 이용하는 또 다른 이유는 모래놀이치료가 무의식적으로 선정된 심상과 의식에 의해 부여된 의미 사이의 상호적 관계에 역점을 두기 때문이다. 많은 신화와 철학은 數에 기반을 둔다. 그것들은 고대 문화에서 신으로 불렸으며, 비합리적인 것을 이해하고 현실을 추측하고 정돈하기 위해 사용되었다. 융은 數를 가장 원시적인 영혼의 표현이며 '우주의 원칙'이라고 칭했다고 폰 프란츠가 언급한 바 있으며, 융은 무의식의 역동적 원칙에 영혼을 연결시킨다.[5] 따라서 數는 의식과 무의식 사이의 연결고리가 된다. 數 원형은 어떤 심리적 가능성을 수반하는 구조로 정의될 수 있다. 따라서 이런 형태의 치료과정을 통해 數 원형을 추적함으로써 우

리는 그 數가 상징하는 원형적 의미를 이해하고 그 의미 속에 참여할 수 있는 풍성하고 명확한 방식을 갖게 된다. 그러한 원형은 존재의 심리상태를 표상하기 때문이다. 우리의 원형과 상징의 언어를 확장하는 것만큼이나 숙련된 모래놀이치료자들에게는 數 원형과 모래상자 작품을 맺어 주는 것이 중요하다. 칼프는 "모래놀이 과정은 상징적인 언어로 스스로를 표현하기 때문에 종교, 신화, 동화, 문학, 미술에서 표현되는 것 같은 상징 언어에 대한 깊은 지식이 절대 필요하다."라고 말한다.[6]

수피교(Sufi) 지도자인 샤흐(Idries Shah)는 다음과 같은 비유를 이야기한다.

부당하게 투옥된 한 양철공은 그의 아내가 짠 깔개를 받도록 허락받았다. 그는 그 깔개 위에 엎드려 매일 기도를 했고, 얼마의 시간이 지난 후 그는 간수들에게 말했다.

"나는 불쌍하고 희망이 없으며, 당신들은 가엽게도 급료를 적게 받는군요. 그러나 나는 양철공이오. 나에게 양철과 연장을 가져오시오. 그러면 당신들이 시장에 팔 수 있는 작은 공예품들을 만들겠소. 그 이익을 함께 나누어 가집시다."

간수들은 이 말에 동의했고, 이윽고 양철공과 간수들은 양쪽 다 이윤을 냈으며, 그 이윤으로 그들은 스스로 음식과 생활에 필요한 물건을 샀다.

그러던 어느 날, 간수들이 독방에 갔을 때 문은 열려 있고 그는 사라지고 없었다.

수년이 지나고, 그 사람의 결백이 밝혀졌을 때 그를 감금했던 사람이 그에게 어떻게 도망쳤느냐고, 도대체 어떤 마술을 부린 것이냐고 물었다. 그가 대답했다.

"그건 디자인 문제지요. 디자인하고 디자인하는… 내 아내는 뜨개질하는 사람이오. 아내는 교도소 독방 자물쇠를 만들었던 사람을 찾아냈고, 그 사람으로부터 자물쇠 디자인을 얻어냈소. 이것을 깔개에 짜 넣었죠. 바로 내 머리가 하루에 다섯 번씩 기도하며 닿아 있던 바로 그 자리에 말이오. 나는 금속을 세공하는 사람이고, 이 디자인은 내게 자물쇠 내부처럼 보였죠. 나는 열쇠를 만들기 위한 금속을 확보하기 위해 공예품 판매를 계획했고, 난 도망쳤소."

수피(Naqshbandi Sufi)는 그것이 자신을 옭아매는 잔인함으로부터 도망칠 수 있게 해 줄 방법 중의 하나라고 말한다.[7]

이 이야기가 주는 교훈은 우리를 감금상태로 묶어 두는 자물쇠의 디자인을 이해함으로써 우리는 스스로를 자유롭게 할 열쇠를 만들 수 있다는 것이다.

그런 점에서, 數 원형은 우리 정신의 감옥으로부터 우리 스스로를 해방시키는 열쇠가 된다. 이는 의식의 원형적 상태를 통해 제공되는 질서와 명확함의 경험이 우리가 때때로 경험하는 혼돈의 한가운데서 방향감각을 제공해 주기 때문이다. 나는 정신치료를 실시하면서 의식의 기본 아홉 가지 數의 상태를 깊이 있게 이해하는 것이 어떤 특별한 의식 상태가 가진 딜레마를 해결할 때 혹은 클라이언트가 해결하는 것을 도와줄 때 매우 도움이 되는 경우가 많다는 것을 알게 되었다. 數의 렌즈를 통해 상반되는 것들 간의 긴장을 바라봄으로써, 클라이언트는 다른 가능성을 볼 수 있었고 이로 인해 함정에 빠졌다는 느낌이 자유로움으로 바뀌게 된다.

예를 들어보겠다. 한 여성이 믿음직스럽지 못한 한 남성과의 관계를 억지로 지속하고 있다고 느꼈다. 그들이 일부일처제를 원하고 있음에도 불구하고 말이다. 그 상황은 큰 고통 중 하나였고, 그녀는 모래상자를 둘로 나누며 내면의 갈등을 언어화했다. 눈물과 언어화를 통해 그녀는 자신의 갈등, 절망, 통탄(數 2 의식 경험)을 경험할 수 있었다. 이후 회기에서 그녀는 갈등을 뛰어넘어 새로운 통합을 발견할 수 있는데, 이것은 數 5로 묘사되며, 5개의 점으로 이루어진 별 모양 등과 같은 장난감 속에서, 그리고 의식의 변화에 따라 표현되는 모래상자의 꾸밈을 통해서 나타났다. 이로 인해 그녀는 관계 속에 머무르는 자유를 갖게 되었다. 그녀는 그러한 감정을 즐기게 되면서 그 남성과의 관계 속에 머무르는 그녀의 새로운 방식을 즐길 수 있었고, 따라서 數 5 의식의 또 다른 측면을 통합할 수 있었다. 여기서 논의된 상징과 주제들은 관련 數 원형에 대한 장들에서 자세하게 다루어질 것이다.

클라이언트가 數 5와 관련되는 다른 소재나 모래상자를 제기할 때 필자는 그녀가 우선적으로 자신의 내면의 목소리, 구조로부터 자유로운 느낌 혹은 그녀의 자기개념을 재건하는 새로운 방법을 발견하는 것에 관심을 두고 있음을 이해하면서 그녀와 연결할 수 있었다. 數 5가 담고 있는 것은 개인 자신에 대한 것으로, 지속적인 관계나 직업이 있든 없든 개인 스스로를 자각하고 재건하는 것을 얘기한다. 클라이언트의 과정 속에 존재하는 數 원형을 깨닫는 것은 나의 입장에서 어떤 추측이나 판단을 하게 되는 것을 막아 주고, 원형적 소재는 매 순간마다 그녀의 진실한 탐색을 위해 안전하고 보호되는 공간을 만들어 주면서 클라이언트와 협력하는 매개가 될 것이다.

나는 숫자 지도를 사용하여 나 자신이 클라이언트의 말을 들을 수 있고 그들의 모래놀이 물체들이나 배열 속에서 특정 數의 원형이 나타나고 있거나 그들의 의식을 지배하고 있음을 발견한다. 이러한 인식을 통해 나는 인생에 대한 견해나 의식의 유리한 지점을 언어화할 수 있게 된다.

　나는 내가 나누고 있는 정보가 진실하거나 과학적으로 옳다고 주장
하지는 않는다. 다만 나 자신의 경험은 數의 상징적 의미 속에 깊이
열중하면서 클라이언트의 무의식이 제시하는 꿈, 대화, 수공예품, 모
래놀이와 같은 것이 무엇인지를 일부 읽을 수 있는 직관적인 의식의
지도를 가지고 있는 것뿐이다.

미주

1. Kalff, Dora, Introduction to Sandplay Therapy, *Journal of Sandplay Therapy, 1*, 1991, pp. 7–11.
2. Jung, C. G., quoted in Porat, Rina, "Images of War and Images of Peace," *Journal of Sandplay Therapy VII, 2,* 1998.
3. Ibid., p. 28.
4. Bradway, Kay, and McCoard, Barbara, *Sandplay Silent Workshop of the Psyche,* p. 9.
5. von Franz, Marie–Louise, *On Divination and Synchronicity,* p. 18.
6. Kalff, Dora, Introduction to Sandplay Therapy, *Journal of Sandplay Therapy, 1*, 1991, pp. 7–11.
7. Shah, Idies, *Thinkers of the East,* p. 176.

# 02

## 數는 모래 속에서 어떻게 나타나는가

이론에서 다룬 내용을 생생하게 보여 주는 사례들과 모래놀이 심상 속으로 여러분들을 좀 더 구체적이고 직접적으로 초대하기 위해 본 장에서는 數에 대한 구체적인 논의에 들어가기에 앞서 모래 안에서 나타나는 數를 어떻게 인식할 것인지 그 다양한 방법을 소개할 것이 다. 이 지점에서 특정 디자인이나 모래상자를 數와 연결시키는 내 논 리를 상세하게 부연하지는 않겠다. 이 모든 사례는 3장에서부터 11장 까지를 공부한 후에 훨씬 더 명료해질 것이다. 제3부에서 우리는 다 시 이것을 개괄하도록 할 것이다.

우리가 모래놀이작품을 관찰할 때, 그 안에 나타나는 數 원형을 발 견하는 데는 많은 방법이 있다. 이 장에서 소개될 몇 가지 기본 요소 들은 전반적인 패턴, 실제 수량, 질서, 재등장, 주제, 공간분할, 색상, 상징, 분위기 등이다. 이 각각은 모래상자 사례를 살펴보면서 논하도 록 하며, 이를 통해 각 장에서 논의되는 數 원형의 요소들 속에서 도 출하고자 한다. 이렇게 시작함으로써 이러한 기본 매개요소들을 통해, 우리는 모래작품 속에서 그 자신을 표현하는 무의식적 언어에 대한 보다 깊이 있고 의식적인 통찰을 발전시킬 수 있다. 꿈의 해석이 그러하듯 모래놀이 관찰은 무의식의 언어를 깨닫고 이해하는 노력이며, 그 가능성은 끊임이 없다 하겠다. 우리가 이미 알고 있는 것과 모르는 것 사이의 연결을 발견할 수 있는 방법에는 끝이 없음을 이해하면서 여기서 제시하는 정보는 그 가능성의 일부를 밝히는 데 도움이 될 것이다.

## 기학학적인 배열

완성된 모래상자 작품을 보면서, 우리는 특정 數 원형을 환기시켜 주는 어떤 기하학적 형태를 즉시 인식할 수 있다. 예를 들면, 원형, 나선형, 기타 기하학적 배열 속에 있는 그림 등이다. 그 사례는 [그림 2-1]에서 보여지는데, 이 모래상자에서는 數 4 원형을 암시하면서 지배적인 기하학적 디자인으로 사각형을 가지고 선물의 주제를 보여 준다. 각 數와 관련되는 기하학적 형태는 각 원형에 대해 설명하는 장에서 논의된다.

## 수량

실제 數를 세고 알아보는 것이 육안으로 대상들을 구별하는 두 번째 주된 방법이다. 특정의 數 원형은 전적으로 모래상자 안의 전체 물체들에 기반을 둔다고 가정하는 것이 일반적이다. 그러나 내 경험으

[그림 2-1] 사각형의 기하학이 보여 주는 4의 원형

[그림 2-2] 확실한 세 가지 물체의 선택은 數가 원형을 나타내는
한 예를 보여 주고 있다

로 보면, 이는 무의식이 스스로를 드러내는 주된 방법은 아니다. 물체의 數는 확실히 전반적인 분석 요소에 정보를 준다. 그러나 나는 이 책에서 기술하는 다른 방법들은 보다 무의식적인 소재에 접근하는 데 반해, 이렇듯 수량 계산을 통해 분류하는 방법은 클라이언트에 의해서조차 의식적으로 진행되는 활동인 경우가 많음을 발견한다.

[그림 2-2]에서 우리는 물체의 실제 수량이 놀이에서 의식의 數 상태를 대신해 보여 주고 있음을 알게 된다. 여기서 배열된 세 가지 아이템은 모래상자의 초점이 되고 있다. 우리가 모래상자를 보며 특정 수량을 인지하게 될 때, 클라이언트의 의식 속에서 그 數가 어떤 의미를 담고 있는지 탐색하는 것은 특히 중요하다. 왜냐하면 이것은 그의 인생에서 중요한 실제 사건이나 시간과 연결되어 있을 수 있기 때문이다.

## 질서정연한 정돈과 재등장

때로 모래상자 안에서 數는 소품을 특정 數의 묶음, 예를 들면 한 쌍이나 4의 묶음과 같이 질서정연하게 정돈해 놓은 형태로 관찰되기도 한다. 상징물은 또한 모래상자에서 서로 다른 지점에서 보이지만, 수적인 면에서는 질서 있는 방식으로 정돈되어 있을 수도 있다. 비슷한 대상이 재차 등장하거나 혹은 비슷하지 않은 대상이 반복적으로 묶여서 나타나는 경우를 주의해 살펴보는 것이 중요하다. [그림 2-3]은 모래상자 전반에서 '교전' 중에 있는 두 명씩의 전사를 여럿 만들어 놓은 7세 소년의 모래상자다. 이 모래상자는 중복의 개념이 드러나고 한 쌍의 전사를 반복한다는 점에서 數 2를 잘 보여 주는 사례다.

[그림 2-3] 질서 있게 짝을 이루고 있고 갈등의 주제인 數 2

[그림 2-4] 공간을 두 부분으로 나눔

## 주제

[그림 2-3]처럼 동일한 모래상자는 또한 그것이 담고 있는 갈등이라는 주제 때문에라도 數 2 원형의 사례가 된다. 주제는 數를 인식하는 또 다른 관점이다. 특정 주제는 역사적으로 특정의 數와 연결되어 왔기 때문이다. 예를 들어, 전쟁이나 갈등은 數 2와 연결된다. 이것에 대해서는 3장부터 9장까지의 내용에서 다룰 것이다.

## 공간분할

확인 가능한 구성요소들로서 모래상자 공간이 분할되고 있는 것을 알아차림으로써 數를 관찰할 수 있다. 모래상자 공간이 둘이나 셋 혹은 넷으로 나누어지는 것은 흔히 발견된다. [그림 2-4]의 예는 36세 여성이 만든 모래상자로, 상자를 하늘과 바다로 분할하여 각 영역에 소품을 집중적으로 사용하고 있는 것을 볼 수 있다.

## 색상

보다 드물게 나타나지만 모래상자나 그림 등에 나타나면 매우 인상적인 경우가 있는데, 그것은 클라이언트가 자신의 감정과 의식 상태에 대한 주요한 제시방법으로 상자에 주된 색상을 선택하여 채우는 경우다. 개별적인 數 원형에 대한 장에서 논의되겠지만 각각의 數에

[그림 2-5] 數 4와 관련된 색상 파란색의 사용

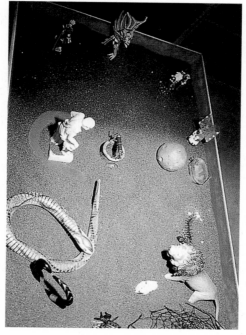

[그림 2-6] 數 8의 분위기와 상징적 표상

는 그에 대응하는 색상이 있다. [그림 2-5]는 파란 상자를 만들고자 하는 목적으로 디자인된 모래상자의 예를 보여 준다(클라이언트는 치료 회기에서 그러한 의도를 밝힌 바 있다). 그녀가 선반에서 선택한 소품은 거의 모두가 파란색이었으며, 모래상자 색상을 '파란 분위기'로 만들려고 모래를 꼼꼼하게 치워냈다. 파란색은 數 4와 부합하는 색깔이며, 또한 이 상자 안에서 여성을 만나기 위한 클라이언트의 깊은 여정과도 관련이 된다.

## 상징과 분위기

보다 직관적이지만 매우 유용한 것은 바로 상징적 혹은 해석적 영역이다. 이 영역에서 우리는 모래상자가 환기시켜 주는 분위기, 예를 들면 고요한 분위기, 투쟁적인 분위기, 갈피를 못 잡고 우왕좌왕하는 분위기, 두려워하는 분위기, 무언가에 압도당한 분위기 등을 통해 數의 원형을 간파한다. 우리는 이런 사례들 속에서 클라이언트의 정신을 사로잡고 있는 것이 무엇인지 관찰하게 된다. 달리 말하면, 비교적 분위기가 선명한 그러한 모래상자 속에서는 數 원형의 부분들이 역동적 내면 과정의 초점이 된다. 만일 그것이 직접 언어화되지 않는다면 이는 훨씬 더 밝혀내기가 복잡하다. 하지만 모래상자에서 발견되는 數 원형들 속에 내면세계가 반영될 수 있는 다른 방법이 존재한다.

[그림 2-6]은 40세 남성이 만든 것으로, 이것은 많은 이유에서 數 8과 연결된다. 가장 확실하게 질적으로 구별하는 방법은 상자 안에 배치된 특정 상징물들을 관찰하고 그것들이 특정 數와 어떤 관련이 있는지 연결 짓는 것이다. 이 그림에서 우리는 數 8과 관련되는 많은

소품들, 즉 크고 작은 사자들, 검정색 거미 한 마리가 달려 있는 황금색과 검정색 거미줄, 두 마리의 뱀, 중국 사자, 바구니 속의 거미, 지네, 가루다(garuda, 반은 인간이고 반은 새인 초자연적인 생물로 인도 신화에 등장한다) 그리고 공, 언덕, 우물 등 상징적인 어머니의 이미지를 발견하게 된다.

8의 數 원형이 선명해지는 두 번째 방식은 클라이언트가 자신의 모래상자에 대해 말로 해석하는 중에 있다. "내가 여기에 무엇을 만들고 있죠? 사자는 거미를 공격하고 있는 것처럼 보이지만 그것은 서로 맞는 짝이에요. 난 끝났고, 마을에 새로운 왕이 있어요." 그는 사자를 가리켰고 언덕을 만들고는 말했다. "어머니도 여기 있어요." 그는 계속해서 말했다. "뱀과 사자 속에서 체스판이 내게 나타났는데 그 이유를 모르겠어요." 숫자 지도를 해독하고자 이러한 이야기들을 사용하기 위해서는 각각의 數를 구성하는 원형적인 요소들을 깊게 이해할 필요가 있다. 같은 그림에서, 거미와 뱀이 신화적으로 보면 어머니와 연결되어 있다는 것을 알아야 할 것이다. 이 모래상자에서 긍정적이고 부정적인 어머니와 관련되는 심상들이 중복되고 있음을 발견한다. 數 8의 상징인 8각형(예를 들어, 양면 사각형)은 어머니의 두 가지 면과 밀접하게 관련된다. 더구나 체스게임이 세계 내 변화의 모델이 되는 여덟 칸짜리 보드게임이라는 것을 알아야 한다. 또한 새로운 왕의 개념과 변화와 균형의 문제 모두 數 8과 연결된다. 상징적 연상들을 가짐으로써 이러한 모래상자의 가능성을 '8'이라는 의식상태의 상징으로 탐색할 수 있게 되고, 그 개인이 계속하고 있는 모래놀이 여정의 의미와 단계에 대해 개인적으로 관찰한 것을 보다 상세하게 부연할 수 있게 된다.

물론 모래상자의 분위기를 직관을 통해 전체적으로 '읽은 것'은 그것이 측정하기 어려운 경우라 할지라도 크게 도움이 된다. 이 모래상자에서 내가 읽은 분위기는 균형을 찾으려고 분투하는 중에 방향감각을 잃고 우왕좌왕하는 것이며, 또한 낡은 것으로부터 '마을의 새로운 왕'으로 변화시키려는 것이다. 균형을 발견하고 도덕세계를 새로이 재구성하는 주제는 數 8과 연결된다. 數 8과 그것이 수반하는 의식에 대한 정보는 클라이언트의 삶에서 나타나는 주요한 변화, 즉 새 아버지를 갖게 되는 것, 자신이 더 이상 '마을에서 왕'이 아닐 뿐만 아니라 그에게 어머니가 되는 것처럼 느껴지는 것과 관련짓게 된다.

이후 이어지는 數 원형에 대한 장에서 나는 때로는 디자인, 수량, 특정 대상을 보여 주면서, 때로는 색상과 공간분할 등을 보여 주면서 모래 안에서 數를 관찰하는 서로 다른 방법을 보여 주고자 노력했다. 數가 더 클수록 공간분할 사례를 발견하기가 더욱 어려웠으나, 다른 요소에 의해 數 원형을 확인하는 사례들을 제시했다.

## 모래놀이 분석을 위한 지침

이후 제시될 보다 복잡한 모래상자 사례에 대한 논의를 명확히 하기 위해, 나는 브래드웨이에게서 모래상자를 바둑판 모양으로 분할해 문자와 숫자로 소품의 위치를 파악하는 방법을 배웠다.

|   | A | B | C | D |
|---|---|---|---|---|
| 1 | X |   |   |   |
| 2 |   |   |   |   |
| 3 |   |   |   |   |
| 4 |   |   | Y |   |

예를 들어, 'X'는 A1에 있는 소품이고 'Y'는 'C4'에 있는 소품이다.

# 03         1의 원형: 통일성

> 신은 자신이 세상에 알려지도록 하셨다;
> 그는 세상의 전체 원을 채우셨으나,
> 그의 특별한 거처를 그 중심에 만드셨으니
> 그것은 바로 공명정대한 사람들의 영혼이다.
>
> —루시앙(Lucian; c. 240–312, 기독교 신학자)

상 징:

**색 상:** 불꽃처럼 번쩍이는 광채, 진홍색, 빨간색, 루비색

**원 소:** 불(창조적인 바람)

**분위기:** 여성과 남성

**물 체:** 낙원의 느낌을 묘사하는 모래상자; 어머니, 알, 씨, 언덕, 자궁, 집, 둥근 대상들, 도시–그리스 성소인 테메노스 (temenos) 같은 모든 것들

**긍정적인 측면:** 창조성, 안전과 안정감

**부정적인 측면:** 가로막히고, 고착되고, 좌절된 느낌; 무기력하고, 불안정하고, 우울하고, 혼돈스런 느낌

[그림 3-1] 한 방울의 물이 떨어짐으
로써 형성되는 점과 원

[그림 3-2] 40세 성인이 만든 모나드
(Monad)가 나타난 모래상자의 예

[그림 3-3] 키터(Keter)의 상징인 왕관

[그림 3-4] 물이 떨어지면서 만들어진
왕관 모양[1]

## 數 1의 기하학

### 점(The Point)

數 1이 표상하는 첫 번째 원칙은 모나드(monad), 즉 세상의 근원이 되는 고요한 중심이다. 모나드라는 단어([그림 3-1])는 안정성을 의미하는 메네인(menein)에서 파생된 단어다. 1은 고요한 점이고, 중심이고, 하나의 신이고, 태고의 침묵이다.

기하학적으로 볼 때, 數 1은 기원을 표상한다. 수학 교육자 슈나이더(Michael Schneider)의 말에 의하면, "원의 기준점이 될 수 있는 중심점을 잡는 것이 모든 기하학적 구성의 시초다. 그것이 아무리 복잡한 것이라 해도 그것에서부터 출발한다."[2] 수학적으로 볼 때, 1이 갖는 본질적인 속성은, 3×1 = 3, 4×1 = 4에서처럼, 그것이 결합하는 어떤 數든 그 정체성을 그대로 지속시켜준다는 점이다. 따라서 1은 세상의 공통분모다. 이러한 특징으로 인해 數 1을 통일성 및 신성과 연결시키게 되었다. 각각의 數 원형에 대한 피타고라스식 개념을 설명해 주었던 고대 그리스 철학자이자 수학자인 이암블리쿠스(Iamblichus)는 "모나드 없이는 어떤 것도 구성될 수 없다. 그것은 모든 것들 위에 가장 권위 있는 순전한 빛이며, 또한 태양과 같고 모든 것들을 다스리므로, 이런 측면들에서 볼 때 그것은 신을 닮았다. 그것은 영원하다."라고 가정했다.[3]

고대 그노시스파(Gnostics)에서는 1을 '고요한 힘(silent force)'이라고 칭했는데, 이는 모든 형상들이 이로부터 일어나게 되는 중심의 침묵(core silence)이며, 만물이 또한 그것을 향해 움직이는 통일성을 의미한다. 세상에 대한 동양의 동시적 모델에서 '많다'는 것은 가시적이고 구체적인 실체가 있는 유형의 속성을 가지지만, 1은 고요하며 보거나 만질 수 없고, 다만 1이 낳은 산물들 속에 명백하게 비쳐지는 그 흔적을 통해서만 1의 존재를 추측할 수 있다. 그러나 역설적이게도, 1은 '많은 것'보다 더 진실한 실체다. 우리는 형태가 없는 1이 조용하게, 움직이지 않고, 각각의 형태 안에서 모든 것들과 결코 혼합되진 않지만 여전히 모든 것들을 지지해 주면서 기다린다고 말할 수 있다. 그 존재는 종종 긍정적인 요소, 열반(nirvana)으로서 '1이 아님(not-one)' 이라고 불리는 경우가 종종 있다. 우리의 개인적인 의식의 여정 속에서 1은 우리의 신비한 중심을 상징하는 것이다.

유대교의 카발라(Kabala)를 보면 신비주의 전통에서 數 1을 신과 어떻게 연결시켰는지를 쉽게 볼 수 있다. 카발라에서 키터(Keter)는 맨 처음 형상 즉 모든 형상의 근원이 되는 절대자다.[4] '키터' 는 '왕관' ([그림 3-3])을 의미하며, 또한 모든 원칙들 위의 원칙으로서 이것은 의식의 자각이다. [그림 3-4]에서는 액체 한 방울이 떨어져 바깥을 향해 왕관 모양을 그리며 튀겨 나가는 형상을 통해 점(the point)이 어떻게 '왕관' 이 되는지를 자연스럽게 보여 준다. 따라서 키터는 물리학의 빅뱅이론(Big Bang theory)과도 관련되는데, 이 이론에서는 우주의 무(無, nothing)가 폭발하여 모든 유(有, everything)가 생성되었다고 본다(빅뱅이론이란 조각조각으로 부서지며 다양성을 일으키는 적극적인 원칙).

## 원(The Circle)

기하학적으로 볼 때, 1은 또 다른 형태의 점인 원으로 표상된다. 원은 고요한 중심과 움직임을 의미하는 원주를 포함한다. 태고로부터 무한한 점들로 만들어지는 원은 우주와 영원을 표상해 왔다. 원에는 시작도 없고 끝도 없다. 기호학에서 원은 주기적인 순환법칙(cyclical law)을 상징하는데, 수레바퀴는 그 주기를 계속해서 재차 반복하기 때문이다. 각각의 원은 신비스러운 존재, 무한한 존재, 에워싸인 존재, 제한된 존재를 동시에 함축하면서 우주의 초월적 존재에 대하여 심오하게 표현한다.

일부 사람들은 원이 다른 모든 형상들의 부모라고 생각하는데, 이는 모든 후속 형상들과 패턴들이 그 안에서 새겨지게 되는 그릇과 같다는 것이다. 따라서 세상은 라틴어에서 '한 바퀴(one turn)'에 해당하는 단어인 '유니버스(universe)'라고 불린다. 일부 심리학자는 아동이 자기(self)를 발견함과 동시에 원의 형상을 발견하게 된다고 말한다. 원 안에 에워싸여 있으면서도 전체성, 통일성, 우주의 신성한 질서를 어렴풋이 감지할 수 있다.

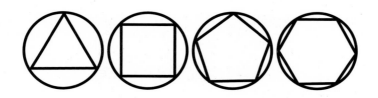

[그림 3-5] 모든 디자인을 담을 수 있는 원

따라서 민간전설이나 아동의 놀이에서 자신을 지키기 위해 둘레에 원을 그린다는 사실은 놀랄 일이 아니다. 초기 이집트에서는 뱀이나 전갈 같은 것들로부터 보호하기 위해 침대 둘레에 원을 그렸다. 유대인 동화 『초니 하 미겔(Choni Ha' meagel)』에서는 아메리카의 인디언 전통에서 그러하듯 자기 자신을 보호하기 위한 방편으로 원이 사용되었다. "원 안에서는 누구도 나를 해칠 수 없어. 나는 원으로 에워싸여 있고 안전해." 아동들에게 인기 있는 이스라엘의 게임에서는 땅에 그린 원 속에 들어가 있는 동안에는 누구도 잡거나 만질 수 없게 되어 있어 놀이에 참여하는 아동들은 안전한 원에서 다음 원으로 뛰어가며 안전을 찾아다니게 된다. 융은 이를 다음과 같이 요약한다.

매혹적인 원 그림은 마음에 특별하거나 비밀스런 목적을 가진 모든 사람이 사용했던 고대의 마술적 기제다. 그는 그것을 통해 자신을 위협하는 '영혼의 위험'에서 자기 자신을 지킨다. 또한 어떤 장소를 성스럽고 침범할 수 없는 곳으로 구분할 때 옛날부터 사용되었던 것과 동일한 절차들이 사용된다. 예를 들어, 원을 만들 때 먼저 술쿠스 프리미제니우스(sulcus primigenius) 혹은 홈을 내어 첫 고랑을 그린다… 그가 무의식을 만날 수 있을 금기지역인, 보호되는 테메노스를 세우면서.[5]

따라서 우리는 원이 실제로 우리가 테메노스를 만들어내는 방법이라고 말할 수 있을 것이다.

## 출생과정으로서의 1

동서양으로부터 다양한 연상 자료들을 수집하다 보면, 고요한 전체성과 혼돈 모두를 암시하는 數 1이 창조의 경험이라는 걸 알게 된다. 1은 동양에서는 남성으로, 서양에서는 여성으로 표상된다. 모나드는 짝수와 홀수 둘 다라고 간주되는데, 이는 1이 짝수에 더해지면 홀수를 낳고(예를 들면, 1+2 = 3) 홀수에 더해지면 짝수를 낳기(예를 들면, 1+1 = 2) 때문이다. 그러므로 둘 다의 속성을 보유하게 되는 것이다. 유대교에서는 신, 곧 'the One'은 '나의 가슴'으로 번역되는 '샤다이(Shadai, 여성)'로 말해지기도 하고, '나의 주인, 나의 하느님'이라고 번역되는 '아도나이(Adonai, 남성)'로 지칭되기도 한다. 그리스인들은 1은 모든 것의 씨앗이며, 아버지이기도 하고 어머니이기도 하기에 남성이기도 하고 여성이기도 하다고 생각했다. 이는 數 1이 물질과 형태, 공예가와 그에 의해 만들어지는 것 둘 다에 대한 원칙을 포함하고 있기 때문이다. 씨앗으로서 1은 여성과 남성 모두를 구별 없이 생산할 수 있다. 이 둘의 속성 간 차이는 오로지 그 이후에 생겨나게 된다. 발달 초기 단계에서, 태아는 남성과 여성 모두이지만, 그 이후에는 그중 어느 한쪽 성으로 구별되고 변화한다.

이러한 이분화, 즉 1이라는 상징이 보여 주는, 서로 갈등하는 것처럼 보이는 요소들을 종합하는 한 가지 방법은 유아의 실제 출생 경험을 살펴보는 것이다. 이를 통해 우리는 완전한 전체로서 數 1이 갖는 역설을 알게 된다. 이를 위해서 나는 그로프(Stanislav Grof)의 출생경험에 대한 4단계 모델을 사용했는데, 이 모델은 우리가 數 1의 원형이 모래상자에서 나타나게 되면서 직면할 것이라고 기대할 수 있는 다양한 의식상태를 좀 더 깊게 이해할 수 있게 해 준다. 아래에서 필자는 먼저 그로프의 글을 인용하였다.[6]

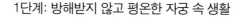

### 1단계: 방해받지 않고 평온한 자궁 속 생활

'훌륭한 자궁' 경험에 대한 현실적인 회상들, 즉 대양과 같은 종류의 황홀경, 최상의 상태(Mother Nature), 우주적인 통일성을 경험, 천국과 낙원의 비전이 있으며, 자궁 속 생활을 방해하는 것으로 '나쁜 자궁' 경험에 대한 현실적인 회상들(태아 위기, 질병, 어머니의 정서적인 격변, 쌍둥이 상황, 낙태 시도), 일반적인 위협, 편집증적 관념화, 불쾌한 신체지각, 낙원에서의 더 없는 기쁨 등이 있다.

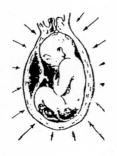

### 2단계: 우주처럼 끝없이 완전하게 갇혀진 상태

거대한 신체적·심리적 고통, 결코 끝나지 않을 참을 수도 피할 수도 없는 상황, 덫과 우리에 갇혀진 출구가 없는 지옥 같은 감정의 다양한 심상들, 괴로운 죄책감과 열등감, 혼란, 상실과 우울 등

### 3단계: 폭발하는 화산처럼 정신이 혼미한 상태

찬란한 색상, 폭발과 흥분, 가학 혹은 피학성, 격한 싸움에의 적극적 가담, 거친 분위기, 모험과 위험한 탐험들, 죽음과 다시 태어남의 강하고 성적이며 요란스러운 경험들, 질식에서 생존하기 위한 싸움 등

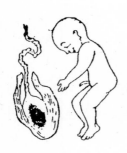

### 4단계: 밝은 빛을 비춰 주는 것과 같은 환희의 상태

아주 큰 곳에 대한 비전들, 찬란한 빛과 아름다운 색상, 다시 태어나고 다시 살게 되는 느낌, 해방과 분리 그리고 물질세계에의 도착 등

이런 단계들이 모래놀이 과정에 반영되는 방식은 數 1의 양면을 보는 것처럼 이해된다. 즉, 1을 어머니의 그릇이라고 보는 서양의 관점(1단계에서 나타남)과 남성적인 불같은 에너지라고 보는 동양적 관점(2단계와 3단계에서 더욱 두드러짐) 모두를 지닌 것으로 이해한다.

## 1단계: 자궁으로서의 1

 이미 앞에서 언급했듯이, 하나의 원에 의해 상징되는 數 1은 많은 전통들 속에서, 통일성, 비이원성(nonduality), 열반, 더 없는 기쁨, 낙원(그 자체에 모든 것을 포함하고 있는)을 암시한다. 모나드는 창조를 잠재적인 형태로 내포하고 있으며, 따라서 자궁 경험을 생각나게 한다. 삶의 맨 처음 시작과 자궁에서의 낙원 같은 상태를 상상으로 그려보면서, 우리는 원이나 점의 주제 그리고 [그림 3-7]에서 보는 원이나 언덕과 같이 표상되는 안전한 테메노스를 보게 되는 경우가 종종 있다.

모래놀이에서 이러한 낙원 같은 단계의 표상은 종종 치료과정의 초기에 나타난다. 삶은 신의 몸 안에서 모든 존재들과 조화를 이룬다. 융과 뉴만은 이것을 유아가 갖는 어머니의 심상과 관련시켰고, 에딩거(Edward Edinger)는 많은 신화가 인간의 본래 상태를 원만함(roundness), 온전함(wholeness), 완전함(perfection)의 상태, 즉 어머니 혹은 여성의 언덕이라고 알려진 낙원으로 그린다는 점을 지적했다[7]([그림 3-6]).

[그림 3-7]은 25세 여성이 치료 초기에 만든 모래상자로, 천국과 같은 자궁으로서의 1을 보여 주는 모래놀이 사례다. 이 상자는 의식(태양, 갓난아기)의 자각과 언덕(가슴 또는 어머니)을 보여 준다. 세 가지 요소 모두 數 1의 에너지와 연관되며 성경의 창세기를 떠오르게 한다. "한처음에 하느님께서 하늘과 땅을 창조하셨다. 땅은 아직 꼴을

[그림 3-6] 낙원의 모습

[그림 3-7] 출생 1단계를 상징하는 언덕을 표현한 모래상자

갖추지 못하고 비어 있었는데, 어둠이 심연을 덮고 하느님의 영이 그
물 위를 감돌고 있었다. 하느님께서 말씀하시기를 "빛이 생겨라." 하

시자 빛이 생겼다.[8] 상자에서 보여지는 언덕을 둘러싸고 있는 물처럼 어두움은 무의식을 나타낸다. 반면에 빛, 태양은 갓난아기처럼 의식의 시작을 나타낸다. 물론 원의 기하학적인 디자인을 이 상자의 중심으로 본다.

융학파 모래놀이치료사인 리스(Sachiko Reece)는 언덕을 존재의 표상으로 언급하였는데, 이는 땅이 생겨날 때 언덕이 물에서 나온 것과 비슷하다고 생각하기 때문이다.[9] 대부분의 창조신화에서는 인류를 최초의 대양으로부터 나오는 동일한 모습으로 시작한다. 이 상자에 나오는 갓난아기와 출생, 창조의 주제는 이 여성에게 일어나고 있는 새로운 시작이나 탄생을 암시한다(그녀의 탄생 경험이 여기에서 재창조되는 것인지 아닌지에 대한 의문 또한 있다).

모나드는 무한한 것에 대해 질서와 제한을 부여하는 창조적인 원리다. 數 1의 요소는 불인데, 내가 믿기에 이것은 빛과 태양에 대한 은유뿐 아니라 중심이 되는 창조적인 불, 즉 창조의 원천이고 모나드와 동일시되는 것이다. 의식의 탄생과 개인성의 표명을 포함해서 '내가 존재한다' 와 같은 자기 자신에 대한 의식은 대부분의 전통에서는 數 1과 관련된다. 인간의 경험과 관련해서 융은 數 1의 심리적 상태를 자궁 속에 있는 태아의 관계로 설명하였다. 즉, 자궁 속에 있는 태아의 상태는 전적으로 어머니에게 의존하며 밀착되어 있다. 폰 프란츠는 이 단계에서 "인간은 판단력이 없는 무의식의 상태에서 복종하면서 여전히 그의 주변 환경과 순진하게 관계를 맺는다." 라고 언급하였다.[10] 따라서 數 1은 우로보로스적이며 미분화되어 있고 비판단적이다. 이것은 다음에 설명될 7세 소년의 모래상자 사례에서 설명될 것인데, 이 소년은 상자에 젖병과 물을 뿜는 분수를 갖다 놓았고, 원을 만들고 상자를 끝마쳤다(그림 3-8 참조).

[그림 3-8] 출생 2단계와 관련된 미분화된 모래상자

[그림 3-9] 출생 3단계를 보여 주는 혼란에 빠진 소녀가 있는 모래상자

[그림 3-10] 출생 2단계와 3단계를 나타내는 갇혀 있고 혼란한 상태

[그림 3-11] 혼란으로서의 數 1

[그림 3-12] 출생 3단계인 생존에 대한 투쟁

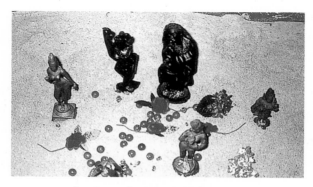

[그림 3-13] 탄생에 대한 피의 예식

융은 전체에 대한 이러한 의존상태, 즉 갓난아기의 미분화된 초기 삶에 대한 심상을 무의식적으로 묘사하는데 일치된 상태에 대해 다음과 같이 설명한다.

> 깊은 의식 속에서 우리는 우주 진화론적 '사랑' 의 희생자와 도구다. 나는 '사랑' 이라는 단어를 욕망, 선호함, 유리함, 비슷한 감정을 함축하는 데 이용하지 않음을 표시하기 위해 따옴표를 사용한다. 그러나 개인보다 뛰어난 것으로서 통일되고 분할되지 않은 전체가 있다. 일부분으로서 인간은 전체를 붙잡을 수 없다. 인간은 전체에 좌우된다. 인간은 전체에 동의하거나, 또는 전체에 대해 반항한다. 그러나 인간은 항상 전체에 의해 받아들여지고 전체 안에 포함된다. 인간은 전체에 의존하며 전체에 의해 유지된다.[11]

## 2단계: 우주처럼 끝없이 완전하게 갇혀진 상태

이 두 번째 출생 단계의 고통과 함정은 數 1의 부정적인 측면과 연결되는데, 數 1은 지하의, 무의식의, 어두운 힘을 지닌 것과 선택권이 없는 느낌, 무기력함, 항복의 느낌으로 특징지어진다. 이것은 72쪽에 나왔던 두 개의 모래상자로 설명된다. 첫 번째 상자([그림 3-9])는 매우 구조화된 홈 스쿨링 제도에 갇혀 혼란스러워하는 16세 소녀의 상자다. 그녀는 이 상자에 대해 "모래는 벽과 같아요. 나는 이 구멍과 거품 속에 있는 것 같고요, 이 벽에 둘러싸여 있는 것 같아요. 나는 여기서 빠져나갈 수가 없어요." 라고 설명하였다(그녀는 이 사진에서는 잘 보이지 않는 둥근 모래 벽을 실제로 만들었다).

두 번째 사례는 36세의 지적이고 일을 하는 여성이 만든 세 번째 상자다. 이 상자에서 그녀는 처음으로 물과 젖은 모래상자를 다루고자 하였다([그림 3-10]). 그녀는 물이 넘치도록 하였고, "여기에 물이 꽉 차 있지만 좋아요. 이것은 충분히 혼란스러워 보여요. 보기 좋아요." 라고 말하였다. 이 여성은 두 번째 출생 단계인 완전히 뒤덮인 상태('혼잡함')와 그 다음 단계인 혼란에 대해 표현한다. 數 1이 [그림 3-6]에 있는 땅, 언덕과 [그림 3-10]에 있는 바다의 상하 모두를 각각 보여 줄 수 있는 창조물로서 나타나는 것 또한 흥미롭다.

### 3단계: 격렬한 폭발, 생존을 위한 투쟁

동양에서 數 1은 종종 능동적이고 창조적인 남성적 에너지, 하늘과 정신으로 묘사된다. 에너지는 중심부 주위를 선회하는 원, 최초로 창조적인 추진력을 불러일으키는 이미지를 형성한다. 이것은 數 1의 실제적인 원칙으로, 혼돈이라는 무형의 공허에서 '존재함'으로 움직이는 것을 말한다. 고대 그리스 수학자들은 작은 언덕을 '혼돈'이라고 불렀는데, 왜냐하면 혼돈은 계속해서 일어나는 모호함과 어두움에서 나오기 때문이다. 비슷하게, 말리의 도곤족(Dogon)과 밤바라족(Bambara)은 1을 혼돈의 최초의 數로 본다. 왜냐하면 원은 창조의 시작으로 무에서 유를 산출하는 신비함을 내포하고 있기 때문이다. 이러한 상태는 종종 혼란한 상태에 있는 개인에 의해 경험된다.

모래놀이, 특히 아동들이 초기에 만든 상자에서는 이러한 전쟁이나 혼돈과 같은 1의 표상이 발견된다. 알렌(John Allen)은 그의 저서 『아동 세계의 본질(Inscape of the Child's World)』에서 초등학교 2학년 소년의 모래상자([그림 3-11])에 대해 설명하였다. "많은 동물과 교통수단(자동차, 트럭, 제트기)은 불확실하게, 그리고 혼란스럽게 모래상자의 끝에 쌓여 올려져 있다. 그 상징물 더미의 바닥에는 페가수스가 있고, 이 아래에서는 움직일 수가 없다." [12]

또 다른 예로, 25세 여성이 만든 것으로, [그림 3-7]에 나와 있는 언덕이 있는 상자는 그녀의 치료 과정에서 마지막 단계를 보여 준다. [그림 3-12]에서 그녀는 많은 數의 죽은 군인과 뿌리째 뽑힌 나무에 의해 불러일으켜진 무력함과 황폐함으로 생존에 대한 투쟁을 표현한다.

## 4단계: 해방과 분리감으로 인한 환희

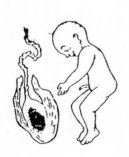

출생 과정의 이 마지막 단계는 종종 혼돈의 단계에서 해방되는 것으로 생존을 묘사한다. 축하의식이 있으나 아직도 생생하게 힘든 기억을 가지고 있다. 이러한 첫 번째 예는 [그림 3-13]에 나와 있는데, 이미 25세 여성은 이전 상자에서 언덕을 만들었고([그림 3-6]), 전쟁터도 만들었다([그림 3-12]). 우리는 땅을 밟는 기쁨 속에서 생존에 대해 피의 축전으로 묘사된 출생의 네 번째 단계를 보게 된다. 數 1의 색깔인 붉은 피의 흔적, 그리고 출생과 창조가 주는 흥분감은 모나드 표상에 대해 끝을 내는 진술이다.

두 번째 예는 주의력 결핍장애와 난독증으로 힘들어하는 8세 소년에 대한 것이다(그림이 제시되지 않음). 뱀, 낙지, 박쥐, 거미로 가득 찬 매우 혼란스런 상자를 두 개 만든 후에 그 소년은 또 상자 두 개를 만들었다. 하나는 성에 의해 둘러싸인 언덕을 만들었고, 또 다른 하나는 그가 '괴물'이라고 부르는 사납고 무서운 동물로 만들었다. 상징적으로 어려운 일이 아직도 존재하지만 성은 공격에도 살아남았고 해방되었음을 우리는 알게 된다.

## 요약

요약하자면, 원 모양, 언덕이 있는 상자 또는 혼돈스런 모래상자(일반적인 혼돈, 중심부가 혼돈스런 경우, 여러 상징물을 쌓아 올려 혼돈스런 경우, 움푹 들어가 혼돈스런 경우, 넘쳐흐르는 경우)에서 數 1을 발견할 수 있으며, 이 모든 것은 새로운 시작을 나타낸다. 이것은 數 1의 의식 상태이며, 개성의 창조를 가능하게 하는 원칙이다. 이러한 것이 치료 과정에 나타날 때 각 개인은 종종 자신의 출생 경험을 회상하고 정화시키거나 또는 자기(self)의 새로운 탄생과 새로운 인생을 준비하게 된다. 단지 원이 나타날 때에는 數 1의 다양한 다른 부분들이 표현되고 경험될 것이다.

미 주

1. Schneider, Michael, *A Beginner's Guide to Constructing the Universe,* p. 11.

2. Schneider, Michael, op. cit., p. 7.

3. Iamblichus, *The Theology of Arithmetic,* translated by Robin Waterfield, p. 37.

4. 數 1은 빨간색으로 표현된다. 그리고 왕관은 보통 황금색이다. 그러나 채색유리에 있어서 빨간색은 보통 아주 작은 금조각으로 만들어지는데, 그 금조각들이 잔에 빨간색을 띄게 한다.

5. Jung, C. G., *Collected Works, Vol. 12*, par. 63.

6. Grof, Stanislav, *The Adventure of Self Discovery Dimensions of Consciousness and New Perspectives in Psychotherapy and Inner Exploration,* Appendix B.

7. Edinger, Edward, *Ego and Archetype,* p. 8.

8. *The Bible,* Revised Standard Version, Genesis, Chapter 1, Verse 3.

9. Reece, Sachiko, *Sandplay Therapy, vol. 4,* no. 2, pp. 14-31.

10. von Franz, Marie-Louise, *Number and Time,* p. 68.

11. Woodman, Marion and Dickson, Eleanor, *Dancing in the Flames,* p. 201.

12. Allan, John, *Inscapes of the Child s World,* p. 217.

# 04 | 2의 원형: 이원성, 양극화와 분화

삶을 살아가는 신비는
항상 둘 사이에 감춰져 있다.
언어에 의해서 드러나지 못하고
논쟁에 의해서 고갈되지 않을 때
진실된 신비가 된다.

- 융

상  징:

색  상: 주황색

원  소: 물(정서)

분위기: 여성

물  체: 음과 양, 노아의 방주, 거울, 달, 2개의 상징물, 분리의 이미
지, 칼, 가위, 도끼와 검과 같은 것들

긍정적인 측면: 반추, 반영, 음과 양의 에너지의 균형, 긍정과 부정,
전기와 자기장

부정적인 측면: 압도당한 느낌, 저항과 반응, 분열 · 갈등 · 이원성

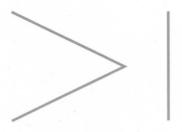

[그림 4-1] 數 2의 기하학적 표상

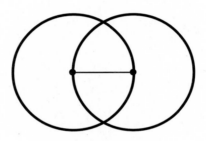

[그림 4-2] 선의 탄생

[그림 4-3] 자아의 분열: 1에서 2로의 변화

# 다른 한쪽의 탄생

數 2의 기하학적인 표상은 선 혹은 數 1의 한 점으로부터 나와서 양쪽 방향으로 갈라진 두 개의 선이다([그림 4-1]). 선은 긴장, 힘, 행동, 충동, 압박, 방향, 움직임으로서의 힘을 보여 준다. 모든 창조적인 과정의 양극 사이에는 긴장과 움직임이 있다.

수학적으로, 1은 아무리 많은 數를 곱해도 그 결과는 항상 같다. $1(1n = 1)$. 기하학에서 선의 창조는 하나의 원과 똑같은 모양의 원을 필요로 하고, 두 개의 점은 선으로 연결된다. 그러므로 두 개의 점은 數 2의 모습을 가진 1차원적인 선을 규정 짓는다. 또 다른 원 하나가 선의 탄생을 규정하는 다른 원과 함께 나타난다([그림 4-2]). 그러나 2는 점처럼 형태(선은 공간을 포함하지 않기 때문)와 제한(선은 끊임없이 확장되기 때문) 없이 남아 있다.

선이 두 개의 반대쪽 방향에서 움직임을 나타낼 때, 이것은 반대의 법칙에 대한 기하학적 표상이다. 선은 중심으로부터 밖으로, 상반된 진동의 충동의 결과로서 두 방향으로 뻗어나가는 움직임이다. 여기에 이분법적 원칙, 긍정과 부정, 거대한 보편적 적대감이 있는 것이다. 그러므로 발달의 시점을 표상하는 선의 끝은 끊임없이 중앙에서 멀어져 간다. 그들은 또한 2에서 선과 악의 신비를 보여 주는 도덕적인 관계의 형태로 그 자신들을 표현한다. 이러한 도덕적인 판단은 절대성에 대한 상대성의 관계에 기초하며 상대성은 항상 통일과 절대성에 반하는 양극성을 반영하기 때문이다. 이것은 판단하는 것이 물질과 이원론적 세계에서 필요한 것처럼 윤회(samsara)가 필요한 것임이 언급된 상태다.

## 자아의 탄생, 고통의 탄생

'이원성(twoness)'과 '타성(otherness)'의 원칙은 그리스 철학자에 의해 다이애드(dyad)로 불렸다. 그들은 다이애드를 본연의 전체성으로부터의 분리를 의미하는 대담성에 대해 '무모하다.'고 하였다. 이러한 주제를 다시 폰 프란츠의 작품에서 볼 수 있으며 그녀는 "數 2는 본래의 통일성을 되풀이하여 상대적으로 파괴한다."라고 썼다.[1] 2의 원형적 힘은 타고난 신성으로부터, 자연으로부터, 서로로부터 분리되는 것에 있다.

심리적으로 數 2는 자아의 탄생을 의미한다고 여겨져 왔다. 에딩거는 성서에서 선악과를 먹는 것은 자기와 무의식적으로 일치되는 영원한 상태의 시공간에서 실제적이고 의식적인 상태로 변화하는 것을 말한다. 아담과 이브의 창조신화는 자아의 탄생과 결과를 상징하는데, 즉 자아가 근원으로부터 멀어지는 것을 말한다. 자아는 이제 고통, 갈등, 반대의 불확실성의 세계로 움직인다.[2]

[그림 4-3]은 여러 차례의 치료회기 동안 흙무더기를 쌓는 것에 몰두한 48세 남성의 모래상자다. 여기서 그는 얼굴을 선택하는 과정에서 하나(흙무더기)로부터 둘(분할된 얼굴)로의 움직임을 보여 준다. 분할된 얼굴의 선택과 음양 버튼의 상징과 위쪽에 있는 두 개의 물체는 2의 상징이며 완전한 개인의 무의식에서 이루어진다.

선이 점을 가르는 것처럼, 분할되는 것은 우리의 덧없는 존재를 나타내는 성격을 창조한다. 전체가 절반으로 이중적으로 갈라지는 것은 의식과 무의식, 진실과 상대성, 현실과 상호의존, 절대적인 전체의 모든 분할로 이끈다. 이러한 현실의 이중적인 관점으로부터 왜 우리가

數의 상징에서 긍정적이고 부정적인 면을 찾을 수 있는지를 이해하게
된다.

> 이러한 전체성은 의식의 향상을 위해 필요한 정신과 육체의 나뉨에
> 의해 파괴된다. 이분법은 에너지의 변화와 상관이 있는데, 이것은 높
> 은 의식을 향하는 과정에 꼭 필요한 단계다. 모든 것들은 선과 악, 검
> 거나 희고, 강하거나 약한 것 등 그들의 부분으로 구분된다.[3]

자아는 분리되고 분화하면서, 그리고 출현하는 자아와 휩쓸어 버리
는 무의식 사이에 발생하는 인류 최초의 전쟁을 통해서 발달하게 된
다. 분석심리학자 폰담(Michael Fordham)은 이러한 분리는 인간발달
에 꼭 필요한 부분인 자아의 탄생이라고 주장했다([그림 4-4]). 그러나
에딩거가 지적한 것처럼 시작단계의 자아는 너무나 약하고 불안정하
여 세상의 이원적인 힘에 의해 압도당한다. 그러나 폰담과 에딩거는
이러한 고난과 갈등은 이 단계의 자아를 강화시킨다고 보았다.

[그림 4-5]에서 우리는 數 2의 상징으로서 자아 탄생의 단계를 보
여 주는 예를 모래상자에서 찾을 수 있다. 이 모래상자는 10세 남자
아동이 만들었다. 이 아동은 이사 간 새 집과 새로 구성된 가족의 혼
돈적인 상황 속에서 자신만 다르고 소외되고 판단 받는다고 느꼈다.
이렇게 엉망이고 어려운 상황에서 그는 '베트남과 미국의 전쟁'을 만
들었다. 나는 그가 정한 미국인 인물들 중에서 상처를 입은 한 사람이
있는 것을 알았다. 치료회기가 끝나갈 무렵 그는 미국편의 대부분을
파괴해버렸으나 양편 모두 죽거나 부상자가 있었다. 아동은 부상당한
사람을 오두막에 넣고 그들을 다시 공격했다. 여기서 아동은 선과 악,
강함과 약함, 모여졌다가 갈라지는 數 2의 고난과 상처 사이의 갈등

속에 있었다.

이러한 數 2에서 보여지는 갈등은 성장과 반성 없이 일어나는 과정이 아니다. 융학파 심리치료자인 포렛과 멜저(Bert Meltzer)에 의하면

> 역설적으로 말해, 비유 또는 이미지로서의 전쟁은 정신세계와 인간 발달에서 많은 다양한 기능을 하고 여러 가지 수준에서 상징적으로 이해될 수 있다. 심리학적으로 전쟁은 성장과 발전, 그리고 변화와 변형과 연관되어진다. 반대로 지연된 평화로움, 지연된 상태는 침체, 발달의 저지와 변화에 대한 두려움과 연관될 수 있다.[4]

數 2의 다이애드는 이원적인 상태로서 신, 삶, 자신에 대한 긴장, 의심, 양가감정과 비난을 일으키게 한다. [그림 4-6]은 내면의 갈등과 양가적인 감정을 경험한 59세 남성이 만든 첫 번째 상자다. 그는 약혼을 한 상태에서 최근 전립선암 말기로 진단받았다. 그의 상자에서 '나는 삶과 죽음 중 어느 쪽을 택하게 될까?'라는 질문을 볼 수 있다. 모래상자의 왼쪽은 연애하는 커플, 결혼한 커플 그리고 그들을 향해 총을 겨누고 있는 군인으로 표현한 살아 있는 이미지로 가득 차 있다. 또 많은 사람과 동물이 활발하게 움직이고 있는 이미지를 보여 준다. 하지만 오른편은 완전히 텅 비고 황량하다. '내가 살 수 있을까 혹은 나는 죽을 것인가? 내가 결혼할 수 있을까 아니면 결혼할 수 없을까?'

양극성과 이원성의 개념에 대한 數 2의 관계는 언어학상에서 찾을 수 있다. 이중(Dual)과 한 쌍(duet)이라는 의미로 갈라진다.

 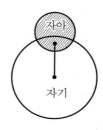

數 2는 다른 사람과 최 초로 분리되거나 인식 하는 역할을 하는데, 이 것은 자기 자신을 보는 데 꼭 필요하다. 공간은 자기인식을 가능하게 한다.

[그림 4-4] 자아와 자기의 분리

[그림 4-5] 선과 악의 상징적 전쟁

[그림 4-6] 2의 양가감정

독일어의 의심(zweifel)은 '2', 라틴어의 두비우수(dubius)에 어원을 두고 있다. 이러한 어원은 數에 대해 연구하는 또 다른 학자들에 의해 언급되어 왔다. "dispute(논쟁), discord(불화) 또는 disagreement(불일치)와 같이 라틴어 di 혹은 dis 등의 수많은 복합어는 數 2의 분열의 특성을 나타낸다."[5]

뉴만은 數 2를 부모와 같은 세계로부터의 분리, 영원한 천상과 일시적인 세상이라는 대극의 창조와 같이 인간의 정신이라는 측면에서 살펴본다.[6]

[그림 4-7]에서 외현적으로 모래상자가 하늘과 대양이라는 두 부분으로 나누어진 것을 볼 수 있다. 36세 여성은 실제로 數 2의 인식과 1에 대한 상실감을 이야기했다. "나와 과거 사이에 있는 분리를 느꼈어요. 과거는 나와 함께 있었고 밀착되어 있어서 그립지만, 그러나 나는 과거로 다시 돌아가고 싶지는 않아요."


## 인간의 타락: 물질로서의 2

피타고라스 시대부터 數 2는 상징적으로 물질과 같다고 인식되었다. 피타고라스는 다음과 같이 언급하였다. "2는 존재가 하느님으로부터 떨어져나오게 될 때 빠져들게 되는 불안전한 상태다… 그러므로 착각할 수 있는 인상을 받게 된다."[7] 1로부터 분리되고 세상적인 일에 빠지는 것은 착각, 불완전함, 양가적인 감정을 일으킨다. 갈망하지만 더 이상 1의 원칙을 가지고 있지 않은 물질로 떨어질 때 느끼는 분열과 분리의 심오한 감정이 있다.

우드먼(Woodman)은 이러한 분리를 에덴동산의 신화를 통해서 여

[그림 4-7] 부모와 같은 세계와의 분리에 대한 공간적 표상

[그림 4-8] 아담의 창조와 타락

성성과 연결시켰다. 그녀는 낙원으로부터의 추방은 여성이 남성의 높은 권위를 거절하고 선악과를 먹으려는 여성의 충동적 욕망을 따른 결과로부터 나왔다고 말했다([그림 4-8]). 그로 인해 이브는 처음으로 낙원을 떠나는 경험과 세상에서의 긴 여정을 시작했다.[8] 의식과 자기의식(consciousness and self consciousness) 모두를 동시에 탄생시킨 것은 바로 여성이다. 성서의 창조신화에서 보거나 보여지는 것은 갈등과 후회뿐만이 아니라 수치심과 약함을 수반한다. 그러나 '추방'은 '보는 것을 선택'하는 매우 대담하고 반항적인 행동의 결과다.

## 물의 원소로서의 2

우리가 아담과 이브의 이야기에서 본 것처럼, 數 2는 슬픔, 고뇌, 절망과 희생의 경험을 가지고 있다. 이것은 종종 물의 원소와 물에 빠지는 느낌과 연관된다. 數 2의 상징인 물은 또한 고통의 방출을 통해서 삶의 원천을 재생시키는 것을 보여 준다. 數 2에서 우리는 물을 처음으로 접하게 되고 실질적인 이미지는 분화되지 않은 경험과 압도당하는 느낌을 말한다. 비스콘티 아우어즈(Visconti Hours)의 두 번째 사진은 사진 속의 상태와 시편을 잘 묘사한다([그림 4-9]). 우리는 數 2의 요소이며 태양으로부터 분리되고 선과 같은 음과 양에 의해 갈망하는 바닷물 속에 잠긴 상징물을 보았다. 우리는 의식과 무의식, 빛과 어둠의 이분법을 본다.

## 양극으로서의 2: 끌어당김과 배척

그러나 물은 단지 압도적인 성격만을 가지고 있는 것은 아니다. 물과 數 2 원형의 또 다른 특성은 움직임, 발생과 변화다. 변화하는 것의 원인의 관점에서 신은 변하지 않는 안정성의 근거가 되는 반면 물질은 변화의 원인으로 신에게 반대하는 것처럼, 다이애드는 다른 모든 數를 나타내는 용어를 뛰어넘어 모나드에 대해 반하는 것이다. 이것은 우리에게 동일하거나 반대되는 힘의 양극성으로서의 數 2의 개념을 알려 준다.

세상의 모든 물질 중에 양극성과 관련이 없는 것은 없다. 물리학에서 우리는 자기장과 전기의 ＋와 －의 양극에서 양극성과 대칭성의 원칙을 볼 수 있다. 이러한 자연계에서 상반되는 것은 활발하게 연결점을 찾으며 이 모두는 에너지를 창조하는 데 필요하다. 에너지에 관해 말하자면 양극성은 아직 명확하지는 않지만 통합될 수 있는 잠재력을 가지고 있다. 고대 중국 우주론에 의하면 도교에서의 통합은 음과 양의 양극화가 된다. 폰 프란츠는 "음과 양은 우주의 원칙이 아니고 교류의 에너지다. 진보적이고 퇴화하는 두 역동이 있다."라고 한다.[9] 우리는 융의 업적에서 이러한 이원적인 흐름을 인식하게 되는데, 융은 의식으로의 진보와 무의식으로의 퇴화를 볼 수 있는 치료적 과정에 매우 많은 주의를 기울였다.

그러므로 2에서의 본질은 동시에 나누어지고 융합되고, 저항하고 끌어당기고, 통일된 하나의 개체로부터 분리되고 그것으로 다시 돌아가기를 갈망하는 다이애드다. 우리는 누군가에게 끌리거나 또는 거절당할 때 다이애드의 영향 아래에 있다는 것을 안다. 數 2는 모래놀이

하느님, 날 구하소서.

물이 내 영혼 속까지 덮쳤나이다.

나는 깊은 구렁 속에 빠져

더 이상 버틸 수 가 없나이다.

나는 깊은 바다 속에 빠졌고,

폭풍우가 덮쳤나이다.

－ 시편 118편

[그림 4-9] 비스콘티 아우어즈

[그림 4-10] 음과 양으로서의 2

[그림 4-11] 힌두교의 상반된 힘을 통한 세계의 창조

과정에서 통합을 위한 충동과 한 쌍으로 두 내면의 에너지에 대해 규칙적으로 순환하는 균형을 보여 준다. [그림 4-10]은 치료의 종결단계에 있는 52세 여성의 모래상자다. 그녀의 양극성과 진보적이고 퇴행적인 움직임은 외적인 상태라기보다는 내면의 상태이며, 두 개의 흙무더기는 음과 양의 끊임없는 움직임과 같은 느낌이다. 양극성과 대극은 모래상자의 구석에 있는 각각의 흙무더기의 반대되는 색에서도 보여진다.

## 문의 탄생, 여성적 분위기로서의 2

혼돈과 혼란은 數 2와 관련되어 있으며 또한 여성적인 분위기와 관련되어 있다. 이것은 數 2가 보이는 거울과 같은 역설과 전체의 내적인 미와 연결되어 있다는 사실을 말한다. 심리학적으로 이것은 좋은 모성으로 표현된다.

여성적 분위기로서, 2는 '탄생'이 될 수 있다. 이것은 '원시적인 분법, 보통의 연인, 적 또는 쌍둥이의 양극성이 서로 상호작용하여 세상을 창조하는' 내용을 포함한 창조신화에서 분명하게 볼 수 있다.[10] 뱀의 양 끝 쪽에서 서로 끌어당기는 천사와 악마가 세계를 창조하는 우주적 우유를 휘젓고 있는 힌두교의 창조신화에서 그 한 예를 볼 수 있다([그림 4-11]).

2는 특히 인간의 신체에서 보여지는 것처럼 정돈되게 쌍을 이루는 것의 근원이 된다. 기하학적으로 우리는 2의 이미지와 베시카 피시스(vesica piscis, 끝이 뾰족한 타원형 장식)의 기하학의 탄생을 볼 수 있다. 이것을 슈나이더(Michael Schneider)는 우리의 세계로부터 나온 기하

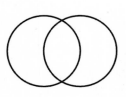
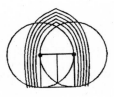

[그림 4-12] 종교 건축물에 나타난 베시카 피시스

[그림 4-13] 무의식에서 의식으로 가는 과정

[그림 4-14] 역(閾)으로서의 겹침, 의식으로 움직이는 무의식의 자료

학적인 모양과 패턴을 통해서 '요니(a yoni, 산스크리트의 언어로 여성의 생식기를 의미함)' 라고 보았다.[11] 그는 이러한 모양을 '혼돈의 자궁' 과 '창조의 말을 하는 입' 이라고 불렀다. 베시카 피시스는 이집트인들이 그리스도인이 되기 위해 모이는 비밀스런 교육장소(mystery schools)에서 널리 이용되고 성전 입구의 기본적인 디자인으로 사용된다. 상징적으로 문은 변화다. 세속(물질, 이원성)과 영적 세계(통합, 1) 사이의 탄생 통로다.

문 또는 문지방은 물질 그 이상이며, 발달하는 의식의 표시다. 또다시 거기에는 2의 본질이 있다. 세계의 많은 신전에서 우리는 쌍 사자나 두 개의 산과 같은 상징적으로 내세(심리학적으로 집단 무의식을 말함)에서 문지방을 지키는 두 개의 동일한 악마와 신성한 상(figure)을 찾을 수 있다. 이것은 꿈 또는 확대하여 모래놀이에서 물체가 반복되어 나타나는 것은 의식의 시작을 알리는 것이라고 한 폰 프란츠의 말과 일치한다.

의식적 지각은 구별을 의미한다. 그러므로 무의식에서 일어나는 구조는 그들이 지각하게 될 때 구분되어질 것이다. 그러한 구조는 두 배가 되어 나타나지만, 아직은 이것인지, 다른 것인지 명확하지 않기에 두 개가 완전하게 동일한 상태로 나타난다.[12]

모래놀이치료에서 무의식으로부터 의식으로 다다르는 변화를 살펴보기 위한 두 개의 예가 있다. 첫 번째는 71세 여성에 의해 약 두 달 간격으로 동시에 만들어진 세 개의 모래상자 시리즈다([그림 4-13]). 첫 번째 상자에서는 상자 안쪽의 많은 사탕과 음식에서 낙원에 대한 생각과 흙무더기를 볼 수 있다. 그녀는 "나는 나 자신을 돌보는 것을 잘 몰라요… 나는 아기가 되고 싶어요… 믿을 수 있는… 내가 이것을 혼자서 해야 하나요?"라고 그것에 대해 말했다.

베시카 피시스처럼 보이는 두 번째 상자에서 그녀는 환상과 현실을 구분하면서 다음과 같이 말했다. "이 상자에서 왼쪽은 나의 환상이고 오른쪽은 나의 현실이에요. 가운데 부분은 내가 있고 싶은 부분으로, 환상과 현실이 만나는 곳이에요." 그녀는 왼쪽은 통합시키길 원하고 오른쪽은 갈라놓기를 원했다.

세 번째 상자에서 그녀는 많은 것을 가져다 놓았다. 새로운 깨달음을 나타내는 흙무덤을 반복해서 놓았다. 그녀가 흙무덤을 만듦에 따라 그녀는 자신의 두려움이 다른 사람들에게 의존하고 있는 자신의 정체감과 관련 있음을 알게 되었다. 그녀는 "깊은 곳으로 가는 것을 두려워하지 않아요. 나는 다리를 만들 수 있어요. 다리는 자신감이에요."라고 말했다. 하나의 흙무덤에서 여러 개의 흙무덤으로 초점이 옮겨져 가는 것을 알아차리는 것은 흥미롭다. 힘을 주는 것과 어머니라는 권위에 집중하는 것으로부터 많은 것들에게 관심을 나누는 것은 어머니라는 자리를 붙잡으려고 하는 것으로부터 독립하도록 만드는 살아 있는 해결책이 된다.

다음 예에서는([그림 4-14]), 25세 여성이 상자를 만들면서 그녀의 영적인 삶(상자 상단 부분)과 실제의 삶(상자 하단 부분)을 한 상자 안에 창조하고 싶다고 하였다. 그래서 그녀가 원했던 방식으로 보였지만, "그러나 그 결과는 다르게 나타났다." 흥미롭게도 그녀는 그녀의 완성된 작품에 만족하지 못했다. 자신으로부터 떨어진 느낌 혹은 똑바르지 않고 가장자리에 있는 느낌은 무의식에서 의식으로 옮겨가는 상태의 數 2의 분위기를 묘사한다. 면밀히 살펴보면, 우리는 실제 삶에서의 감옥과 그녀의 영적인 삶의 사이에 있는 두 가지의 보호자 속에서 이중의 요소를 볼 수 있다.

## 요약

요약하자면, 우리가 의식의 2 상태에서 찾을 수 있는 중요한 요점은 분열, 갈등, 무의식으로부터 의식으로의 새로운 탄생과 자아와 에로스의 첫 경험이며, 또한 강한 압도감, 절망감, 투쟁하는 느낌이다. 모래상자에서 우리는 이원적인 심상과 둘로 나누어진 모래상자, 두 부분으로 나누어진 진영 또는 전쟁, 싸움에 대한 묘사, 애매모호함을 나타내는 것, 선과 베시카 피시스의 심상 그리고 의식과 무의식 사이의 경계를 나타내는 중복된 소품들을 볼 수 있다.

미 주

1. von Franz, Marie-Louise, *Number and Time,* p. 98.

2. Edinger, Edward, *Ego and Archetype,* p. 18.

3. Woodman and Dickson, *Dancing in the Flames,* p. 49.

4. Porat, Rina, and Bert Meltzer, *Sandplay Journal* 7:2, p. 98.

5. Schimmel, Annemarie, *The Mystery of Numbers,* p. 56.

6. The Bible, Revised Standard Version, Genesis 1:6.

7. Heline, Corrine, *Sacred Science of Numbers,* p. 9.

8. Woodman and Dickson, op. cit., p. 215.

9. von Franz, Marie-Louise, op. cit., p. 95.

10. Schneider, Michael, *A Beginner's Guide to Constructing the Universe,* p. 27.

11. Ibid., p. 33.

12. von Franz, Marie-Louise, op. cit., p. 72.

# 05 3의 원형: 삼위일체, 새로운 통합

數 3은 다른 모든 數에 비해 특별한 아름다움과 공평함을 지녔다.
모나드의 가능성을 가장 처음으로 현실화시켰기 때문이다.

-그리스의 근대 플라톤학파 철학자인 이암블리쿠스(c.250~c.330)

상    징:

색    상: 노란색

원    소: 불, 영혼

분위기: 남성적

물    체: 삼위일체, 기도하고 있는 손, 까마귀[1], 과일조각, 삼원색(빨
강, 노랑, 파랑), 나무, 남근상(phallus)

긍정적인 측면: 표현과 창의성, 목표지향적, 집중, 활동적인, 혁신적
인 측면

부정적인 측면: 실패의 감정, '충분히 만족스럽지 않은' 자기의심 혹은
교만으로 가득 찬 팽창된 자아, 참을성이 없는, 자기중
심적인, 너무 많거나 혹은 너무 적은 내면의 힘, 야망

## 이원성에서 삼원성으로의 합(合)

數 3은 삼각형에 의해 상징화되는데([그림 5-1]), 세 번째 변이 의지와 욕망의 이중적인 힘인 數 2의 갈라진 힘을 화합시킬 때까지 안으로 끌어당긴다. 數 2의 움직임은 우리가 가지고 있는 모든 것인 데 반해서 數 3은 유도되어진다. 數 2에서는 여성성이 활동하고, 數 3에서 움직이는 것은 남성적인 에너지다. 그러므로 트라이애드(triad, 3)는 모든 數를 뛰어넘은 특별한 에너지를 가진다. 이것은 모나드의 잠재력을 처음으로 실현시킨 것이다. 홀수, 완전성, 비례, 균형, 통일성과 제한을 지닌다. 융에 의하면 "3은 2가 나뉘면서 생기는 손상을 회복시킨다. 3은 새로운 통합을 이끄는데 이것은 선행되었던 이중성을 부정하지 않으며 그것을 극복한다."[2] 심리학적으로, 3은 자기충족을 가능하게 하는 합(合)을 통해 전체성을 알린다. 수학에서 자기충족은 3이 이전에 선행된 數와 같아지는 사실에 의해 설명될 수 있다(1 + 2 = 3).

세 가지의 측면 없이는 어떠한 해결책도 지속적으로 가능하지 않다. 두 가지 상반된 것과 중립적인 것이 함께 묶이고, 균형을 이루고, 임의적이며 변형된다. 어원학적 측면에서 폰 프란츠는 다음과 같이 지적했다. 3(three)이라는 단어는 '~을 통하여(through)'와 '입구(threshold)' 같은 단어와 관통, 횡단의 의미인 접두사 trans는 '가로 건너서(across)' '관통하다(penetrate)'와 관련이 있으며, 이것은 다이애드의 양극화된 제한을 통과하는 발단이 된다.[3]

슈나이더는 삼각형이란 일직선으로 닫혀진 첫 번째 형태이며 '표면과 구조의 탄생'이라고 말한다.[4] 그는 원과 삼각형을 기하학적으로 대조하였고 삼각형이 가장 큰 둘레와 가장 적은 넓이를 가진 반면에

원은 가장 작은 둘레와 가장 큰 넓이를 가졌다고 언급하였다. 이러한 수학적 주장을 심리학적으로 설명하면, 數 3의 의식적인 상태에 대한 의미나 핵심보다는 보다 표면적인 활동 또는 '공연히 법석 떠는' 감정과 연관된다는 것이다.

정삼각형의 상징은 동등하고 균형 있는 힘을 의미한다. 2의 대극은 대립의 분열을 치료하고, 나누어진 부분을 새롭고, 완전하고, 성공적인 전체로 변화시키는 세 번째 중재 요소에 의해 균형 잡힌다. 삼각형은 대립되는 긴장을 외부의 지지가 필요하지 않은 하나의 견고하고 안정된 전체로 해결한다. 어느 다른 부분에 의해 예상되지 못한 강한 힘과 안정성을 가진 면을 수반하기 때문에 삼각형은 구조의 정의가 된다. 세계 건축에 대한 조사를 살펴보면 어떤 구조들은 삼각형의 형태를 버팀대로서 혹은 이상적인 구조로서 도입한다. 자연에서 삼각형은 많은 나무와 산의 구조에서 보여진다([그림 5-2]).

모래상자에서 삼각형을 보면 우리는 에너지가 흐르고 있다고 추정할 수 있다([그림 5-1]). 리비도는 상반되는 것이 가진 긴장의 결과다. 數 3에서 우리는 심리적인 자기충족과 통합을 향한 에너지의 움직임을 볼 수 있다. 의도적으로 유도된 數 3의 힘을 지닌 개인은 더 이상 다른 사람의 반응을 통해서가 아니라 자신으로부터 힘을 끌어낸다. [그림 5-3]에서 보인 것처럼 우리는 이것을 모래상자에서 볼 수 있다.

이 모래상자는 부모를 향한 미움으로 인해 몇 달 동안 고민을 한 36세 여성이 만들었다. 그녀는 격리되고 내향적인 내면세계에 살면서 그녀의 진정한 '부모'라고 생각하는 영혼의 안내자로부터 내적인 안내를 받는다고 믿었다. 결국 여러 달 후에 그녀는 이 상자에 그녀 내면의 삼자관계(C), 그녀의 외부세계(A) 그리고 그녀 자신(B-C)을 만들었다. 이 작품에서 나타난 원형은 역동적인 동화에서 흔히 볼 수 있

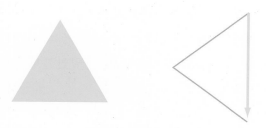

[그림 5-1] 정삼각형은 분열을 일으키는 3을 일치시키는 합(合)을 나타낸다

[그림 5-2] 자연에 나타나 있는 삼각형의 안정성

[그림 5-3] 통합으로서 3이 나타남

는 삼자관계, 즉 영웅, 적, 협조자다.

　왼쪽에 그녀는 세 명의 실제 부모를 놓고(어머니, 아버지, 양어머니), 오른쪽에는 그녀를 보호하는 세 명의 영적인 보호자를 놓았고, 중앙에는 그녀 자신을 나타내는 아기를 안고 있는 슬픈 소녀와 흑인 소녀(아이로서 갖고 있는 그녀의 세 이미지)를 놓았다. 치료회기가 끝나갈 즈음에 그녀는 세 개의 상징물을 모래상자(B1) 뒤에 놓았다. 현실과 영적인 세계가 통합된 성인으로서의 그녀 자신을 표현하였다.

　모래상자에 대해 이야기 할 때, 그녀는 자신의 내면뿐만 아니라 부모를 받아들이고 대면할 수 있었으며 그들은 그녀의 의식 속에 나란히 존재할 수 있었다고 말했다. 그녀는 더 이상 하나 혹은 또 다른 하나, 즉 그녀의 실제 부모 혹은 영적인 부모를 선택할 필요가 없었다. "나는 길을 잃은 어린아이 같은 느낌을 더 이상 느끼지 않아요."라고 그녀는 말하며 "삶이 더욱 쉬워져요. 나는 행복할 수 있어요. 나는 일들이 잘 진행되어 가는 것을 볼 수 있어요. 이제 나는 나의 부모님에 대해 만족해요."라고 말했다. 그러므로 이러한 상자는 이 여성의 약한 이중성으로부터 통합으로 들어가는 과정으로서의 3을 보여 주고 있다.

## 의식으로의 도약, 고유한 전체주의로서의 3

　인간은 전체를 세 부분으로 나누는 선천적인 감각을 지니고 있어, 자연적으로 전체를 세 개 부분으로 나누는 것 같다. 그러므로 우리는 탄생과 삶, 죽음을 겪는다. 길이·넓이·높이의 삼차원, 과거·현재·미래 그리고 세 번의 식사는 새벽, 정오, 해질 무렵과 상응한다.

비행, 전투, 요새화처럼 동물 신경학에서도 적용된다. 우리는 종교와 자연에서도 이러한 대응을 볼 수 있다. 초승달, 보름달, 그믐달과 심고 수확하고 휴경하는 것과 관련된 세 가지 신성(처녀, 어머니, 노파)의 고대 종교가 있다. 힌두교에는 세 명의 중요한 여신이 있다. 브라마(Brahma), 비슈누(Vishnu)와 시바(Shiva)로, 그들은 끊임없이 존재를 창조하고 유지하고 파괴시킨다. 사실상 우리의 몸은 세포를 창조하고 유지시키고 파괴시킨다.

그러나 3의 전체성 안에는 역동설이 포함되어 있다. 시간은 과거, 현재, 미래와 처음, 중간, 끝의 세부분으로 나누어져 있지만 그곳에는 방향적인 요소가 있다. 이러한 3의 역동적인 직선적 에너지는 종교, 신화, 동화에서 모험과 흥미를 일으키는 데 널리 이용된다. 이것은 양극성의 한계를 초월하고 역동과 무제한을 알아차리고 구체적으로 할 수 있는 능력을 준다. 보통 이야기는 평온하게 시작되어, 중반기에 이르러서는 방해요소가 등장한다. 그러다가 전체성으로 돌아오면서 끝을 맺는다. 따라서 우리는 진행되는 느낌을 갖게 된다. 전체성, 그 자체는 우리가 시공간 속에서 접하는 하나의 과정으로 묘사된다. 고대 그리스인들이 삼자관계(triad)에서 지혜와 신중함을 배웠다는 것은 놀랄 만한 일이 아니다. 사람들은 바르게 행동하기 위해서 현재를 주의 깊게 고찰하고, 미래를 바라보고 그리고 과거에 이미 있었던 경험들을 생각해 본다.

또한 數 3에 함축되어 있는 것은 초월적인 변화에 대한 잠재력이다. 1, 2, 3과 같이 數를 세는 능력은 의식의 중요한 도약을 반영한다. 이것은 數 2처럼 양극성의 경계를 뛰어넘어, 역동적이고 무한한 것을 실현시키고 구체화시키는 능력을 부여한다. 따라서 3은 다수와 연결되어 최고가 된다. 창조에 관한 고대 중국의 우주론에는 "도(道, Tao)

[그림 5-4] 일직선으로 한 방향을 향해 나아감-3을 의미

[그림 5-5] 트리무르티, 브아라타라

는 1을 낳고, 1은 2를 낳고, 2는 3을 낳았다. 그리고 3은 무수히 많은 것을 낳았다."라고 언급되어 있다.[5] 세 번 반복된 중국의 표의문자는 '많음(many)'과 '최대(maximum)'를 의미하며, 이집트인에게 있어서 '3배의 어둠'이란 가장 어두운 상태를 말하고 '3배로 숨겨진'은 알 수 없음을 뜻한다.[6]

## 영웅으로서의 3: 나아갈 방향과 목적에 대한 역동적인 힘

삼각형에서 우리는 안정적이나 역동적인 과정과 지속적인 체계를 갖춘 구조를 통해 분열로부터 통합으로 움직이는 것을 처음으로 보게 된다. 이 단계는 의식을 관찰하고 진보적으로 움직이는 것을 포함한다. 폰 프란츠에 따르면 "3은 물질과 우리의 의식에서 바꿀 수 없는 자기 확장의 과정을 역동적으로 야기시키는 단일체를 의미한다(두서 없는 생각 등)."고 한다.[7]

전체성에 이르기 위해서, 언급된 數 3의 역동적인 요소는 의지, 욕망, 단호함이다. 남성적 에너지는 두드러진다. 동화에서 이러한 자아의 상태는 싸워서 용(무의식)을 물리치는 영웅으로서 묘사된다. 동서양의 신화에서 우리는 젊은 아들이 아버지를 죽이는 주제를 찾을 수 있다. 서양의 오이디푸스 비극에서 아들은 그의 어머니와 사랑에 빠지고 아버지를 죽인다. 불교 니르바나 수트라(nirvana sutra, 해탈의 경전)에서, 아들은 그의 아버지를 죽이고 그의 어머니를 감옥에 가둬서 부모에게 벌을 준다. 이 두 이야기에서 보이는 3의 에너지의 핵심은 야망과 분투이다. 즉, 어린 자아, 새로운 자기주장을 가지고 오는 남

성적 의식, 새로운 관점 그리고 '어머니의 타성으로부터 벗어나는 것' 이다.[8]

이것은 고무시키거나 파괴시킬 수 있는 數 3의 요소인 불꽃같은 에너지다. 세 번째 차크라(chakra)는 '통제력과 의지력을 계획성으로 변형시키는데' 이것을 메이(Rollo May)는 '경험에 의미를 부여하는 구조' 로서 정의했다.[9] 이것은 심리학적으로 '행동이 관점에서 자신의 정체성을 보게 한다.'[10] 치료실에서 이 상태에 있는 개인은 잃어버린 2 상태의 이전 에너지에서 방향감을 찾은 아동처럼 자발적으로, 정열적으로 살아 있는 듯하다.

우리는 이러한 의도적인 움직임을 25세 여성의 모래상자에서 볼 수 있다(그림 5-4). 그녀는 상자의 상단 좌측 코너로 세 부류의 행렬을 이끌고 가는 한 떼의 동물 위에 있는 남성(數 3의 남성적 힘)을 표현함으로써 그러한 일직선상의 움직임을 보여 준다. 행렬은 실제로 모래상자를 두 개의 삼각형, 또 다른 3의 요소로 나눈다. 두 개의 삼각형은 삼위일체(삼각형)는 '불완전한 쾌드리니티(quadrinity)' 라는 융의 개념에 상응하는 사각형을 함께 만든다. 이것은 '충분히 좋지 않은' 감정을 나타내는 불안정한 에너지로, 클라이언트의 기분을 말해 준다. 이 클라이언트는 앞으로 나아가고 자신의 아버지와의 관계에서 받은 상처를 다룰 준비가 되었을 때 모래상자를 만들었다.

## 창조성과 성장, 초월 기능으로서의 3

고대 수학철학자와 상징적 수학자들은 1과 2를 數로 고려하지 않았다. 1과 2가 기하학적인 표면을 가지고 있지 않는 것처럼 물리적인 실체도 가지고 있지 않다고 믿었다. 오직 삼각형에 의해 나타나는 3에 이르러서야 원형으로부터 형상이 나온다고 생각했다. 3과 함께 삼각형의 구조와 표면은 점(1)과 선(2)에 내용과 의미를 부여한다. 그래서 피타고라스는 3을 최초의 실질적인 數라고 불렀다. 고대 그리스인들은 또한 1과 2를 모수로 보았고 3을 첫 번째 자녀로 여겼다(원형의 관점에서 보면, 1과 2의 원칙은 근본적이어서 數로 드러나는 부가적인 원형적 원리를 탄생시킴). 여기에 다시 한 번 창조의 개념이 있다. 융이 말한 것처럼 "3은 1이 알려질 수 있는 조직, 즉 일치를 인식할 수 있는 조짐을 나타낸다."[11]

우리들 대부분은 세계의 종교에서 나오는 창조적인 요소로서의 이 세 가지 원형과 친숙하다. 그리스도교에서 그것은 삼위일체의 성부, 성자, 성령으로 나타난다. 도교에서는 하늘과 사람, 땅이다. 비슷하게도 신지(神智)론자들은 천상의 세 가지를, 불교에서는 그들의 세 가지 보석을 가지고 있다. 힌두신의 고대 삼위일체와 신성한 단어 옴(aum)은 자연의 세 가지 힘인 창조, 보존, 분리와 관련되어 있다고 전해진다. 신학을 넘어서, 우리는 과학에서도 같은 삼원칙을 찾을 수 있다. 아인슈타인의 유명한 공식 $E = MC^2$은 전 우주는 세 개의 뚜렷한 바로미안 링(Borromean Rings)이지만 에너지, 부피, 빛이 하나가 된 모습이라고 설명한다.[12] 그러므로 數 3은 종종 창조의 수식이다. 성서에 있는 삼 일째의 천지창조에서 나무 자신의 씨를 가지고 있는 나무

를 만들었는데, 이것은 성장과 창조로서 인식되는 數이다. [그림 5-5]
의 12세기 인디아에서 생겨난 트리무르티(Trimurti), 브아랴타라
(Vajratara)는 하나로 함께 있는 세 부분, 즉 창조자, 지속시키는 자 그
리고 파괴자를 묘사한다.

　개괄하여 보면, 이러한 모든 체계는 에너지와 의식, 물질의 우주적
인 힘에 대해서 말한다. 카오스(Chaos), 가이아(Gaia), 에로스(Eros)는
가장 순수한 원형적인 형태에서 본래의 창조 신화에 대해 말한다고 다
른 저작들에서 소개하고 있다. 카오스는 모든 창조의 자원들을 의미하
고, 가이아는 창조된 우주를 말하며, 에로스는 창조적인 추진력을 의
미한다. 융은 이러한 세 요소 — 무의식(카오스), 의식의 실제 세계(가이
아)과 그들 사이의 관계(에로스) — 의 융합은 재탄생과 변화와 초월적
인 기능을 가져오는 창조적인 충동을 야기시킬 수 있다고 믿었다.

　[그림 5-6]의 40세 여성이 만든 모래상자는 좋은 예가 된다. 여기서
數 3의 몇 가지 요소를 발견할 수 있다. 이것은 모래상자에 놓으려고
선택한 상징물(예를 들어, 상자 중앙에 있는 깨어진 알과 삼위일체의 탄생
광경)과 그녀가 만든 삼각형의 모양이다. 그녀는 이 모래상자에 관해
서 "무전기는 의사소통을 위한 것이에요. 이 모래상자에는 전체성과
완전함이 있지요. 이것은 '알이 깨어져서' 나오는 것입니다. 알 껍질
이 여기에 있는 이유는 내가 다시 태어나려고 내 껍질에서 나오기 때
문이에요."라고 말했다. 의사소통은 통합의 변증법이 만든 것이다.
'전체성'은 그 자체로 말한다. 어린아이 같은 출현은 2의 분열로 인
한 충격에서 나온 전형적인 3의 의식 상태인 것이다. 새 생명의 부화,
껍질로부터 '나오려는' 의지, 대화를 통해 둘을 모으는 것(통합으로
흐르는 에너지) 그리고 두 개의 삼각형(모래 위의 삼위일체와 그녀가 만든
디자인)뿐 아니라 삼위일체, 이 모든 것은 그녀가 數 3의 새로운 단계

[그림 5-6] 3단계의 출현과 초월성

[그림 5-7] 자아 확장으로서의 3

에 도달했다는 확실한 증거가 된다.

## 자아의 확장으로서의 3

3에 관한 이야기는 자기(self)와 융합되거나 또는 3, 아이를 창조함으로써 일치하려고 하는 자아(ego)의 바람에 대한 것이다. 이것은 지난 모래상자의 상징에서 보여졌고 새로운 시작에 대한 약속과 낙원을 다시 얻을 수 있다는 희망을 반영하였다.

자아가 발달하는 것처럼, 영웅은 더 고차원적인 존재가 되고자 한다. 그러나 단계 3이 완전한 세계와 연관되어 있는 것처럼 자아는 종종 신이 되고자 하는 하찮은 인간의 바람으로 끝난다. 자아가 신이 아닌 것처럼, 3의 에너지는 신성을 나타내기에는 불완전하다. 길라메시(Gilgamesh) 서사시는 이러한 상태의 전형을 보여 준다. 길라메시는 오직 신만이 가질 수 있는 영원한 생명을 원했지만, 그는 어린 자아가 확장된 상태에서 이것을 추구했기 때문에 그는 자아의 확장을 극복해야만 했고 그의 인간성과 한계에 직면하면서 보다 성숙한 의식으로 진정한 한걸음을 내딛을 수 있었다. 우리가 '신과 같은' 자기 이미지 형태에서 3의 에너지가 분출하는 것을 볼 때마다 자아의식에 주어지는 효과는 자신감의 증대다. 영웅 신화는 목표를 달성한다. 자기 인식의 상태와 자아의 권한 부여가 증대된다. 그러나 이 상태에서 위험한 것은 자아의 확장이다.

융과 그의 많은 제자들은 數 3에 대한 논의에서 이러한 위험에 대해 역설했다. 에딩거는 "자아와 자신을 인식하는 심리적 발달의 초기 단계에서 가장 현명한 장소에 신은 숨어 있다. 이것은 물질에 감금되어있는 신성한 영혼의 개념을 창조한다. 만약 물질이나 성숙하지 못한 인격에 신이 감금되었다면, 심리적인 발달과업은 인간의 의식에 의한 신의 구원과 같은 것이다."라고 하였다.[13] 또한 폰 프란츠는 다음과 같이 기술하였다.

> 자아(ego)의 자기(self)와의 동일시는 작은 것(ego)이 질적으로 우수한 것(self)을 침해한 상태를 말하고, 이렇게 되면 적정수준의 한계를 넘어 폭발하게 되고, 편협하고 독단적으로 된다. 융에 의하면 이러한 동일시는 때때로 편협하게 자기중심적으로 되게 하고, 독단적이고, 거칠고, 거만해지면서 균형을 깨뜨리게 한다. 어떤 원형적인 구조의 변하지 않는 '절대적인 정당성'은 인식되어지지만, 자아의식은 선구자 역할을 떠맡게 된다. 우리가 의식의 변하지 않는 특징을 인식하지만, 이것은 절대적인 정당성이 없는 유한하고 광범위한 정신과정에 의해서 도달하게 된다.[14]

이러한 확장된 에너지는 모래상자의 과정에서 또한 보여진다. 이미 논의 되었던 클라이언트의 또 다른 예를 들어 설명하고자 한다. [그림 5-4]의 상자를 만들고 14개월 이후에 같은 클라이언트는 [그림 5-7]의 모래상자를 만들었다. 삼원색을 사용하고 數 3의 에너지를 다시 표현하는 삼각형의 형태를 다시 확장된 방법으로 만들었다. 이 상자에서 우리는 클라이언트가 불을 놓고 모든 여성의 얼굴을 가린 것을 볼 수 있다. 한쪽에는 세 명의 들러리들이 있고 다른 한쪽에는 환상적인 소품들이 있다. 중앙에 그녀는 크리스털 구두를 놓고 그 위에 치료실에 있는 모든 곤충들을 상자에 부었다. 그녀는 이 상자에 관해서 다음과 같이 이야기했다. "나에게 이렇게 명확하게 다가온 것은 이번이 처음이었어요. 나는 반항적이었고 그렇게 되길 원했어요. 여기에 와서도 모래상자에 대해서는 생각조차 하지 않았거든요. 그런데 그러고 나서 생각하게 되었어요. '이것은 파괴자가 될 수 있는 기회다. 이곳

은 안전하고, 다른 사람을 다치게 하지도 않을 것이다.' 나는 매우 행
복했어요. 이것은 나를 웃게 만들었어요. 모두 다 자발적으로 했어요.
아름다움을 만들려는 것과는 완전하게 다른 것이지요. 그들의 얼굴은
그들의 보석이고 나는 그것들을 가렸어요." 파괴하고 싶은 그녀의 욕
구는 이러한 거만하고 강력한 자아의 확장과 공격적인 남성적인 에너
지의 표현이었던 것이다.

## 상대적 전체성으로서의 3

　융이 말한 것처럼 3의 상태를 한쪽으로는 확장으로서, 또 다른 한
편으로는 상대성, 열등함으로 표현하는 것은 많은 사람들을 어리둥절
하게 할 것이다.[15] 그러나 이러한 표상의 맥락에서 볼 때, 이러한 상징
이 1과 2에서 보여진 것과 같은 역설의 요소를 가질 것이라는 것은 놀
랄만한 일이 아니다. 3 상태의 의식은 과장된 전능함, 즉 삼위일체 안
에서 신과 같이 되기를 원하거나 창조하기를 원하는 것과 같은 비현
실적인 특성을 가지고 있지만, 그가 표명하는 것에 결함이 있거나 그
자신은 완벽한 것, 즉 신과 같이 되기를 원하는 사람의 기준에서의 완
벽함과 비교할 때, 그 사람은 주관적인 열등감을 느끼고 그 기준에 도
달하기에 충분하지 않다고 반응하게 된다. 그래서 행동하고 있는 실
제생활에서의 3의 의식은 이러한 에너지들 사이에서 움직인다.

　이러한 움직임 또는 노력은 같은 클라이언트가 만든 모래상자, [그
림 5-4]와 [그림 5-7]에서 비교할 수 있다. 첫 번째는 불완전하고 불안
해 보이지만, 다음 단계로의 용감한 움직임이 느껴진다. 두 번째는 보
다 확장된 모습이다. 그녀는 전체성을 '추구하고자 하는' 확장과 불

완전성 사이에서 움직인다. 이 장의 마지막 부분에서 그녀의 전 회기 모래상자를 보여 줄 것인데, 모두 서로 다른 3의 의식의 내용과 여러 가지 알아두어야 할 것들을 보여 준다.

## 3은 부분보다 많은 전체로서의 네 번째를 부른다

앞에서 언급한 바와 같이, 3은 이전의 數를 모두 합한 것과 같은 첫 번째 數이며(3 = 2 + 1), 이것은 최소한 3개의 요소가 있어야 전체를 만들 수 있음을 의미한다. 그러므로 예식과 기도는 종종 3에서 수행되며, 또한 구어적으로 우리는 "세 배로 축복받았다."고 말한다. 어떤 미국 원주민 사이에서 '3(three)'이라는 말은 '하나의 중심'을 의미하기도 한다.

단어 '삼위일체(trinity)'는 같은 'triunity' 혹은 'three as one'에서 유래된 것으로 이와 같은 신비로움을 드러낸다. 삼각형은 세계의 가장 현저한 신성의 상징이며 기도하는 손에 의해 형성된다([그림 5-8]). 삼위일체에서 이원성이 하나가 되는데 1에서의 3과 3에서의 1이 그것이다. 3에는 자신과 타인이 여전이 존재하나 신, 우주, '그것'이라 하는 더 위대한 것도 존재한다. 그리스도인들은 "둘이 모여서 함께 할 때마다 주님이 우리 가운데 계실 것이다."라고 말한다.

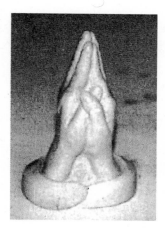

[그림 5-8] 3을 1로 상징하는 삼각형

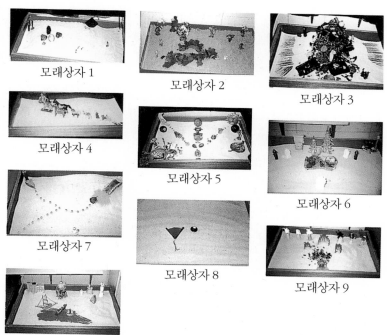

[그림 5-9] 한 여성이 모래놀이 과정에서 보여 주고 있는 3의 다양한 모습들

## 요약: 한 여성의 모래놀이 과정에서 명백하게 나타난 3

數 3의 연구를 요약하기 위해서 나는 2년 동안 치료받은 한 젊은 여성의 모래상자를 예를 들어 설명할 것이다. 이 여성의 치료과정은 3의 이미지로 가득 찼고 특히 그녀가 그의 인생에서 남성인 이슈를 다룰 때 두드러졌다. [그림 5-9]에서 제시하는 10개의 모래상자가 논의될 것이다. 각각의 상자를 관찰한 처음의 이미지는 여러 형태의 삼각형이 나타난 것이다. 이 일련의 모래상자에 나타난 3의 원형은 처음에는 무의식적으로 정렬되었다가 마지막 몇 개의 모래상자에서 다양한 3의 의식적인 선택으로 움직이는데, 이러한 움직임을 살펴보는 것은 흥미로웠다.

이 사례는 또한 클라이언트가 2년 이상을 의식의 특정한 數 상태에 몰입되어 모든 과정을 보낸 것을 보여 준다. 이 클라이언트는 그 數가 가진 원형의 다른 측면들을 모두 다루어 온전히 통합되고 나서야 의식의 다른 주제나 또 다른 數로 바꾸는 모습을 보여 준다. 또한 우리는 점진적인 움직임에 대한 가능성을 보게 되는데, 이 사례에서 보여주듯이 일직선으로 발달하면서 변화를 보이는 것이 아니라 하나의 數가 같은 과정 속에서 동시에 나타나기도 한다는 것이다.

그녀의 모래상자 1은 3의 잠재력을 보여 주는데, 중앙에 있는 삼각형 모양과 불의 요소(오른쪽에 있는 향[D1]과 왼쪽의 장작[A1])가 그것이다. 그리고 상자의 분위기와 그녀의 상자에 대한 설명은 여정을 시작하고 있다는 것이다. 삼각형 중앙의 앞쪽에 있는 알들은 그녀의 새로운 삶에 대한 소망을 의미한다.

모래상자 2는 3의 확장된 자아를 힌두의 신들이 보고 있는 가운데 부주의하게 내버려진 아이로 보여 주고 있다. 그녀는 신들의 힘을 경시함을 보여 주었고, 마치 무모하게 그들에게 도전할 힘을 가진 것처럼 행동하였다. 그녀는 또한 "아직 어울리지 못하고 있는 특별한 집단인데요, 그것은 움직임이 있는 상자예요."라고 그것에 대해 말하였다.

모래상자 3(실제로 12번째)은 인내심과 상실, 혼돈, 목가적인 순진함으로부터 성숙한 순진함으로의 이동에 대해 말한다. 여기에 있는 삼각형은 상하가 뒤집혀졌으며 그녀가 지나왔던 터널을 묘사한다. 실로 그녀는 많이 인내하며 지내왔고, 3의 원형과 연관되어 있는 군인들로 묘사된 남성적인 힘을 다시 형성했다(뒤집혀진 삼각형은 치료를 향한 움직임을 상징).

모래상자 4(실제로 15번째)는 그녀의 열등감과 불완전성을 보여 준다. 그것은 움직임, 방향 그리고 남성적인 힘을 보여 준다. 2개의 삼각형은 대각선의 행렬에 의해 분명하게 창조된다.

모래상자 5(실제로 19번째)는 세 부분으로 나누어진다. 그녀는 "미래는 불확실하지만 가치가 있다. 나는 자연과 우주와 연결될 것이다."라는 생각을 나누었다. 3의 원형은 여기서 시간과의 관계(과거, 미래, 현재)를 보여 주고 낙원을 창조하고 연결되기를 원하는 그녀의 희망을 보여 준다. 그녀는 우리에게 3의 분위기가 1이 되는 것을 보여 줄지도 모른다.

모래상자 6(실제로 20번째)은 흰 공동묘지 표지판의 삼각형을 보여 준다. 그녀는 그녀의 부정적인 신체상 때문에 좋은 감정을 가질 수 없다는 것을 알렸고 그녀의 자기불신과 수치감을 다루는 것으로 치료시간을 보냈다. 여기서 우리는 불완전한 전체성에 관한 3의 에너지의 두 가지 감정적인 측면을 보게 된다.

모래상자 7(실제 21번째)은 '혼돈 후에 가야 할 영적인 장소'로 과거·현재·미래를 묘사했다. 3의 원형에 대한 관계는 일직선적인 관계와 시간에 대한 방향 감각 그리고 영혼과 하나가 되고자 하는 목적에서 이루어진다.

모래상자 8(실제로 22번째)에서 부채는 금을 만들기 위해서 모래를 준비하는 데 사용된다. 여기서 우리는 3에서 4로 움직이는 것을 보게 된다.

모래상자 9(실제로 23번째)에서 다음과 같은 3의 요소를 보여 주었다. 즉, 불의 에너지, 삼원색(빨강, 파랑, 노랑) 그리고 그것을 창조하는 방법과 그녀의 말, 신과 같은 행동, 충동, 자발성, 연관성 없는 행동 그리고 확장된 자아(그녀의 분노를 사용하여 그녀의 여성성을 파괴함)이다.

마지막 상자(실제로 24번째)에서 그녀는 모래상자의 여정을 마쳤다. 이 그림에는 많은 3이 있다. 보트 3척, 보트 안에 있는 사람 3명, 어릿광대 앞에 있는 자전거 3대, 3개의 가게, 3명의 요정 그리고 녹색의 삼각형 옥 크리스털이 그것이다. 심지어 호수도 삼각형과 비슷하다. 또한 행동하는 사람으로서 어릿광대도 있다. 성취, 성공 그리고 數 3과 관련된 것들보다 덜 완전해 보일 수 있다는 불안은 그녀가 그녀만의 가족을 가지고 싶어 하는 느낌이다.

이러한 모래놀이의 과정에서 본 것처럼, 數의 원형을 반영하는 의식의 구체적인 상태를 통해 그 개인의 작품을 표현함으로써 3의 의식을 묘사하는 다른 요소들은 서로 다른 강조점으로, 그리고 서로 다른 시간대에 나타날 수 있다.

## 미 주

1. 까마귀는 중국의 최초황제의 상징이며, 그것은 음·양의 양, 남성적 에너지의 상징이다. 그들은 태양판에 중간에 서 있는 세 발 달린 검은 새로 묘사된다. 세 발 달린 새는 태양의 세 가지 발현, 즉 새벽, 정오, 석양을 나타낸다. 그리고 연금술에 있어서 천상의 세 가지 원소, 즉 유황, 수은, 소금에 상응한다. 이 세 가지 요소들은 헤르메스를 세 배로 더 강하게 하고, 발리나스가 새벽, 정오, 석양에 그의 명상을 통하여 정화를 시도하게 했던 요소들이다. Hauck, Dennis William, *The Emerald tablet*, p. 202.

2. Jung, C. G., *Psychology and Religion,* para. 180.

3. von Franz, Marie-Louise, *Number and Time,* p. 64.

4. Schneider, Michael, *A Beginner's Guide to Constructing the Universe,* p. 44.

5. Woodman, Marion and Dickson, Eleanor, *Dancing in the Flames,* pp. 71-72.

6. Schneider, op. cit., pp. 41-42.

7. von Franz, op. cit., p. 106.

8. Woodman and Dickson, op. cit., p. 27.

9. Woodman and Dickson, op. cit., p. 64.

10. Woodman and Dickson, op. cit., p. 59.

11. Jung, C. G., op. cit., p. 31.

12. Schneider, op. cit., p. 53.

13. Edinger, Edward, *Ego and Archetype,* p. 102.

14. von Franz, Marie-Louise, op. cit., p. 125.

15. Edward Edinger discusses this dichotomy of the Three in detail in his book *Ego and Archetype,* pp. 179-195.

# 06

## 4의 원형:
## 자기실현으로서의 사위일체

··· 자연의 순리를 아는 것,
그리고 우주를 질서 있는 것으로 여기는 것은
정신이 갖고 있는 최고의 기능이다.

– 스피노자(Baruch Spinoza)

아름다움은 자연의 비밀 법칙을 표현한 것이다.

– 괴테(Johann Wolfgang Goethe)

상  징:

색  상: 파랑–초록

원  소: 흙(물질적인 신체), 영혼

분위기: 여성, 모성, 물질적

물  체: 동정녀 마리아, 사각형의 상자, 보드게임, 침대, 테이블, 의
자와 왕좌 그리고 지구의 여러 가지 다른 소품, 사위일체
(quadrapeds), 네 가지 요소, 네 가지 종류의 꽃 혹은 동물 혹
은 사람, 대칭적인 정원, 십자가, 만다라와 같은 정원

긍정적인 측면: 수용되는 느낌, 정렬되며 보편적인 법에 따름, 논리
와 감정의 균형, 차별화

부정적인 측면: 안정성 혹은 마무리 동작의 부족, 규범과 구조에 제

한된 느낌, 경직성, 과다하게 규율적이거나 구조적
으로 됨

[그림 6-1] 4의 상징으로서의 사각형

[그림 6-2] 4의 여성적인 잠재력

　1부터 4까지 數의 발달에 대한 동화나 비유는 다음과 같이 들릴 수 있다. 자아는 왕가의 아이, 천상의 가족(자기 또는 원형적 정신과 동일시한 상태)으로서의 數 1에서 시작한다. 數 2에서 아이는 본래의 낙원으로부터 사명을 갖고 보내진다(자아를 무의식으로부터 분리시키는 것은 의식의 발달과정에 있어 필수적임). 아이가 數 3이라는 낯선 곳에 도달하면 사명을 잊고 잠이 들어 왕이 되는 꿈을 꾼다(자아-자기와 떨어져 자기 자신에게 몰두되어 있는 상태). 數 4에서 아이는 자신을 깨우치고 자신의 사명을 상기시켜 주는 편지를 부모로부터 받게 된다(다시 돌아오는 것과 자아와 초인적인 것의 원천사이의 연결이 회복되는 것을 의미).[1) 그러므로 4는 영혼의 인식을 깨운다. 다시 말해서 가장 기본적인 數의 특성은 모나드(monad)에서는 동질성, 다이애드(dyad)에서는 이질성, 트라이애드(triad)에서는 방향성 그리고 테트래드(tetrad)에서는 고형성이다. 기하학적으로 보면 한 점으로부터 선, 표면, 입체로 연속적으로 이어진다.

## 여성성 혹은 어머니, 실현으로서의 4

　4의 원형은 그리스 수학철학자에 의해 테드래드라고 불리었다. 4는 파란색, 수용적, 여성적 에너지, 사각형으로 소개된다([그림 6-1]). 흥미롭게도 피타고라스학파는 영혼은 삼각형이 아니라 사각형이라는 생각을 지녔다. 4는 2의 덧셈과 곱셈 모두에 의해서 만들어질 수 있으므로($2+2=4, 2 \times 2=4$) 양쪽으로 대칭적이다. 고대 그리스 수학자들은 이러한 대칭에 경의를 표했으며 또한 4를 첫 번째 짝수이며 '여성'의 數라고 여겼다.

할 수 있는 한 과거를 돌이켜 보면 4는 땅, 여성과 연결되어 있었고, 따라서 모신(母神)으로 보아 왔다. 그리스 전설에 의하면 여신 네이트(Neith)는 그녀의 사각형의 베틀을 가지고 네 가지 종류의 물질로 베를 짰고 그 후에 새로운 형태의 옷을 만들었다 한다. 땅은 근본, 양육, 안정, 구조, 지속과 생존의 상징이다. 또 다른 중요한 상징은 땅은 물질이지만 아직까지는 수동적이라는 것이다. 땅처럼 4는 창조적이지는 않지만 수동적으로 창조된 모든 것을 담고 있다. 이것의 자산은 잠재력이다.

모래놀이에서 4는 땅, 신체 그리고 우리 존재의 현세적인 부분을 대표함으로써 상징적으로 존재할 수 있다. 땅의 요소는 습하거나 마르거나, 따뜻하거나 혹은 강하거나 싱싱한 정원 혹은 산, 도시, 황무지로 표현된다. 땅은 예상하거나, 무언가를 함유할 수 있도록 한다. 모래놀이는 모래로서의 땅과 모래상자라는 공간, 그리고 안전하게 보호된 치료적인 테메노스(temenos)를 제공한다.

이 시점에서 나는 12세 소녀가 만든 초기의 모래상자를 보여 주고자 한다([그림 6-2]). 네 개의 조개껍질에 의해 둘러싸인 사각형의 디자인에서 數 4를 볼 수 있고 섬, 조개, 땅에서 여성적인 요소를 볼 수 있다.

소녀의 말은 특히 잠재성과 연관 있는 듯 보였다. "나는 작은 섬을 여기에 만들었어요. 이것은 아직 아무도 발견하지 못한 섬이고 오직 동물, 식물만 알고 있고 여기는 생동감 있고 소망이 어려 있어요. 어떠한 사람도 이 장소를 찾을 수 없을 거예요. 왜냐하면 그러면 도시와 빌딩이 생길 것이니까요. 섬은 사람을 두려워해요." 이 소녀는 도시가 될 잠재성을 가지고 있는 사각형의 땅을 창조했지만, 안전하게 제한받고 싶어 하고 그녀의 신체와 연결되고, 모래상자에 존재하는 안전한 영역에서 안정을 취하고 싶어 하는 바람을 가지고 있었다.

그리스도교에서 '남성적' 성부, 성자, 성령에 성모 마리아를 추가함으로써 새로운 구조, 사위일체(quarternity)를 만들어냈다. 우리는 성모에 의해 품어진 잠재성을 볼 수 있다. 우드먼은 "마리아를 우주적 어머니로서 섬기는 것이 시작된 것은 인간이 새로운 안정적인 자원을 필요로 할 때부터다. 마리아는 육체에서 분리된 어머니가 되었고, 융의 언어로는 아니마가 되었다. 천상의 여왕으로서 그녀는 교회의 속죄 신학의 일부분이 되었다. 성과 영성을 연결하는 순종적이고 순결한 동정녀로서 말이다.[2]

[그림 6-3]은 42세 예술가가 만든 모래상자다. 그녀의 그림은 많은 여신의 이미지(동정녀 마리아, 관음보살, 뱀의 여신, 타라와 그 외의 신)에서 4의 네 번째 상징을 사용했다. 테이블 위의 음식과 중앙의 네 개의 알은 현실적인 가능성을 나타낸다. 그녀의 해석 또한 분명한 듯하다. 그녀는 다음과 같이 말했다. "여기에 있는 모든 것은 검은 모래에서 나오려고 하고, 부화하려고 합니다. 여자가 나옵니다. 나는 고대의 여신과 같은 이러한 형태의 여성을 좋아합니다. 이러한 여성 상징물들은 이 상자에서 현저하게 나타나 있고, 나는 당신이 이것을 알아차리기를 원합니다. 나는 어떠한 인간도 고르고 싶지 않았습니다."

이 예술가가 보여 준 것처럼, 여성과 땅으로서의 4는 실제로 삶의 근본이다. 그것은 우리에게 양식을 제공한다. 그리고 우리에게 거처를 제공한다. 우리는 땅의 흙으로부터 지지를 받는데, 이것은 광대한 내적 삶을 보살피는 것을 상징한다. 땅이라는 그릇에 안전하게 담겨져 있는 느낌은 우리가 현세의 삶에 뿌리를 내리고 연결되도록 하며 안전한 구조와 영역에 의해 안정되도록 한다. [그림 6-4]에서 우리는 대자연의 어머니가 그녀의 복부에 하나의 원을 가지고 보살피는 것을 볼 수 있다. 이것은 15세기에 영혼의 소유자, 일체성으로서의 땅의 어

[그림 6-3] 4가 잠재적으로 지니고 있는 여신성과 세속성

[그림 6-4] 돌보는 자로서의 대자연 어머니

머니를 연금술적으로 묘사한 것이다.

## 전체성을 향한 분화와 구조의 적용

사각형은 대자연의 혼돈적인 무질서에 질서를 부여한다. 열십자에 의해서 네 개로 나누어진 원은 지구의 천문학적이며 점성술적인 상징이다. 4의 구조는 자연에서 불과 공기, 물, 흙의 네 가지 요소와 뜨겁고 차갑고 축축하고 건조한 속성으로 이루어져 있다. 천상의 영역은 네 개의 한계(동, 서, 남, 북)와 중앙, 축, 둘레와 면적을 가진 네 개의 센터로 나누어진다. 이것은 또한 네 개의 특징적인 움직임(앞, 뒤, 위, 아래)으로 서로 연관되어 있고 상호의존적이다. 1년을 나누면 사계절이 있고(봄, 여름, 가을, 겨울), 그 다음에 시간을 네 개의 단위로 나누면 연, 월, 주, 일이 된다.

이처럼 우리의 삶도 아동기, 청년기, 성인기, 노년기의 네 단계를 거친다. 그리고 몸은 머리, 몸통, 팔, 다리의 네 부분으로 이루어졌는데, 머리는 생각을, 가슴은 영혼을 위해, 배꼽은 태아의 근원이며, 성기는 탄생의 씨를 위한 것이다. 슈나이더와 쉼멜(Schimmel)은 우리의 영적이고 육체적인 삶에 방향과 질서를 주는 '4'에 대해 많은 설명을 한다.[3] 4는 우리의 상황에서 자연적이고 많이 볼 수 있다. 나는 그것을 구별이라고 부를 것이다. 우리가 數 3에서 많은 것을 만났음에도 불구하고 분리되는 것은 오직 4의 분화로만 나타난다.

우리는 집을 지을 때 안전감을 주고 에너지와 주의를 집중할 수 있도록 해 주는 네 개의 벽으로 형태를 만든다. 구조와 규칙 안에서의 안전은 삶을 단순화시킨다. 사원과 집, 성은 모두 4를 기초로 하고 있는데 질서와 목적을 상징한다. 4는 잘 정돈된 구조와 그것의 경계를 가장자리 數(border number)로 명확히 한다. 암만(Ruth Ammann)은 이러한 개념을 다음과 같이 정의했다.

> 우선 정원은 막히고 봉쇄되고 끝이 없는 주변 환경으로부터 분리된 한 조각의 땅이다. 인간은 그들에게 혼란스럽고 끊임없이 복잡한 황야 안에서 살 수 없기 때문에 이것의 존재가 시작되었다. 사람들은 정확하게 규정되고 경계 지어지고, 그들의 세계를 창조할 수 있고 그들의 질서를 세울 수 있는 보호된 공간을 필요로 한다. 신이 혼돈 속에서 질서 있는 창조를 한 것처럼 말이다. 낙원(paradise)이라는 말은 이와 같은 의미를 지닌다. 이것은 pairidaeza paire(닫힌, enclose)와 daeza(벽, wall)라는 단어로부터 파생되었다.

> 인간이 우리가 지금 이 단어의 뜻을 알았듯이 낙원이라고 말할 수 있는 정원을 만들면서 자신의 개인적인 세계를 창조하기 시작하였고, 그 결과 자신의 개성화의 과정을 시작하였다는 것은 매우 분명하다.[4]

數 4에서 나타난 움직임은 고정된 형태로 질서 있게 표현된 것처럼, 자연에서 문명으로의 움직임을 말한다. 그러므로 정원과 같이 4는 내면과 외부, 영혼과 대지 그리고 눈에 보이는 것과 보이지 않는 것이 만나는 장소다. 정원은([그림 6-5]) 낙원의 기쁨에 대한 현세적 표상이며 4는 우리가 다시 1로 돌아가도록 귀를 기울인다.

우리는 인간 심리에서 4에 기초한 또 다른 점을 볼 수 있다. 융은 말하기를 4는 원이나 전체를 세분화해서 분류하고, 본래부터 혼돈스런 단일체를 네 개의 요소로 나누고, 그리고 나서 그것들을 다시 보다 더 고차원적인 단일체로 결합시키는 가장 기초적인 요소라고 하였다. 모든 현실 수준에서 모든 것은 네 가지 요소(신체적, 정신적, 감정적, 영적)의 독특한 조합으로 이루어지고, 이 요소들이 완전하고 균형적으로 표현되기 위해 애쓴다. 심리학적으로 융은, 우리들 개개인은 감정, 사고, 감각과 직관의 네 가지 정신 기능의 완전한 균형 혹은 통합을 구하기 위해 무의식적으로 노력한다고 믿는다.

[그림 6-6]은 치료실에서 네 개의 차이점이 어떻게 나타나는 가를 보여 준다. 이 상자는 36세 여성이 만든 것으로, 이 클라이언트는 4를 통해 그녀의 세계를 정돈 시키려고 했다. 이것은 그녀의 초기의 혼돈과 혼란의 상자([그림 3-10])와는 달리 의식적 측면에서 뚜렷하고 중요한 변화를 보여 준다.

이 상자에서 그녀는 다른 방향으로 4명의 마법사를 놓음으로써 네 방향으로 분화시켰다. 또한 다른 네 개의 연령층(아기, 처녀, 기혼자, 노인)을 놓으면서 시간적 측면에서 사계절과 연관시켰다. 그녀는 다음과 같이 말했다. "나는 생애 주기에서 어떻게 이 모든 것이 함께 잘 들어맞는지를 보았습니다. 중앙은 변화, 봄, 여름, 가을, 겨울의 마법사가 있습니다. 봄은 탄생의 계절입니다. 아이와 봄의 마법사가 관련되어 있습니다." 또한 그녀는 이 상자에 네 개의 요소를 표현하였다. 늙은 노인과 아이 사이에는 물이 있고, 아이와 처녀 사이에는 대지가 있고, 처녀와 커플 사이에는 공기가 있고, 커플과 여성 노인 사이에는 불이 있다. 그녀는 지금 마음을 통해서 삶을 보고 있고, 더 큰 우주적 질서 안으로 맞춰져가는 것을 통해 안정감을 갖게 되었다.[5]

[그림 6-5] 프랑스에 있는 빌랑드리 정원(Garden of Villandry).
현세의 낙원으로서 질서 있는 자연의 예

[그림 6-6] 4가 지닌 질서와 분화

# 제한에 대한 투쟁

제한을 두고 경계를 짓는 것은 산림으로 둘러싸인 초원에서 경험하는 혼돈상태에 있는 것 같지만, 경계와 구조가 정적인 것처럼 우리를 그 안에 감금시킬 수 있다. 제한의 경험은 數 4의 의식적 경험의 일부분인데 마치 제한에 대한 투쟁과도 같다.

에딩거는 다음과 같이 쓰고 있다.

객관적으로, 주관적으로 감금되는 경험은 개인의 자연적인 리비도의 흐름에 심각한 제한을 가하게 한다. 심리학적으로 그런 상황의 최종적인 결과는 정상적이고, 자연적이고, 본능적으로 방출되는 것을 허용하지 않는 리비도를 형성하게 되는 것이다. 이런 상황이 일어날 때 에너지는 폭발할 지경에 이르게 되고 실제로 그렇다면 신비함(numinosum)의 붕괴는 심리적 폭발인 것이다.[6]

우리는 [그림 6-7]의 모래그림에서 이러한 긴장을 볼 수 있다. 이것은 58세의 여성이 만든 모래상자로서, 그녀는 자신이 사회적 기대와 구조에 부합하기 위한 삶에 갇혔다고 생각하고, 그래서 자신의 소리를 낼 수 없다고 느꼈다. 그녀의 모래상자에서는 감옥에서 나와 비명을 지르고 있는 주황색 괴물이 우리에게 감옥의 규범을 깰 준비가 되었다고 이야기하며, 그녀는 분노를 통해 자신을 자유롭게 한다. 數 4의 구조와 규범은 그녀가 감옥에서 나오기 전까지는 매우 지지적이었다. 자유를 통한 이러한 경험은 혼돈과 불안을 느끼게 한다(이것은 후에 數 5에서 더 다룰 것임).

[그림 6-7] 구속에 대한 투쟁

[그림 6-8] 1로 되돌아가는 4의 만다라

## 1의 실현

　4의 의식은 내면 구조를 세상의 골격을 가진 매트릭스(역주: 모체, 기반의 의미)라고 본다. 이러한 분화의 과정에서 복잡한 것은 벗겨지고 오직 기초가 되는 형판만 남는다. 이것은 피부의 세밀한 부분과 살, 근육을 없애고 남아 있는 골격만을 강조한 엑스레이의 이미지와 비슷하다. 이러한 단순화는 우리가 우주의 보이지 않는 규칙을 인식하도록 한다. 보이지 않는 것을 보이게 하는 것은 실현의 경험이라고 불린다.

　유대 연금술사인 프로페티사(Maria Prophetissa)는 B.C. 100년 전에 살았는데 그녀 '작업' 의 실제적이고 신비적인 면을 조화시킬 수 있는 능력으로 널리 알려져 있었다. 그녀는 "1은 2가 되고 2는 3이 되고 3으로부터 나오는 1은 4이다." 라고 분명하게 밝혔다. 그러므로 4는 기초가 되는 1이 반복되어 나오는 것임을 확실하게 보여 준다.[7)8)]

　우리는 카발라(Kabala, 역주: 유대교의 신비주의적 전통)의 우주론에서 탁월한 1로서의 4를 찾을 수 있다. '신비주의 전통주의자' 가 말한 것처럼 세상 그 자체는 네 개의 요소로 구성되거나 1을 형성하는 네 개의 원칙으로 구성되어 있다. 이러한 네 원칙은 신의 이름인 네 글자로 구성된다. 히브리어에서 여호와(Jehovah)는 네 개의 글자인데, Yod(I), He(H), Vau(V), He(H)이다. 신비주의 전통주의자가 말하기를 첫 글자는 활동적인 원칙, 첫 번째 원인, 움직임, 에너지의 시작을 표현하고 두 번째 글자는 수동적인 요소, 무기력, 고요를 표현하며 세 번째 단어는 대극의 균형 그리고 네 번째는 잠재된 에너지를 뜻한다.[9)] 신비주의 전통주의자는 모든 현상과 물체는 이러한 네 원리로 구성되었다고 확언한다. 즉, 모든 물체와 현상은 신의 이름으로 구성되어 있다.

　　다음 모래상자([그림 6-8])는 같은 연금술적인 지식을 나타낸다. 4는 중앙으로 돌아오는 만다라로 묘사되는데, 이 중앙은 1에서의 언덕과 같은 상징적 의미가 있다. 이 40세 여성의 모래상자에서처럼 우리는 종종 만다라와 중앙이 있는 배열 혹은 네 부분으로 나뉜 것을 볼수 있는데, 오랜 시간 자기(self)와 연결될 때 발견된다. 이것은 평화로운 가정을 만들 수 있는 것에 대해 오래 고민한 끝에 다다른 것이다. 그녀의 소망은 허락되었다. '가정' 과 같은 평화로운 느낌 속에서 쉬면서 그녀는 상자를 만들면서 말했던 것과 같은 은총을 받은 느낌을 갖게 되었다. 위의 모래상자를 보면 우리는 만다라 속에서 열십자형태의 네 기둥을 볼 수 있다. 상징적으로 열십자 형태의 기둥은 네방향의 기본이 되는 공통된 점으로부터 흘러나오는 에너지의 네 가지흐름을 상징한다. 4는 1에서부터 퍼지고, 십자형은 원을 물리적인 네개의 세계로 나눈다.

## 의식 기능에서의 數 4

　　폰 프란츠는, 융은 실제로 그의 모든 삶을 數 4의 광대한 심리적인 중요함을 밝히는 데 쏟았다고 말한다. 그녀는 "인간이 4개의 구조를 통해 전체성을 향한 근원을 확립하고자 여러 차례 시도했다는 사실은 인간 정신구조의 연금술적인 경향을 가지고 있다는 것을 의미한다." 라는 융의 글을 인용하며 그러한 연금술적 정신 구조가 우리의 내면의 삶을 통제하려고 했다고 말한다.[10] 융은 이러한 의식의 네 가지 기본적인 기능, 즉 지각, 사고, 느낌, 직관을 무의식적인 내용이 의식이 되는 운송수단으로 보았다. 그는 불은 생각, 공기는 직관, 물은 느낌, 그리고 흙은 감각과 같다고 하였다. 고대인처럼 그는 불과 공기를 활동적이고 남성적인 요소(數 1과 3에 상응)로 보고 물과 흙은 수동적이고 여성적인 요소(數 2와 4)로 간주하였다. 융은 "우리의 공식(기능의 공식)에 의해 묘사된 과정은 무의식의 전체성이 의식으로 변화하는 것이다. 이것은 분화의 과정이다. 즉, 분석(분해)을 통해 구별되어지는 의식과 이해는 통합에 의해 이루어진다."라고 말했다.[11]

　4의 의식 상태에서의 실현은 무의식으로부터 확산된 요소의 분화, 그리고 그렇게 해서 얻어진 관점이나 추상적 개념을 통해 전체로 귀환하는 것 모두를 말한다. 분화된 요소의 인식은 자아가 더 이상 스스로를 '영원'하거나 절대적이라고 인식하지 않고(3의 단계에서 팽창된 자아의 주관적인 전지전능함) 객관적인 관점을 갖게 하는 의식의 변환을 가능하게 한다. 그러므로 3에서 4로 가는 단계가 특별히 어렵다고 통찰하는 데 어렵고 힘이 든다는 것은 놀라운 것이 아니다. 주관성에서 객관성으로 움직이게 되면, 위험을 무릅쓰고 자아가 전체, 즉 자기(self)와 연결되면서 생기는 보상을 기꺼이 얻도록 해야만 한다(또는 개인적으로 간주되는 것은 포기해야 함). 그리고 그것을 통해서 진실에 재 연결된다. 흥미롭게도 일본어에서 단어 '4'는 '죽음'이라는 단어와 같이 '시(shi)'라고 발음한다. 자기(self)를 살짝 만나고, 잠재적인 실현을 표현하는 죽음의 형태가 확실히 있다.

　이러한 개념을 보이는 예로 [그림 6-9]를 들 수 있다. 이것은 희생(죽음)과 객관적으로 되도록 강요당한 6세 남자아이의 모래상자다. 아동은 부모가 이혼을 하고 아버지를 잃은 상태에서 치료를 시작했는데, 그리움과 슬픔, 실의에 차 있었다. 아동은 상자 안에 모래성을 만들고 오른쪽 중앙에 네 개의 비석을 세웠다. 아동은 어머니와 관련된 언덕으로 상징화된 자신의 정체성을 사각형의 깃발을 세움으로써 주장했다. 이 그림은 아동의 인생과 같았다. 3의 주관성(개인적인 것)과 무한한 힘으로부터 4의 객관성으로의 움직임은 오른쪽에 네 개의 비석을 놓음으로써 여기서는 죽음의 형태로 표현되었다.

數 4의 죽음과 고통의 주제는 또한 십자가의 상징에서 나타난다. 이것은 인간이 다시 태어나고 그리스도가 십자가에 못 박히는 십자가의 문제다(십자가의 상징은 다음 장에서 더 논의 될 것이고 이것은 5의 원형과 관련이 있음).

## 연금술적 변형으로서의 4

융은 "변화의 과정으로서의 연금술은 또한 4단계로 나뉜다…. 헤라클리투스(Heraclitus)가 언급한 본연의 색깔로 구분 된다. 즉, 검정(melanosis), 하양(leukosis). 노랑(xanthosis) 그리고 빨강(iosis)이다." 라고 지적하였다.[12] 색깔과 단계는 다음과 같다. 1) 검정: 고문, 세속의 죽음, 우리의 가장 기본적인 요소가 없어짐 2) 하양: 순수한 영혼의 정수 3) 노랑: 실제가 되는 우리의 진정한 정체성의 생산물 4) 빨강: 불에 의해 표시되고 변화를 가져오는 자유로운 에너지, 모든 상처를 치유하고 병을 고침. 이러한 각각의 단계는 변화과정에 블록을 쌓는 것인데, 이는 주관적이거나 소망으로 가득한 환상에서 객관적인 현실로 움직이는 확실한 일부분이다.

[그림 6-10]에서 보여지는 상자에서 우리는 이러한 연금술적인 변화의 예를 찾을 수 있는데, 이전의 여신의 상자를 만들었던 예술가에 의해 4를 더 깊게 탐구하게 되었다([그림 6-3]). 이번에 그녀는 비록 공

[그림 6-9] 죽음은 4의 객관적 실재성에 우선한다

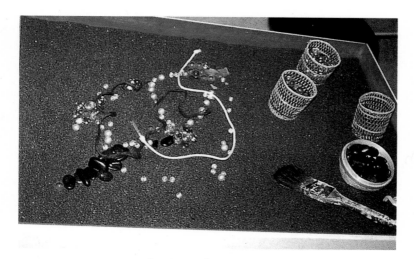

[그림 6-10] 4의 연금술

황상태였지만, 수입의 중요한 원천을 잃을 수 있는 가능성에 직면했고 그녀는 새롭게 시작할 필요가 있었다. 그러나 '어디로 가야 하지? 무엇을 해야 하나?' 라며 그녀는 갈퀴와 붓을 사용하여 네 가지 연금술의 색깔을 섞고 전체와 연결되는 새로운 땅의 토대를 만들었다. 그런 후 "이것은 새로운 토대를 만드는 것과 같아요. 나는 이것이 지금⋯ 한순간 한순간, 내가 하는 것이라고 추측해요. 해방되는 느낌과 대지와 연결되는 느낌과 새로운 영적인 관점이 생기네요."라고 말했다.

## 충분히 이해하기

이러한 깊은 연금술적인 변화와 함께 우리는 4가 깊이뿐만 아니라 물질(내용), 실제화와 분화를 포함한다고 볼 수 있다. 기하학적으로 3으로부터 4로의 움직임은 평평한 표면에서 부피와 3차원적인 공간으로 움직이는 것이다([그림 6-11]). 심리학적으로는 많은 이들에 의해 영혼이라 불리는 것을 볼 수 있는 능력을 드러내면서 깊이 있는 것을 다루는 것이다.

흥미롭게도 르네상스 시대의 예술가들은 이차원적인 이미지가 어떻게 삼차원적으로 실제처럼 보여질 수 있는가를 시각에 대한 수학적인 이론을 사용하여 결정했다. 그들이 발견한 것은 관찰자의 반대편에 소멸점을 두는 것이었다. 비슷하게, 끝이 없는 관점과 우주의 전체성을 포함한 현세의 삶은 우리의 내면을 우주 전체의 부분으로써 다룰 수 있도록 해 주었다. 프로페티사의 비유적 언급은 놀랍다.

모든 융학파의 치료에서처럼 모래놀이는 깊은 심리학으로도 정의

[그림 6-11] 깊이를 우리의 관점에 포함시킴

되는데, 왜냐하면 무의식으로 접근 가능한 작업이기 때문이다. 깊이에 대한 생각은 상징적으로 모래를 팔 수 있는 능력으로 표현되고, 같은 공간에서 무의식과 의식을 만나는 것은 삼차원적인 이미지를 창조하는 것으로 표현된다. 무의식이 장난감을 선택하고 그림을 창조하도록 할 때 우리는 4의 원형이 많은 모래놀이 작업에서 모래(땅, 4에 상응하는 원소)를 파는 것, 즉 깊이로 나타나는 것을 본다. 4는 또한 깊게 파고들어가는 것을 목표로 하는 영혼과 관련된다.

## 요약

우리가 본 것처럼, 數 4는 수용적인 잠재력과 대지의 토대와 양육으로서의 여성성 혹은 아니마 둘 다를 의미한다. 이것과 함께 우리는 구조와 영역에서 이완되고, 실현과 분화, 객관주의적 경향과 개인적 자아의 죽음을 보여 주는 자기와의 깊이 있는 연결을 발견하게 된다.

미 주

1. Based on an allegory presented by Edward Edinger, *Ego and Archetype,* p. 121, with the numeric correspondences original to this work.

2. Woodman, Marion, and Eleanor Dickson, *Dancing in the Flames,* p. 33.

3. Schneider, Michael, *A Beginner' s Guide to Constructing the Universe,* p. 93.
   Schimmel, Annemarie, *The Mystery of Numbers,* pp. 93-96.

4. Ammann, Ruth "The sandplay as a garden of the soul," *in Journal of Sandplay Therapy vol. 4,* no. 1:51-52.

5. 클라이언트의 질서의 창조는 시리아의 『동굴의 보물』이라는 책을 회상하게 한다. 그리고 그들은 신이 대지에서 먼지 한 알과 바다로부터 물 한 방울, 공중으로부터 바람 한 줌, 불로부터 한 줌의 온기를 잡는 것을 보았다. 그리고 천사는 어떻게 이들 네 가지의 미미한 요소들, 즉 건조와 습기, 한기 그리고 온기가 그의 손바닥에 놓여져 있는가를 보았다. 다시 상징적인 이야기, 즉 이번에는 네 가지 요소를 통한 상징적인 이야기. Quoted in Sallie Nichols, *Jung and Tarot,* p. 107.

6. Edinger, Edward, *Archetype of the Apocalypse,* pp. 15-16.

7. von Franz, Marie-Louise, *Number and Time,* pp. 129, 194.

8. 마리아의 울음은 에메랄드 패의 수점학적인 요약이다. 우리는 마리아가 에메랄드 패를 쉽게 설명하는 것을 좋아한다는 것을 안다. 이러한 구도에 의하면 전례법규입문서(Introductory Rubric)에는 우주가 둘로 갈라지기 전의 최초의 합일체를 소개한다. 그리고 그 합일체는 일치의 교리(the Doctrine of Correspondences)에 기술된 상계와 하계가 있는 한 마음, 한 물체다. 상계

(하늘)에서 만들어진 세 가지 물체는 에메랄드 패가 부리는 방법을 우리에게 보여 주려 했던 원형적인 영향을 통하여 하계(지상)의 네 가지 요소를 창조한 다. 기본적으로 이 우로보로스적인 과정은 그것에 기술된 전체 우주의 신성화 다. 이 과정은 신격의 물체화이며, 이 물체는 마리아의 외침의 시작과 끝에서 언급된 것이다. Quoted from hauck's *The Emerald Tablet*, p. 254.

9. Ouspensky, P.D., *The Symbolism of the Tarot*, p. 6.

10. von Franz, op. cit., p. 115, quoting C. G. Jung, *Collected Works, vol. 10*, p. 410.

11. Jung, C. G., *Collected Works, vol. 10*, p. 410.

12. Jung, C. G., *Collected Works, vol. 13*, p. 167.

# 07   5의 원형: 본질, 자각, 재생

안전하다는 것은 거의 대부분이 미신이다.
안전함은 사실상 존재하지 않으며 그것을 경험하는 아이들도 없다.
긴 안목으로 보면 위험을 피하는 것이 바로 직면하는 것보다 안전하지 않다.
삶은 용기를 필요로 하는 모험이거나 또는 아무것도 아닌 것이다.
도전을 향해 서있고 운명 앞에서 영혼을 자유롭게 하는 것은 패배하지 않는 힘이다.

－헬렌 켈러(Helen Keller)

상 징:

색 상: 파란색

원 소: 공기

분위기: (3+2) 여성성과 남성성(남녀 양성)

물 체: 나뭇잎, 나무, 십자로 나누어진 사과 혹은 배, 악마, 힌두교의 시바(Shiva), 하누만(Hanuman, 원숭이 대왕), 별, 손, 보안관 배지, 원숭이, 성게, 비너스(Venus), 이시타르(Ishtar), 불가사리, 공기가 들어 있는 물건들(예: 깃털, 풍선, 천사, 파리, 새, 잠자리, 관악기, 배)

긍정적 측면: 의식적으로 다면적인 감각을 사용, 독립과 자유를 획

득하기 위한 초기의 적용, 정신의 활용

**부정적인 측면:** 흩어짐, 너무 많이 하려고 시도함. 감각기능의 손상,

사회규범으로부터의 이탈

# 네 개의 기본 방위점과 다섯 번째의 중앙점으로 상징되는 십자가

우리는 이전 장에서 십자가에 대해 논의하였다([그림 7-1] 참조). 왜냐하면 이것은 십자가의 기하학적인 디자인과 상징적 의미가 數 4와 5 모두에게 있기 때문이다. 그러므로 이것은 우리가 이 시기에 연구할 내용인 것이다. 앞으로 우리는 별표를 볼 것인데 이것은 數 5의 기하학적인 형태로 더 잘 알려지고 이해될 것이다.

본질적으로 모든 문화는 그들의 종교, 예술, 건축에서 십자가를 사용했다. 같은 길이의 델픽 십자가(Delphic Cross), 수직으로 세워진 예

[그림 7-1] 어린 양의 승리를 기뻐하는 십자상

루살렘의 십자가, 이집트의 T형(Tau) 십자가(종종 앙크 [ankh]라고 불림), 그리고 대각선의 십자 조각이 있는 비잔틴 십자가 등 다양하다. 우리가 4에서 본 것처럼, 십자가의 네 개의 축은 네 방향이 하나로 돌아오는 만다라이거나, 공통된 점으로부터 네 개의 방향으로 뿜어 나오는 에너지의 네 가지 흐름이다.

　다른 상징의 층은 십자가의 축에 있다. 가로축은 물질의 상징이고, 창조적 활동의 여성적인 측면, 자성의 원리, 힌두교의 여음상인 요니(yoni, 2, 여성성, 짝수)다. 반면에 세로축은 링검(lingam, 힌두교의 남근상), 남성성, 전기 그리고 남근 숭배의 원칙을 나타내는데, 즉 數 3에 의해 대표된다(남성성과 홀수). 세로축 또는 링검은 수평의 축 혹은 요니를 관통하여 이 십자로에서 새로운 요소를 창조한다. 그러므로 십자가의 5 측면에서 우리는 능동성과 수동성, 긍정성과 부정성의 교차점을 가지고 있다. 數 2에서의 대극성이 양가적인 면을 가지고 가는 것에 비해 數 5에는 남성성과 여성성의 동일함을 가지고 있다. 이것은 고대 그리스인들이 5를 '분쟁이 없는 상태'라고 부른 이유다.[1]

　4의 원형에서 십자가는 물질과 콰드리니티(quadrinity)의 원시적인 의미를 가지고 있다. 우리가 5에 도달했을 때, 핵심적인 요소는 두 축을 만나거나 상호작용의 결과로 비옥해지는 것이다. 십자가는 어머니와 아버지의 만남을 상징하는데, 매터(matter)와 패턴 매터(pattern-matter)는 라틴어인 마떼르(mater), 어머니란 뜻이고 패턴(pattern)은 라틴어 파떼르(pater)의 아버지란 뜻으로부터 파생되었다. 그러므로 에너지의 능동적인 원칙에 의해 수동적인 원칙에 에너지를 주는 것은 창조적인 자극을 통해서 패턴을 창조하는 것이다. 결혼으로서의 5의 상징은 더 깊어진다. 수학적으로 십자가의 상징은 덧셈의 '＋'와 곱셈의 '×'다. 형이상학자 랄레이(A. S. Raleigh)는 "곱셈과 같이 가로

지르는 것은 비옥을 상징하는데, 즉 이것은 곱셈 표시인 '×'의 기원
이 되었다."라고 언급하였다.[2]

  이것으로부터 5가 하늘과 땅의 원리의 성스러운 결혼을 다스린다
고 믿는 일반적인 신화가 파생되었다. 하지만 실제의 연금술적 결혼
(결합)은 數 6이 가졌다. 연금술에서 5는 결혼이나 히에로스 가모스
(hieros gamos, 신성한 혼인), 우주의 어둠과 빛의 관계를 나타내는 여성
/짝수(2)와 남성/홀수(3)의 수태작용 또는 태양과 같은 하나의 정신
(solar one mind, 원형적인 태양)과 달과 같은 하나의 사물(lunar one
thing, 원형적인 달)의 결합을 다스린다. 의식의 대극은 중앙에서 만난다.

  數 원형의 진화론적인 관점에서 보면, 중앙이 강하면 4에서 생성된
자기(self)의 초기 배치는 확고해진다. 십자가에 의해 나타난 내면의
긴장이 마음속에 함께 있을 수 있는 것은 5에서 가능하다. 십자가는
고통의 경험과 '전체성'과 영원한 삶의 성취 모두를 독특하게 통합시
킨다. 에스텔 와인립(Estelle Weinrib)이 관찰한 것에 의하면, 모래놀
이에서 십자가는 보통 "강한 중앙이 응결되었을 때, 자기의 성좌가
나타나서 자아가 지지를 받는다고 느끼거나, 개인적 가치와 극렬하게

[그림 7-2] 5각형과 인간의 형태와의 연결

[그림 7-3] 우수함의 상징으로서의 오각형

반대되는 것 사이에서 창조된 지속적인 긴장을 견디어 낼 수 있다고
느낄 때 충분히 발전한다."고 한다.[3]

## 별표 : 세계와 자기와의 관계

數 5로서 우리는 표준에 이르게 되었다. 많은 원시 사회는 오직 5에
의존했으며, 심지어 서양 문화에서 5는 단위를 세는 속기였다. 5는 인
간의 數였으며 무의식 혹은 전체로부터 세계와 자신과의 관계로 초점
이 움직이는 數이다. 그러므로 인간의 신체와 5는 많은 관련이 있다.

인간은 각각의 손에 다섯 개의 손가락을, 각각의 발에 다섯 개의 발가락을, 그리고 네 개의 몸통과 하나의 머리를 가지고 있다. 그러므로 인간을 위한 5의 상징은 별표다(다섯 개의 꼭짓점이 있는 별 혹은 별표 [그림 7-2] 참조). 2개의 낮은 점은 발을, 중간의 두 점은 팔을, 그리고 위의 지배적인 점은 머리를 의미한다. 그러므로 상징적으로 영혼은 네 개의 요소를 지배한다. 5에서 사람은 영혼과 세상 사이의 중재자로서 보여진다. 위쪽의 점은 머리가 몸에 더해진 것으로 자각과 관찰을 더한 것을 상징한다. 어떤 면에서 별표는 진화이론의 상징으로서 육체적으로부터 영적으로 진화하는 사람의 신념인 것이다.

영혼과 마음으로서의 5는 전체상의 가능성을 가지고 있다. 이것은 마음과 지식을 나타내는 공기의 요소를 더한다. 공기의 요소는 신체적일 뿐만 아니라 또한 형이상학적이기도 하다. 히브리와 아랍, 그리스에서의 바람이라는 단어는 숨과 영혼을 의미한다. 공기는 바람의 원형적인 요소로 항상 영혼의 힘과 연관된다. 나는 자연에서 별이 공기의 요소인 가스와 바람으로 만들어진다는 것을 동시에 알아차렸다. 또한 별들이 별모양의 지팡이를 가지고 있는 요정이 마음속 판타지의 마법을 통해서 우리를 일상의 고통으로부터 지켜준다는 개념과 상징적으로 관련되어 있다는 것은 알아둘 가치가 있다.

이러한 맥락에서 별표(다섯 개의 꼭짓점을 가진 별) 그리고 오각형과 관련된 것은 우수함, 권력, 강인함과 성공의 강력한 상징이 되었다(미국의 국회의사당, 별 다섯 개의 호텔, 보안관의 배지, 국기에서 별의 사용, [그림 7-3]에서 보여 주는 상패). 5와 함께 우리는 몸/머리가 함께 참여해서 개인적인 힘의 개념을 주는, 자기의 마차를 이끄는 오감의 힘을 갖게 된다.

# 생명을 주다

5는 인간 그 이상으로 연관되어 있다. 자연에서 5의 패턴은 종종 보여지는데, 그것은 에너지 창조의 상징이며(중국에서 일컬어지는 '기') 살아 있는 개념이다. 4는 삶이 창조될 수 있는 잠재력이지만, 5는 대지에 생생함을 불어넣는 창조적인 추진력이다. 성경 창세기에는 다섯째 날에 "하느님께서 이들에게 복을 내리며 말씀하셨다. "번식하고 번성하여 바닷물을 가득 채워라. 새들도 땅 위에서 번성하여라."[4]라고 기록되어 있다. 또한 마야와 힌두의 체계에서는 5가 삶의 원리와 그것의 명시하는 것과 같다고 하였다. 공기의 요소처럼 5는 심리적으로 새로운 삶과 변화를 위해 필요한 신선한 통찰과 높은 의식으로 보여지는 삶의 호흡이다.

우리는 5의 흔적을 별표와 오각형, 자연의 기하학에서 볼 수 있다. 사과의 씨가 정렬된 것(십자 모양으로 잘라낸 부분)에서, 단풍나무와 불가사리의 모양, 먹음직스런 과일의 다섯 개의 꽃잎과 다른 많은 예들에서 별의 모양을 볼 수 있다([그림 7-4]). 이것은 5의 '패턴'이며 삶에 적용되는 청사진이 내재되어 있다.

화학은 신체와 자연에서 중요한 시스템에 관해 많은 것을 이야기하며, 단백질 분자가 다섯 개의 꽃잎을 가진 꽃처럼 보인다는 것을 발견했다([그림 7-5]). 흥미롭게도 다섯 번째 꽃잎은 에너지의 변형 과정의 비밀을 푸는 열쇠로 간주되는 분자의 활동 영역이다. 이것의 기능은 에너지를 변형시키는 것이다. 이러한 분자의 한 예로 엽록소가 있는데, 이것은 많은 생명체에서 발견되며 엽록소는 이산화탄소를 산소로 변화시킨다.

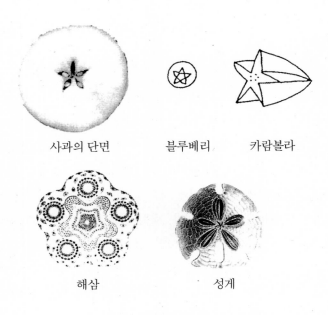

사과의 단면    블루베리    카람볼라

해삼    성게

**[그림 7-4] 자연에서 발견되는 별모양**

## 다섯 신: 생명, 풍요, 감각의 축전

5의 삶과의 연결성을 가장 잘 표현한 그리스 신화의 신화적 상징은 반은 염소이고 반은 인간의 모습을 한 야생의 신, 판(Pan, [그림 7-6])이고 아즈텍의 다섯 신이다. 다섯 개의 꼭짓점을 가진 별은 5를, 자연의 생산력, 탐욕적인 다산과 생산적인 힘과 연결하는 판을 다산의 상징으로서 사용된다. 판과 비슷하게 우리는 포도주와 황홀경의 신, 디오니소스(바커스)와 음악과 춤의 제왕인 아즈텍의 다섯 신을 찾을 수 있다. 우리는 또한 우주의 제왕으로서 변화시키는 사람이며 또한 다섯 지역의 주인인 시바신에서 數 5의 특징을 볼 수 있다. 시바신은 때때로 다섯 얼굴(특히 캄보디아) 혹은 다섯 남근상의 모양으로 묘사된다.

이러한 신들은 풍요로움과 5와의 관계를, 그리고 우리에게 생동감과 경외로운 내면의 경험을 주는 오감의 혼란을 강조한다.[5] 우리 주변세상에 대해 갖게 되는 힘과 통제에 대한 환상은 환영과 주의산만하게 하는 자원과 함께 오감을 통해서 갖게 된다. 융이 5를 마음(5)이 영혼(4)을 다스리는 오감을 통해서 사랑과 삶에 대한 비합리적이고 부도덕한 갈망을 표현했다고 보는 것은 놀라운 일이 아니다. 數 5와 공기와 바람 사이에 연관성이 있다고 추정하기 때문에 우리는 그것의 관능적인 면과 함께 있는 예측불가능의 요소를 볼 수 있다.

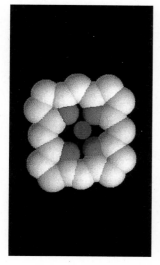

[그림 7-5] 단백질 분자의 확대

[그림 7-6] 5의 관능성과 다산을 의미하는 판(Pan)

[그림 7-7] 5의 치료와 재생을 위한 기도

## 5는 그 자체로서 전체의 재생을 나타낸다

5의 현존은 갱생의 원칙, 내면으로부터 계속된 성장으로 확대된다. 다섯 개의 팔을 가진 불가사리는 한쪽 다리를 잃어도 다시 만들어 내며, 잃어버린 다리 그 자체가 새로운 불가사리 전체를 복제할 수 있는 것이다. 슈나이더는 "이러한 전체로서의 부분은 홀로그램을 생산하는 과학적인 예술에서 일어난다. 홀로그램으로부터 잘려진 조각은 소품에서 전체 그림의 정보를 포함한다."고 언급했다.[6] 그는 또한 이것을 분열도형수학, 혼돈 이론과 동종요법과 관련시킨다.

5가 전체 세계의 소우주라고 여겨진다는 것은 놀랍지 않다.

아마도 이러한 이유에서 피타고라스는 별을 인간성과 건강의 상징

불가사리

**[그림 7-8] 불가사리는 5의 재생 능력을 상징**

으로 여기고 여신 히기에이아의 이름을 꼭짓점 주위에 새겼을 것이다
(피타고라스는 또한 별을 자신의 상징으로 여김). 비슷하게도 전통 중국
의학에서는 병을 예방하기 위해 지지와 파괴의 패턴을 보이는 별과 오
각형의 기하학으로 정리된 다섯 가지 요소의 시스템, 즉 물, 불, 나무,
금속과 흙(또한 그들은 신체기관과 감정의 수준이 상관있다고 여김)으로
가장 심도 있게 활동하고 있다. 고대 하와이인들의 치료에는 數 5를
포함했다. 고대 하와이에서 약은 5단위로 투여되었다.

다섯 손가락을 가진 손을 치료 시에 올려놓음으로써 생명 에너지의
자원이 된다. 모래놀이에서 인간 손의 외형이나 능력은 재생과 치료
와 관련된 특별한 중요성을 가지는 것 같다. 우리는 이것을 [그림 7-
7], 악몽으로 시달리는 연약한 52세 여성의 모래상자에서 볼 수 있다.
그녀의 작품은 많은 손이 줄지어 있는 것을 보여 준다. 왼쪽은 다섯
개의 술이 달린, 보호를 위한 유대인의 장식물(부적)이다. 그녀는 또
한 기도와 보호를 위해 사용되는 옴(aum) 향로를 가지고 있었고, 뒤
에는 그리스의 귀족을 놓았다. 가운데는 투탕카멘(Tut)의 석관을 놓

왔다. 그녀의 이야기는 보호하고 치료하는 손과 같으며 보호에 대한 그녀의 필요성에 대해 알렸다. "나는 거의 야단치는 꿈을 꾸는 듯싶어요. 나는 자신을 나무라는 것 말고 내 영혼을 돌보는 방법을 모릅니까? 내가 돌보려는 것은 나의 영혼입니다. 손들은 나에게 꽤 훌륭한 것으로 보입니다." 이 상자는 클라이언트가 악몽으로부터 벗어나고 5의 원형의 상징인 손의 사용을 통해서 치료와 보호를 희망함으로써 의식(ritual)의 형태를 취하게 된다. 그녀의 작품은 네 개의 손을 가지고 있으며 4는 영혼을 의미하며 십자가는 그녀의 아픔을, 그리고 손의 다섯 가지 요소는 치유를 나타낸다.

역사적으로 우리는 치유의 울음은 5의 원형의 변화와 재생에 박차를 가할 수 있음을 보게 된다. 우드먼(Marion Woodman)과 딕슨(Elinor Dickson)은 그들의 책, 『Dancing in the Flames』에서 중세시대의 전염병은 삶에 대한 태도의 변화로부터 왔다고 주장했다.[7] 설명할 수 없거나 비논리적인 죽음을 직면하면서 삶의 통제가 불가능하다는 것을 대면하게 되는 인간은 죽음, 양육, 여성, 신체, 성이 비논리적으로 보여지는 새로운 패러다임으로 움직이기 시작함으로써 복종적으로 되고 더 엄격한 통제 아래 있게 된다. 통제를 얻기 위해서 사람은 그 자신의 이성적인 힘으로 향하게 된다.

[그림 7-7]의 모래상자의 예는 같은 소망을 보여 주는 듯하다. 인간의 힘을 가진 많은 손들을 가지고 통제할 수 없는 꿈을 복종시키고 싶은 소망 말이다. 우리는 이후에 손의 상징이 또한 악마를 가두는 믿음이라는 것을 볼 것이다.

# 자기 자신의 목소리를 듣기 위한 헌신

5는 정신을 자유롭게 하는 數이기도 하다. 『에메랄드 패(the Emerald Tablet)』을 쓴 연금술사 호크(Dennis Hauck)에 의하면

> 바슐라르(Gaston Bachelard, 프랑스 철학가)는 공기의 요소를 '정신을 자라게 하는 호르몬'이라 부르고, 이것에 대조되는 올라가고 내려오는 움직임은 변화하는 모든 심리의 근원이 된다고 보았다. 고여 있어 발전이 없는 인격은 공기가 필요하고, 이러한 이유에서 공기는 그 자체로 삶의 원동력이고, 도교에서의 근본적인 기다. 비록 볼 수 없지만 바람은 격렬하고 극적인 효과를 창조하고, 오직 그것이 활동적일 때만 추정할 수 있는 예상이 불가능한 강한 힘이다. 울부짖는 바람은 사람이 통제할 수 없는 천둥, 토네이도와 허리케인을 일으키는 것과 같은, 현상유지를 위협하는 힘을 가지고 있다. 그러나 바람을 일으키는 공기의 요소가 없다면 우리는 단지 몇 분 안에 질식할 것이다.[8]

5의 에너지가 개인의 발전에 영향을 끼침에 따라 우리는 자신의 힘이 필요하다는 것을 깨닫게 되고 주어진 질서 속에서 안전과 통제의 환상을 대면하게 된다. 이 시점에서 우리는 우리 자신의 진실을 구하게 된다. 비록 이것이 복종의 목소리에 직면하고 저항하는 것을 의미할지라도 말이다. 만약 이렇게 하지 않으면 우리의 생명의 피는 빨아먹히게 될 것이다. 이러한 5의 에너지 역동은 개인을 4의 단계에서 제기된 규범의 편안함과 통제로부터 자유롭게 한다. 여기서 나는, 數 5는 상태보다는 에너지(활동, 탐구, 구조로부터의 자유의 에너지)를 표현한다고 강조하고 싶다. 1은 자기 안에 있는 우주의 비밀을 발견하기 위해

[그림 7-9] 5의 에너지는 자유를 구한다

[그림 7-10] 5명의 영웅이 동물적 본능과 싸운다

반드시 위로부터 분리되어야 한다.

우리는 높은 지위와 부를 누리기 위해 결혼했고, 그 결혼으로 인해 구속받는 32세의 매력적인 여성이 모래상자에서 겪는 이러한 도전을 볼 수 있다([그림 7-9] 참조). 여기에 소개된 것은 그녀의 첫 번째 상자다. 그녀는 처음에 혼돈과 혼란을 많이 느끼면서 오게 되었다. 그녀는 강해지고 결혼생활을 마감하고 다시 그녀만의 새로운 삶을 사는 동시에 그녀의 두 아이들을 보호하고 싶어 했다. 그녀는 이 상자에서 이렇게 말했다. "나는 밖으로 나가려고 노력할 것이고, 내 행복을 위해 필요한 사람이 되도록 모든 가능성을 열어둘 겁니다. 나는 자유를 원해요. 내 안에 있는 것을 믿고 신뢰할 거예요. 나는 강인함을 얻어야만 해요. 그렇지 않으면 나는 내가 누구인지를 잊게 될 거예요." 이러한 5의 에너지에서 그녀는 우드만이 묘사한 성모의 원형을 찾으려고 애썼다.

그 자신의 목소리를 찾으려고 애쓰는 여성성은 성모의 원형에서 나오는 것이다…. 실제로 많은 관계에서 문제를 가지고 있는 남성과 여성은 그들의 새로운 여성성, 그들 자신의 처녀성을 분리하고 어머니의 콤플렉스로부터 분리되는 것이 필요하다. 따라서 내 탓으로 돌리고 자동적인 반응으로 행동하는 대신에 처녀는 그녀의 남성성에 기초한 가치와 감정으로부터 자발적으로 삶을 사는 방법을 배우게 된다…. 마치 처녀림처럼 그녀는 자신의 삶의 힘을 가득 채운다.[9]

數 5에서 우리는 이러한 내면의 목소리를 깨울 필요성을 접하게 된다. 그러나 우리가 실제로 완전한 형태를 가진 처녀의 원형을 다루는 것은 7에서 가능하다.

## 영웅의 탄생: 관점과 관용 간의 투쟁

5는 우리 안에서 높고 낮은 에너지 사이의 투쟁을 의미한다. 처음으로 내면의 대화는 의식, 논리와 우리의 본능적인 힘 사이에서 일어난다. 이러한 대화가 결핍되어 있을 때는 욕망과 우리 본능의 가려진 힘을 극복하기란 어렵다. 다시 한 번 5는 우리의 능력이 자라고 성숙하도록 도전을 제공한다. 뉴만은 오감과 사고, 지각 사이의 이러한 내적 에너지의 투쟁은 다른 수준의 자아가 강해지도록 돕는다고 주장한다. 우리는 타인을 지배하거나 복종시키지 않고 우리 자신의 권리를 행사하도록 배운다. 우리는 행동으로 통찰을 얻고 내면의 중앙에 있는 영혼을 인식하게 된다.

치료 시, 5는 에너지를 가지고 작업할 수 있는 능력이 있음을 우리에게 확실하게 해 준다. 의지의 내면적인 에너지를 다룰 필요로써 말이다. 이것은 타인에 대한 의지, 우리의 신체에 대한 의지, 태도 이상의 의지, 또는 우리에 대한 권위와 힘을 가진 모든 것들과 생각을 대면하는 것이다. [그림 7-10]에서 우리는 40세 남성의 모래상자에서 다섯 가지 감각과 다섯 가지 생각의 이러한 대립적인 에너지에 대한 표현과 해결책을 찾으려고 노력한 것을 볼 수 있다. 여기서 그는 다섯 개의 깃발, 다섯 개의 기차 선로, 풍선 그리고 딕 트레이시(Dick Tracy, 미국 만화의 주인공 형사)가 캥거루맨(Kangaroo man)과 싸우는 것을 만들었다. 그는 자신의 상자에 관해서 말하기를 "여기에는 야생동물과 같은 본능과 싸우는 자아가 있어요. 트레이시는 뜨거운 고무풍선에 운을 맡겼어요. 그가 해낼 수 있었을까요? 아니요. 그러나 너무 오래 기다리면 안 돼요." 자각된 의식의 數로서 5는 영웅(딕 트레이시)의 탄생을 의미한다. 이것은 또한 혼돈에서 일어나려는 시도와 오감에 의한 주의산만으로부터 일어나려는 시도를 의미한다. 그러므로 유혹 당할 때 자기통제가 필요하다. 우연히 이러한 혼란은 불교에서 영적인 헌신을 하려고 할 때 생기는 무감각, 불안, 정욕, 탐욕과 자만의 다섯 가지 장애로 정의되는 것과 같다.

　이 클라이언트는 그가 사용할 수 있는 모든 것을 사용하여 삶에 있어서의 변화를 추구했다. 여기서 그는 다시 한 번 數 5의 기본적인 표상을 끌어내는 뜨거운 고무풍선의 사용에 대해 이야기했다. 공기의 상징은 생각이 형성된 후에 종종 상자에서 나타나는데 우리는 떨어져서 그것을 객관적으로 볼 수 있다. 공기는 로고스이며, 성스럽고, 우주의 질서를 움직이는 객관적인 원칙이다.

## 5의 어두운 면: 악마와 악마를 물리침

　오감은 우리가 탐닉에 빠지도록 이끌기 때문에, 數 5는 일반적으로 불운의 數이며 사산이나 죽음과 같은 가장 심각한 방해요소와 연관된 것으로 간주되어 왔다. 고대 바빌론, 이집트, 그리스, 인도, 아프리카, 미 대륙과 그 밖의 여러 곳에서 손의 형태에서 5와 위로 향한 별은 악마를, 아내는 마술적인 상징이었다(괴테의 소설 『파우스트』의 주인공은 악마를 쫓아내기 위해서 별을 그렸지만, 이것은 그를 보호하기에는 불완전한 구조였음). 반대로 거꾸로 된 별(drudenfuss 혹은 독일어에서의 마녀의 발)은 어둠의 힘을 불러내고 나쁜 목적으로 사용되는 마술과 마력의 기본적인 상징이었다. 심지어 융은 數 5를 악마, 마귀와 관련되었다고 했다. 數 5의 색인 파랑은 신비주의, 악마, 마법과 재앙('왼손잡

이')의 힘이며, 반면에 순수한 남색은 순수한 신비주의다.[10]

그러나 5의 어두운 면은 또한 지하, 속세, 지하의 불과 어둠과 관련된 원형, 그리고 지하세계를 통한 여정을 보여 준다. 이러한 연관은 제물의 특성을 가진 성직자와 전사 사이에 있는 비밀의 중요성을 5가 지니도록 하였다. 특히 자기희생과 부활로서 말이다(이전에 논의하였던 재생에 대한 5의 주제를 상기시킴).

[그림 7-11]에서 상자는 數 5의 어두운 에너지와 그것의 상징에 관해서 보여 준다. 이러한 상자에서 우리는 캣우먼(Catwoman)이 악마와 무서운 벌레들에 의해 둘러싸여 있는 것을 볼 수 있다. 원시인, 피투성이의 프랑케슈타인, 포카혼타스, 투명인간 그리고 병상에 있는 부상당한 군인들 또한 포함되어 있다. 상자를 만든 35세의 여성은 양쪽 끝에 불타고 있는 촛불을 위험스럽게 놓았다. 흥미롭게도 5의 상징을 분명하게 드러내지는 않지만 우리는 그것과 관련된 주제를 찾을 수 있다. 다섯 마리의 무서운 벌레와 다섯 개의 환상적인 상징물, 즉 프랑케슈타인(B1), 포카혼타스(C4), 미니 마우스(B3), 캣우먼(B4)과 외계인 성직자(B2)를 예로 들 수 있다. 우리는 또한 다섯 명의 생존자인 전사를 찾을 수 있는데, 원시인(B1), 부상당한 군인(D1), 투명인간(C3-2), 캣우먼(B3)과 전사(D4)를 발견했다. 우리는 아기(D4), 원시인(B1), 청소녀(C1), 하와이안 남자(D3)와 부상당한 군인(D1)의 다섯 명의 실제 인물들을 찾을 수 있다.

이 상자에 있는 또 다른 5의 주제는 움직이는 에너지다. 많은 움직임이 있지만, 아직은 중심이 부족하거나 산만하며 여러 방향으로 움직이고 있다. 부상자를 운반하는 군인들은 불확실한 방향으로 움직이고 있다. 이러한 움직이는 상징물은(C2) 클라이언트와 치료자 쪽으로 움직인다. 원시인(B1)은 모래상자의 하단 오른쪽에서 움직이는 상징

[그림 7-11] 5가 지니고 있는 어둠의 요소

[그림 7-12] 본질의 구조

물과는 반대방향으로 움직이고 있다. 성직자와 프랑켄슈타인(數 5가
나타내는 에너지의 반대되는 상징)은 악마에 잡혀있는 캣우먼을 향해 움

직이고 있고, 모든 위협적인 생물들이 그녀를 습격하고, 거친 바람을 일으키고 매우 위협적인 분위기를 자아내고 있다.

## 본질로서의 5: 4 다음으로 이루어지는 통일성

5는 본질을 상징하는데 이것은 다섯 번째이며 가장 높은 요소이고 영혼(하늘), 그리고 통일된 영적인 본질을 대표한다. 중국에서 數 5는 아이 운(I' un)의 원칙이며 확장된 여성성인데, 이것은 영혼을 공간속에 실체적인 모습으로 나타나게 한다. 영혼은 십자가의 중앙에서 5가 찾을 수 있는 것이며, 땅과 하늘의 상징적인 접점이다. 본질은 또한 오점형의 중앙에서 보여지는데, 모서리에서의 4와 사각형의 가운데의 1은 5의 기하학적인 표상이다. 이것은 4의 원형에서 통일로 향한 심도 깊은 발전의 모습을 보이는 것이고, 4의 가장 정제되고 영적인 형태의 표현이다. 중세기에 모든 자연이 4의 요소로 이루어졌다고 믿었던 연금술사는 數 5의 본질을 4를 통일시키는 한 가지 기본적인 물질로 보았고, 이것으로 4가 완전한 합일(oneness)이 된다고 보았다.

우리는 5의 색상과 원소 사이에 깊은 관련이 있음을 보게 된다. 파란색은 본질의 중심과 관련되어 있으며, 뀐따 에센샤(quinta essentia), 중세 연금술의 파란 연금액(영적인 계몽과 재생을 일으킨다고 전해짐)뿐만 아니라 귀족의 상징으로 불리어지는 '파랑' 피와도 연관 있다.

또한 數 5의 영적인 본질은 나열된 한 자리 數들의 중앙에 위치한다는 것이다. 우리가 [그림 7-13]에서 보는 것처럼 5는 4와 함께 중앙에 위치한다. 중앙인 5로부터 1을 4차례 더하면 9에 이르고 1을 네 차례 빼면 1에 이르게 된다.

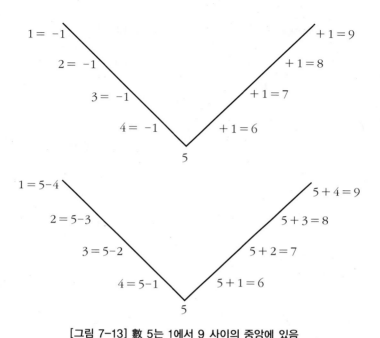

[그림 7-13] 數 5는 1에서 9 사이의 중앙에 있음

　이와 같은 기하학에서 중앙은 몸과 마음 안에 있는 의식의 자각을 상징한다. 그러므로 5는 인간세계 의식을 상징한다. 흥미롭게도 아즈텍 우주론에서 세계는 각각의 數로 불리는 신들에 의해서 창조되었다. 네 번째 태양신의 경우, 내재되어 있지만 아직은 명백하게 드러나지는 않았다. 다섯 번째 태양신의 출현만이 현 시대를 완전하게 나타내는 것이다.

　[그림 7-12]의 모래상자는 장기간의 신체쇠약과 정서적 고갈로 오랫동안 어려움을 겪다가 다시 자리를 찾은 35세 여성이 만들었다. 우리는 다섯 마리의 공작과 다른 새의 깃털 그리고 나비를 볼 수 있는데 모두 공기의 요소를 가지고 있다. 그녀는 상자를 보면서 "이것은 훨

씬 더 완성되고 균형 잡히고 좋은 느낌을 주네요. 아마도 나의 삶이 더 균형 잡히고 중심을 잡은 것 같아요."라고 말했다. 이 모래상자에서처럼 5는 종종 네 요소의 만다라 구조의 중심에 있게 되는데 새로운 삶과 영혼의 호흡, 그리고 본질을 나타낸다.

## 요약

1이 이성적인 마음과 관능 사이의 내적 분열을 연결할 수 있는 것처럼, 5는 다섯 개로 나누어진 것을 그 자신을 나오게 한 영혼으로 하나가 되게 함으로써 그것의 원천으로 되돌아가도록 가르쳐준다. 달리 말하면 5는 조화 속에 일하고 집중화된 의식을 창조하겠다는 약속을 하는 것이다. 이것은 위에 언급된 클라이언트에게 일어난 것이며 내면의 자유를 수용할 수 있는 능력에서 전체성의 안내자를 내면으로 인식하는 것이다.

미 주

1. Iamblichus, *The Theology of Arithmetic,* translated by Robin Waterfield, p. 68.
2. Raleigh, A. S., *Occult Geometry and Hermetic Science of Motion and Number,* p. 21.
3. Weinrib, Estelle, "the shadow and the cross." in *Proceedings of the 10th International Congress of Analytical Psychology,* p. 416.
4. *The Bible,* Revised Standard Version, Genesis, Chapter 1, Verse 22.
5. This was beautifully depicted in the Figure series La Dame a la Licorue (which can be found at the Reunion des musees nationaux, 10, rue de l' abbaye, 75006 Paris.)
6. Schneider, Michael, *A Beginner' s Guide to Constructing the Universe,* p. 110.
7. Woodman, Marion and Dickson, Eleanor, *Dancing in the Flames,* pp. 29–30.
8. Hauck, Dennis William, *The Emerald Tablet*, pp. 88–89.
9. Woodman, Marion, and Eleanor Dickson, p. 30.
10. Raleigh, A. S., op. cit., p. 177.

# 08    6의 원형: 대극의 합일과 통합

당신이 하는 일을 통해

당신은 환상의 세계와

완전한 사랑의 세계 사이에

황금 다리를 세우고 있습니다.

그것으로 두 세계 모두 당신에게 감사하고 있습니다.

－에마뉘엘(Emmanuel)

상징:

**색 상:** 남색, 쪽빛

**원　소:** 흙과 공기(신화: 불과 물)

**분위기:** 여성과 남성, 양성 소유자

**물　체:** 눈송이, 벌집, 수정 결정판, 항해 조종기, 천재들, 파라바티
(Paravati), 연인, 결혼식 장면, 심장, 다윗의 별, 시계, 양성
소유자(자웅동체), 접착제 혹은 쇠사슬

**긍정적인 측면:** 의무 수용, 타인과 공동체에 대한 책임감, 자기 수용
및 타인과의 합일, 대극의 통합

**부정적인 측면:** 이상적인 기준에 의해 자신과 남을 판단함, 기대치
와 결과와의 싸움

## 6선 별모양: 상반된 세계의 반영

數 6의 대표적 상징은 6선 별모양(六線星形) 혹은 2개의 삼각형을 교차할 때 형성되는 육각 별모양이며 여러 종교나 신화 등에서 자주 나타난다([그림 8-1]). 꼭짓점이 위로 향한 삼각형은 불의 상징(數 3에서 보았던)이고, 꼭짓점이 아래로 향한 삼각형은 물을 의미(數 2에서 보았음)하며, 두 개의 삼각형은 또한 남성-여성, 능동과 수동, 음-양, 사랑과 지성을 나타낸다. 그들이 포개졌을 때(혹은 '결혼'하면) 다윗의 별(유대교), 솔로몬의 인장, 힌두교 3신 중의 하나인 보존신 비슈누(Vishnu)의 표시로 다양하게 알려진 육각 별모양이 된다. 에드워드 에딩거는 이것이 집단 무의식의 영적인 면이 의식으로 분출된 것 혹은 원형적인 실체가 자아(ego) 안으로 들어오는 것이라고 여긴다. 그는 이런 종류의 집단무의식에 의한 침범을 자기(self)의 출현 양상의 하나라고 주장한다.[1] 이슬람의 전설에서는 육선 별모양이 진(djinn, 요정 또는 초자연적 존재)을 마술로 잡는 데 사용되는데, 이것은 에딩거가 주장하는 또 하나의 좀 더 마술적인 표현일 것이다. 아마도 이것 때문에 몇몇 전설에서 육선 별모양이 위에서 내려오는 자비와 아래에서 솟아오르는 영감의 만남을 상징하는 비법 전수자의 위대한 인장이 되었을 것이다.

육각 별모양은 두 삼위일체를 얽히게 하며 서로 상호적으로 작용하는 영적인 원리와 물질적인 원리의 조화로운 활동을 보여 준다. 그러니까 영은 물질을 들어올리고, 물질은 영을 아래로 잡아당긴다. 우주는 전적으로 물질화 되지도 영적화되어 있지도 않다. 數 5에서 우리가 에너지 간의 갈등을 본 반면에 數 6에서는 영의 내적 에너지와 물질세계의 외적 에너지의 상징적 통합 과정을 본다. 대극은 모순적이라기보다 상호보완적이다. 삶이라는 춤의 파트너처럼 말이다.

이 춤은 다른 방식의 인식을 허용하지 않는 완전무결한 것의 세계에서는 일어날 수 없다. 대극의 세계는 상대성의 세계, 자신의 내적인 고유한 현실에 얽힌 혹은 타인들에 의해 생겨난 현실에 몰두해 있는 인간으로 이루어진 세계, 모든 것이 가능하고 모든 것이 공존하는 세계다. 오각의 별이 있는 그대로의 현재의 자연적 인간을 상징한다면 육각의 별은 미래의 인간, 통합에 의해 자신의 참의식 안에서 기능하는, 그리하여 인간의 최상의 외적 의식을 획득하는 인간을 상징한다.

## 신성한 결혼과 '나-너'와의 관계

6은 동양과 서양의 믿음이 만나는 첫 번째 數다. 양쪽 모두 6은 남성과 여성 모두이며 남성과 여성의 합일이라고 주장한다. 數 6에서 새로운 점은 조화로운 관계 혹은 에로스, 역동적이고 지속적인 관계의 시도이며, 시간이 지나면 영과 물질(공기와 대지 혹은 불과 물) 사이의 영원한 전쟁이 조화, 통합, 평형의 방향으로 갈 것이라는 희망이다. 이것은 결혼의 연금술적 이상 혹은 대극의 합일이며 다음 장에서 보다 자세히 언급될 것이다. 그러므로 5와 같이 6도 결혼의 상징이다. 왜냐하면 이 둘은 모두 한 남성과 한 여성의 결합에서 파생된 것이기 때문이다. $2+3=5$와 $2\times3=6$. 5의 신성한 결혼 개념이 '교차'와 수태인 반면, 6에서 결혼은 '죽음이 우리를 갈라놓을 때까지 존경하며 복종하기'를 의미한다. 그것은 지속적이고 뜻있는 합일을 위해 의무를 수행하는 것이다.

6 안에서는 the I(주체)가 처음으로 다른 이를 인식한다. 그것은 the I-thou(나-너)의 체험이며 한 인간이 다른 이의 눈을 깊이 들여다보고 마침내 그 안에서 자신의 안식처를 찾았음을 깨닫는 지점이다. 數 6의 단계에서는 자기 인식이 그 사람 자신이나 그의 개인적 필요 충족을 넘어 상호관계와 대상에 대한 의무를 통해 이루어진다. 이 관계를 통해서 양극의 결혼이 이루어지며 심장 차크라의 변형이 이루어진다. 고대인들은 심장 차크라를 불과 물의 합일인 연꽃 안에 있는 육각 별모양으로 묘사했으며, 육각 별모양 안에는 영원한 포옹의 상징인 금으로 된 남근-여근상이 있다고 했다.

치료실 안에서의 관계의 핵심은 다시 전체성을 느끼기 위해 다른 이와 결합하려는 욕구가 표현된 전형적인 6의 에너지다. 이런 에너지를 보여 주는 클라이언트는 주로 사람들에게 초점이 맞추어져 있다. 정신과 마음의 통합을 다룰 때 사랑이 없는 삶은 참을 수 없는 것이다. 그러나 영혼이 보다 높은 단계로 고양되는 것은 개인적인 사랑에서 자라는 슬픔을 통해서다. 불교에서는 '나-너' 관계란 우리가 전체성의 보유자로서 다른 이들과 관계를 갖는 방법을 변화시키는 고귀함, 완전함을 말한다.

여기서 우리는 자석적인 끌림, 매력, 심장에서 솟아오르는 에너지의 결과로 창조된 인간과 신의 상호관계를 본다. 여기서는 이러한 요소들이 결합하여(3＋3)의 합일에 고유한 혁신적 궤도, '운명'을 부여하며 물질과 영을 초월하는 힘을 창조해낸다.

## 개방적이기보다는 규범적인 6

수학적으로 볼 때 6은 2＋4의 측면이 있다. 2와 같이 6은 모호하며 이중성을 표현한다. 4와 같이 6은 그룹이나 사회의 규범적 가치와 같은 태도를 취하며 5의 개방적 경향과는 반대 입장이다. 이제 우리가 數 5의 혼돈스런 자유 에너지를 하나로 (5＋1) 묶어야 할 때다. [그림 8-2]는 전문직 트레이닝 코스를 막 시작한 48세 남성의 모래상자인데 5에서 6으로 가는 움직임을 보여 준다. 5와 6의 원형 사이의 투쟁은 여섯 명의 수녀(6과 일치)가 나체의 아프로디테를 지켜보고 있는 것으로 표현된다. 이것은 數 5의 관능과 자유를 생각나게 한다.

## 육각 별모양 안에 있는 생산적이고 조화로운 구조와 질서

5와의 또 하나 유사점은 6의 힘이 합의 끝자리가 6으로 끝나는 결과를 가져오게 한다는 것이다(예: $5 \times 5 = 25$, $5 \times 5 \times 5 = 125$; $6 \times 6 = 36$, $6 \times 6 \times 6 = 216$). 슈나이더에 따르면, "數 5는 이 자기 복사를 그의 삶의 형식 안에 표현한다. 6은 그의 자기 유사성을 자기 강화 구조-기능-질서에 나타낸다. 그래서 피타고라스학파는 6을 형식 중의 형식, 지치지 않는 망치(Unwearied Anvil)라고 부른다."[2] 다른 생성적 상황에서, 고대 그리스인들은 새 영혼은 한 달의 첫 6일 안에 들어온다고 믿었는데, 유사하게 현대 발생학에서는 6일째에 혹은 6일쯤에 난자가 자궁에 정착된다고 계산한다.

[그림 8-1]  6의 원형으로서의 육각별

[그림 8-2]  5가 6을 만남

[그림 8-3]  항해 조종기

　5의 대칭성은 오직 살아 있는 구조물에서만 볼 수 있는 데 반하여, 6의 대칭성(그림 8-4)은 생물과 무생물 양쪽의 형태에서 다 나타난다. 예를 들어, "고대 이집트인들은 벌집을 최상의 구조-기능-질서의 상징으로 삼았다…. 벌집은 노동력을 최소화하고 내부 공간과 강도를 최대화하기 위해 세 각의 접합점을 사용해 [지어진다]…. 꿀벌은 육방면체의 열을 번갈아 가며 밀랍 수정처럼 벌집을 짓는다…. 육방면체 모양의 공간을 채우는 강도 덕분에 최소의 밀랍이 최다의 꿀을 보관하는 데 사용된다. 겨우 1.5온스의 밀랍이 4파운드의 꿀을 보관하고 있는 것이다."[3]

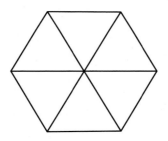

**[그림 8-4] 6의 육각 별모양 기하학**

　기하학에서 육각 별모양은 여섯 개의 방향, 즉 전후, 상하, 좌우로 똑같이 뻗어 나간다. 그래서 다중 축으로 회전하는 것이 가능하다. 어떤 디자인이든 원의 효율성이 필요하나 직선만을 사용해야 하는 제약이 있을 때는 육각 별모양을 활용할 것이다. 육면, 육각 혹은 꼭짓점이 여섯 개인 크리스털이나 식물들은 물질과 시간, 에너지, 강도의 효율성을 보장하는 이 방식으로 되어 있다. 건축에서는 한 건물의 높이와 넓이 간의 황금률(0.66)이 조화를 창조해내고 시각적으로도 비례적이고 조화롭게 보인다. [그림 8-3]에서는 항해 조종기 안에 있는 6을 볼 수 있는데, 이것은 해안에 이르게 하는 육각 별모양의 효과적인 구조의 예인 것이다. 우리는 6의 원형이 효과적이고 순탄한 항해를 가능하게 하는, 조화를 통한 단일성을 나타낸다는 사실을 무수히 찾아볼 수 있다.

## 잠재적 투쟁과 통합으로서의 6

6은 그 약수들의 합으로 나타나는 첫 번째 數다(1＋2＋3＝1×2×3). 이암블리쿠스에 의하면 "아나톨리우스에게는 그것이 첫 번째 완전수였다. 왜냐하면 6은 1/6, 1/3, 1/2을 포함하며 그 자신의 부분들을 사용해 셀 수 있기 때문이다. 제곱을 했을 때, 6×6＝36이므로 6은 자신을 포함한다. 그들은 이것을 '화해'라고 부른다. 왜냐하면 그것은 남성과 여성을 5의 경우와 같이 평행선상에 놓는 것이 아니라 섞음으로써 함께 옷감을 짜기 때문이다. 그리고 그것은 그럴듯하게도 '평화'라고 불리며 훨씬 이전에는 사물을 구성한다는 점에 근거하여 '우주'라는 이름을 가졌었다. 왜냐하면 우주는 6처럼 대극적인 것들이 조화를 이루는 것으로 보이고 '우주(universe)'란 단어의 합은 600이기 때문이다.[4]

심리학적으로 이러한 조화의 수학적인 패턴들은 통합하려는 정신적 추구와 연관되어 있다. 때때로 이것은 실현화되지 않은 잠재력으로, 때로는 통합하려는 투쟁과 소망으로, 그리고 마침내 대극의 합일(coniunctio, 전에 언급한 연금술적 신성한 결혼)로 명시된다. 통합의 과정을 심리학적으로 분석하려는 시도에서 에딩거는 합일(coniunctio) 상징법을 운동시합과 연결시키며, 현대의 운동경기는 일종의 통합을 추구하는 의식의 하나로 시도되었던 고대 운동경기의 질을 하락시킨다고 보고 있다.[5]

'육각 별모양'이란 단어는 또한 여섯 개의 선으로 이루어진 팔패(I Ching)의 상징을 인용하는 데 사용된다. 대극들의 통합 과정을 고려할 때 6을 뜻하는 육각 별모양이 가지는 내적 긴장이 너무 강해서 그것의 선들이 대극들로 바뀌는, 즉 음이 양으로 바뀌는 결과를 가져오는 것을 발견하는 것은 흥미롭다.

[그림 8-5]에는 한 여성의 모래상자에 그녀 자신의 실제 모습과 이상적인 모습, 사랑과 미움, 주는 것과 받는 것, 사랑과 지성 사이의 초기 갈등이 나타나 있다. 그녀는 결혼에 자신을 위탁했지만 그녀가 바랬던 것만큼 조화롭지 못해 자신의 판단에 만족하지 못한다. 그녀는 평화와 조화를 찾고 있다. 모래놀이는 그녀의 투쟁을 비난하는 것이 아니라 그녀의 선택과 위탁에 책임을 질 수 있도록 해 주는 것을 강조한다. 기분은 마음이 고통스럽고 상처받기 쉬운 상태다. 여섯 명의 부상당한 군인들이 있고 그 각자의 옆에 유머, 매력 등 고통의 해결책을 의미한 여섯 개의 상징물들이 놓여졌다. 중앙에는 검은색과 흰색의 대리석 돌이 우로보로스(ouroboros) 형태로 놓여져 합일과 통합의 잠재력을 표현하고 있다.

6의 원형이 이 상자와 그녀의 태도에 나타난다. 그녀는 외적 상황을 탓하기보다 책임을 짐으로써 평화를 찾는다. 여기에서 통합이란 하나의 연금술적 과정으로서 사랑(the heart)에 도전하고 판단(the mind)의 이중성을 극복함으로써 이루어지는 것이다. 현실 대 이상, 구체적인 것 대 추상적인 것, 평범함 대 완전함 안에서 갈등과 투쟁이 이루어진다. 여기서의 무의식적 충동은 통합을 이루어 온전함을 느끼

[그림 8-5] 헌신과 책임으로서의 數 6

[그림 8-6] 책임과 목적으로서의 數 6

[그림 8-7] 협동으로서의 數 6

기 위해 내적인 대극을 극복하는 것이다. 그러한 변용은 우리로 하여
금 보다 이상적인 인간성과 우리 자신을 드러낼 수 있게 해 준다. 수
행해야 할 과제는 변용이며 변화되는 분야는 인격, 도덕성, 개인의 윤
리다.

## 사회, 질서, 목표를 통한 개인과 우주와의 통합

전체 안으로의 통합은 목표나 목적을 찾아냄으로써, 스케줄에 자신
을 맞추어 나가고 또 성취해 감으로써 도움을 받을 수 있다. 이 개인
은 "내가 얼마나 내 시간을 잘 활용하는가?"와 같은 질문을 하며 효
율성과 생산성을 기준으로 인생을 생각한다. 우리의 시간 구조(60초
는 1분, 60분은 1시간)는 6에 기초하고 있으며 바빌로니아 시대로 돌아
가 그들은 수학과 시간의 기초로 6을 사용했다. 비슷하게 성서에서도
육일 동안 세상을 창조한 것으로 나타나 있다.

고대 문화에서는 시간을 기록하는 것은 어떤 활동을 위한 날짜와
시간을 계산하는 것 이상을 의미했다. 그것은 인간이 자신들이 우주
적인 구조 안에 통합되는 것을 볼 수 있는 방법이었다. 개인적인 의미
와 방향을 창조해내는 것은 삶에는 목적이 있고 시간은 집단과 연결
된 느낌을 갖게 하는 길이라는 것을 깨닫게 해 준다. 그러면 인간은
책임감을 갖기 시작한다. 결과적으로 6의 의식 상태에서 다시 제기되
는 질문은 "나의 과업이 무엇인가? 나의 소명이 무엇인가? 그리고 에
너지 안에 있는 나의 양가감정을 어떻게 다룰 것인가?" 이다. 6은 시
도와 노력, 그리고 정신과 마음을 연합하려는 의도와 연결되어 있다.

  [그림 8-6]과 [그림 8-7]에서 나타나는 두 개의 쟁반은 이러한 방향, 과업, 책임 그리고 보다 더 큰 목표에 맞추어 가는 것 등을 보여 준다. 이 두 상자는 일주일 간격으로 놓았다. 이 상자는 9세 된 소년이 만든 것으로, 이 소년은 자신의 어머니가 우울증이 있어 본인이 가족을 책임져야 하고 어른이 되어야 한다고 여기고 있다. 이 상자는 삶을 일처럼 묘사한다. 상자 상단, 성당 앞에 서 있는 수녀들이 보인다. 수녀들은 한 목표에 삶을 헌신한 6의 원형을 예증한다. [그림 8-7]에는 한 남자와 한 여자가 농장에서 함께 일하고 있다. 여전히 6의 배열을 많이 볼 수 있다. 여섯 마리 거위, 여섯 마리의 다른 동물들, 여섯 개의 활동 무리가 그것이다. 보다 높은 목표로의 희생이라는 주제, 그리고 한 목표를 향해 일하는 남자와 여자가 아주 선명하다.

## 대극의 합일(Coniunctio)인 6

  우리는 6의 원형을 통해 우리 존재 깊은 곳에 잠들어 있는, 대극들이 함께 출현하는 합일을 다시 발견하는 집단의식에 연결된다. 우리가 진정한 의미에서 나머지 창조물과 서로 상호의존의 관계에 이를 수 있는 것은 오로지 우리 자신 안에 있는 이중성을 인지하고 치유하는 것을 통해서만 가능하다. 융은 그가 '합일을 이루는' 상징이라고 부르는, 서로 상반된 것들을 조정하고 종합하는 성질을 가진 일련의 계열(예: 원의 사각화, 만다라, 다윗의 별, 육각 별모양, 12궁도)을 따로 분류한다.

  묵주 혹은 로사리움(Rosarium, 연금술적 변형의 목적. 역주: 라틴어로 가톨릭의 묵주 혹은 묵주의 기도를 지칭하는 것임)에 대한 융의 연구와 3세기 이집트인들이 쓴 연금술[6]에 대한 문서에서 보면, 대극의 실제적 합일ー연금술적 결혼ー은 달에 의해 태양이 녹거나 타오르는 것으로 묘사되어 있는데 이것은 팔괘(I ching)의 이미지와 비슷하다. 심리학적으로는 이 녹는 것은 철학자의 돌이라 불리는 의식의 새로운 상태를 창조해내는데, 이것은 진보한 의식의 영구한 상태를 의미한다. 진행적인 경험으로 이루어지는 이 통합은 생각과 행동, 정신과 마음의 합일 혹은 우리 내면의 여성성과 남성성이 진실에 바탕을 둔 새로운 존재상태로 들어가는 합일을 통해 새로운 실체가 탄생되는 것을 말한다. 이러한 변화는 종종 보다 덜 자기중심적이고 덜 이기적이며 그 대신 보다 배려적이고 호의적인 새로운 자세를 갖게 해 준다. 갈등을 가진 한 인격이 집단적으로 '있을 때' 보다 많은 존재감을 느끼도록 변화된다.

[그림 8-8]에서는 다윗의 별 형태의 절반 안에 대극이 함께 있는 모래상자의 예를 볼 수 있다. 세 명의 남자와 세 명의 여자가 그 주위를 둘러싸고 있다. 삼각형 아래에 마음의 연결을 상징하는 붉은 장미(B-C3)가 있고, 그것은 파란색(6의 색) 대리석으로 둘러싸여 있다. 위의 삼각형에는 네 개의 연금술 색상이 서로 섞여 있다. 이 상자를 만든 여성은 이 과정에서 신체적, 감정적인 불안을 표현했는데 아마도 대극의 새로운 통합으로 가는 연금술적 변용과정에서 흔히 있는 경우인 정신분열 증세일 수도 있다.

이 상자는 명백한 모순들과 비이성적인 것과 이성적인 것, 지성과 상상력의 공존이 역동적인 균형을 이루는 것을 잘 묘사해 준다. 융은 "6이란 數는 영혼을 만들어낸다…. 왜냐하면 그 안에서는 대극들이 섞이고 그러한 전체성은 인격이 완전히 성장한 주체 안에서 합일을 이루기 때문이다."라고 말한다.[7] 또 "합일의 상징은 극도로 힘이 있는

정신 에너지로 채워진다.[8] 그것은 오직 개별화의 과정이 잘 진행되었
을 때만 일어난다."라고 말한다.

　연금술적 결혼을 보이는 예로써 다음 모래상자([그림 8-9])는 32세
클라이언트가 상담과정 거의 끝 무렵에 놓은 것이다. 그녀는, "이건
음과 양의 결혼이에요. 피라미드 밑에 잡혀 있었는데 이제 더 이상 그
렇게 가공적이지는 않고(그녀는 음양을 나타내는 공을 피라미드 아래에

[그림 8-8] 6의 연금술적 변용: 역동적 균형

[그림 8-9] 6과 연금술적 결혼의 녹아듦/타오름

놓았다), 그곳은 음양이 잡혀 있기에 알맞은 곳이지요. 곰은 남성이고 돌고래들은 여성, 하얀 건 남자고 검은 것은 여자예요. 촛불이 여기 있는 것은 이것이 축하식, 결혼식이기 때문이지요."라고 했다. 그리고 나중에 "초들이 타고 나면 아무것도 남지 않는다는 것이 참 흥미로워요."라고 덧붙였다.

이 클라이언트는 잠시 남편과 별거하는 외적 환경에서 오는 갈등과 어머니와 학생으로서의 두 가지 의무 사이에서 생기는 내적 갈등 모두를 치유하려는 시도를 하고 있다. 그녀가 자신 안에서 가장 효과적이고 통합되게 에너지를 사용할 수 있도록 합일을 상징하는 모든 에너지를 끌어올릴 수 있는 것은 6의 의식 상태에서다. 이 상자에서 우리는 연금술적 결혼의 녹는/타는 요소들뿐 아니라 그녀가 통합해가는 남성성과 여성성의 다른 요소들을 본다. 그녀가 이 '결혼' 혹은 변용을 묘사하기 위해 금으로 된 피라미드 아래에 놓여진 중국의 음양 상징물을 사용한 것은 흥미롭다.

## 요약

6의 원형에서는 외적이나 내적으로 관련된 사랑의 에너지가 서로 간에, 또 우주와의 조화 안에서 시간에 바탕을 두고 효과적으로 살아가는 삶의 목표와 구조를 이끌어간다. 우리의 개인 심리학적 내적 과정에서 6은 개인이 세상과 온전하게 본래의 상태로 되어 가는 길을 알려주는 새로운 통합의 단계를 향해 분투하고 갈망하며 그곳에 이르게 되는 역동을 보여 줄 것이다.

미 주

1. Edinger, Edward, *Archetype of the Apocalypse*, p. 69.
2. Schneider, Michael, *A Beginner' s Guide to Constructing the Universe*, p. 196.
3. Schneider, Michael, op. cit., p. 182.
4. Iamblichus, *The Theology of Arithmetic*, translated by Robin Waterfield, p. 70.
5. Edinger, Edward, op. cit., p. 85.
6. Abt, Theodore, tape on alchemy, Jung Institute, Kusnaht.
7. Jung, C. G., *Collected Works, Vol. 8*, 45.
8. Ibid.

# 09 7의 원형: 지혜로 가는 입문

밖을 보는 자는 몽상을 하고,
안을 보는 자는 자각한다.

－작자 불명

타인을 아는 자는 현명하지만,
자신을 아는 자는 진보한다.

－노자(Lao-tzu)

상 징:

색 상: 자주색(보라색)

원 소: 물

분위기: 여성성에 관련된 남성성

내적 과정: 시작 과정

물 체: 무지개, 피라미드, 용, 숲과 사막, 장면, 수은, 스톤헨지
(Stonehenge, 돌기둥), 아테네(Athena), 네이트(Neith), 미네
르바(Minerva)

긍정적 측면: 정서적인 위험의 감수, 믿음, 명상적, 개방적, 유동적

부정적인 측면: 괴로운 느낌, 배신당한, 외로운 느낌, 예언된 불화,
분리, 불신

## 정신에서 물질로 가는 분위기: 3+4

칠각형, 즉 사각형의 제일 윗부분에 위치한 삼각형 같은 기하학적 디자인은 數 7에 의해 가능했다([그림 9-1]. 이 개념에 기초한 건축 형태에서도 볼 수 있다). 정사각형은 數 4와 지구 혹은 물질, 네 가지 요소의 고전적인 개념을 상징한다. 삼각형은 數 3과 천상의 정신을 불러일으켰고, 그런 까닭에 3＋4＝7의 수학적 계산도 생겨났다. 게다가 칠각형은 세 가지의 치수(길이, 넓이, 깊이)와 네 가지의 범위(점, 선, 표면, 입체)로 구성된다. 이 3과 4의 결합 내에서 우리는 자신 속에 성스러움을 소유할 수 있는데(정신 혹은 자기), 이는 4의 구조가 정신으로의 환원할 수 있는 능력을 지지해 주는 현세적 자기(물질 혹은 자아)의 힘에 그 기초를 두고 있다. 정사각형의 밑면과 삼각형의 측면을 가진 피라미드는 7원형의 청사진에 기초를 둔 건축의 또 다른 형태다([그림 9-2] 참조). 게다가, 4 위에 3을 가지고 있는 7의 상징은 사다리꼴의 머리장식을 지닌 스핑크스의 구조 안에도 있다. 또한 미국의 1달러 지폐에 인쇄되어 있는 미국의 국새에는 삼각형 안에 있는 신성한 눈이 네 개의 측면과 정사각형의 벽돌 토대 위에서 빛나고 있다. 신전의 구조에서 처녀 아테네 여신(로마에서는 미네르바)과 네이트 역시 數 7에 기초를 두고 있다. 우리는 스톤헨지부터 현대의 집에 이르기까지 신성하고 세속적인 건축물에서 數 7을 찾아볼 수 있다.[1] 그것은 우리가 감지하기 어려울 만큼 매우 뛰어나다. 우리의 가장 일반적인 집의 설계는 삼각형의 지붕과 직사각형과 정사각형 구조 위의 상인방 돌을 포함한다.

위인전에 의하면, 피타고라스는 아들 셋, 딸 넷의 일곱 명의 자녀를

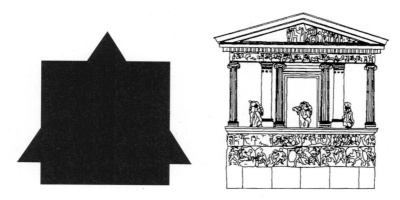

[그림 9-1] 삼각형과 사각형이 결합된 칠각형

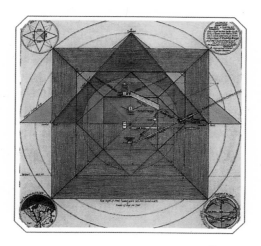

[그림 9-2] 대 피라미드의 청사진[2)]

두었다. 은유적으로 아들은 數 3의 남성의 에너지를 그리고 딸은 數 4의 여성적인 에너지를 상징한다. 정신과 영혼 또는 삼위일체와 콰드리니티(quadrinity, 4)를 말한다. 따라서 數 7은 피타고라스학파가 창시자, 성직자로 상징하는 '완성을 가져다주는 것'으로 보여진다. 다시 말해, 數 7은 인간 전체의 또 다른 상징이고, 4와 3의 합이며, 동시에 남성이고 여성이다. 심리학적으로, 이것은 깨어 있고 책임감 있는 개인을 상징한다.

우리는 이런 數 7의 개념을 수많은 시간 주기의 완성에서 찾아볼 수 있다. 일주일은 7일로 구성되고, 유대교의 신비주의에서는 7일째에 안식일, 즉 창조를 한 후 휴식을 취하는 날을 두었다고 본다. 창조하지 않고 휴식을 취하는 시간으로서의 數 7은 그 자체로 소산물이 없다는 시각과 관련이 있다. 그러나 완성의 측면에서 數 7은 역동적인 전체성을 상징한다. 작업과정의 완성에 대한 기대에 신성한 힘을 공급해 준다. 數 7의 주기는 성경에서 인용한 창조뿐만이 아니라 자연 속에서도, 신비주의 속에서도 볼 수 있다. 연금술은 일곱 단계로 나누어져 있고, 토성이 대략 칠년을 주기로 네 번 순환을 할 때 달은 칠 일의 네 단계 내에서 차고 기운다. 전통적으로, 칠 년째가 되는 해는 논, 밭을 쉬게 하고, 부채를 탕감해 주며, 노예를 해방시켜 주는 때를 의미한다. 제한적인 법규 내에서의 칠 년의 의미를 우리는 현대의 법률에서도 찾아볼 수 있다.[3] 창조 주기의 마지막과 자유의 획득, 우리가 창조해 놓은 것을 정화시키고 이에 대해 심사숙고해 보는 것 등에 대한 생각은 모두 數 7의 원형에 다가가는 데 있어 필수적이다.


## 동정녀로서의 數 7

數 7의 힘은 동정녀의 원형이다. 우리는 이것을 수학적으로 다양한 단계에서 찾아볼 수 있다. 첫째로, 7은 약분할 수 없고 만들 수도 만들어 지지도 않는 첫 번째 數다. 두 번째로, 數 7은 한 자리 數 그룹에서 가장 중요한 數다. 2에서 6까지의 數에서는 2나 3으로 나누거나 혹은 삽입이 가능하나, 7은 불가능하다. 셋째로, 7은 다음의 배열에서 빠져서 홀로 설 수 있는 유일한 한 자리 數다. $1 \times 2 \times 3 \times 4 \times 5 \times 6 = 8 \times 9 \times 10$.

이것으로 고대 그리스인들은 7은 곱셈으로부터 나온 것이 아니라는 것과 같이 어머니(짝수)나 아버지(홀수)로부터 생성된 것이 아니라는 가설을 세웠다. 그보다는 신의 머리에서 직접 나온 것이라고 보았다. 기하학에서 칠각형은 베시카 피시스를 통해 구성('탄생')될 수 없는 가장 작은 다각형이다. 이런 모든 이유들로 인해서 고대인들은 數 7을 '동정녀'의 數라 언급하고, 그리고 일곱 개의 아테네(Athena)라고도 불렀다. 왜냐하면 여신은 동정녀였고 또한 제우스의 머리로부터(문자 그대로 신의 머리) 직접 탄생을 했기 때문이다. 여성적이지도 남성적이지도 않은 아테네는 전쟁과 지혜를 주재하였다. 그녀는 일생을 처녀인 채로 있었기 때문에 아이가 없었다. 그녀의 이름에 대한 기원은 명확하지 않지만, 'A-thene'는 "나는 내 자신 스스로에게서부터 왔다."를 의미하는 것으로 생각되거나 혹은 '불멸'을 의미하는 'a-thanos'라 생각되었다. 피타고라스학파에서는 신의 머리가 7을 두고 경의를 표할 정도로 가장 권위 있는 일부이고 기구로 고려했다고 주장했다.

에딩거는 본래 그리스인들 사이에서는 '혼자' 혹은 '유일한'이라는 개념을 또한 '통합'이란 개념으로도 바꿀 수 있다고 지적했다.[4] 數 7 내에서 우리는 통합(남성성/여성성)과 의식적인 동정녀를 만날 수 있다. 이런 가정은 더 나아가 1과 10 사이에 균형 있게 1-4-7-10으로 나열된 일련의 數 가운데 중간으로서 數 7이 관련되었다는 것이 그리스의 수학자에 의해 입증되었다(4는 10과 7만큼 떨어져 있고 7은 1로부터 7만큼 떨어져 있다). 그러므로 7은 자웅동체(남성(3)과 여성(4)을 다 수반하는)일 뿐만 아니라 균형 잡히고 핵심적인 현재다. 만일 우리가 동정녀의 개념을 심리학적으로 본다면, 7의 단계는 기꺼이 자아를 의식적으로 혹은 무의식적으로 희생하여 정화를 통해 자기에로 도달하는 데 있어서 순결하고 감수성이 예민한 단계 중 하나고, 신성해지기 위해 전적으로 헌신하는 단계다.

흥미롭게도, 가장 오래된 여신에 대한 신화의 기록에 의하면(피타고라스학파 이전), 수메르의 여신 이난나(Inanna) 또한 數 7과 연관이 있었는데, 그녀는 남성성과 여성성 모두를 가지고 있고, 하늘과 땅을 의미하며, 전설 속에서 동정녀(미혼)로 묘사 되었다.[5] 이난나는 자발적으로 일곱 개의 문을 통해 지하세계(저승)로 내려갔다. 이것은 그녀가 죽음을 경험하고, 신의 물에 의해 충만해지고 그것을 먹음으로써 다시 태어나는 것을 의미한다. 이난나는 매 해마다 신성한 왕의 신부가 되는 것으로 그녀의 처녀성을 새롭게 했다(선택된 남자는 왕궁에 고립되어 죽임을 당하고 그의 피는 여신이 땅을 기름지게 도와주었다.).

'시작' 이라는 말은 그리스어에서 그 어원을 찾을 수 있는데 흥미롭게도 그 의미는 '죽으려는' 혹은 '사망하게 되는' 이며, 죽음은 끝이 아니라 또 다른 삶을 위한 여정이라는 것이다. 다시 한 번 우리는 주기성, 활동의 순환하는 연속성과 끝에 대한 주제에 대해 논의할 것이다.

## 진동으로 나타나는 변화의 일곱 가지 길

고대의 그리스인과 힌두인이 실시했던 많은 명상과 연구는 다른 무엇보다도 이런 일곱 단계의 변화가 어떻게 일어나는지, 물질적인 육신이 어떻게 정신과 하나가 되고 재연결이 되는지에 초점이 맞추어져 있다.[6] 물체와 정신에 대한 공통된 특성을 찾는 과정에서, 피타고라스와 다른 학자들은 진동이나 에너지의 공통분모는 구성요소를 이해하기 어렵거나 혹은 상세하게 설명되어 있거나 간에 여하간 발생한다고 보았다. 색, 소리, 형태는 모두 진동과 관련되어 있고, 특별한 주기적 리듬에서 발생하는 극소량의 진동이 모여 형성된다. 우리가 물질로서 경험하는 모든 것이 사실은 특정 빈도수로 진동하는 많은 수의 분자로 구성되어 있다.

그런 이유로, 우주는 완벽한 조화의 결과인 진동에 의해 상태를 제한하고 지탱하는 에너지의 거대한 바다인 것이다. 삶과 이 형태의 발전(전개)은 진동의 뚜렷한 비율의 결과이고, 그들 간의 만남에서 이루어진다. 진동은 지각의 기초이고 우리는 7의 원형을 이런 진동의 조합 내에서 찾을 수 있다. 눈에 보이는 빛 스펙트럼의 일곱 가지 색 혹은 온음계의 음률 등을 예로 들 수 있겠다.

현대의 분자물리학은 진동에 대한 이런 고대의 발견이 과학적으로 연관성이 있다는 것을 발견했고, 물질의 원자가 광범위하게 공간을 구성함을 보여 준다. '중요하지 않은' 물질 혹은 공간과의 연계는 우리가 환영으로서의 현상세계인 마야라고 알고 있는 물질계를 영적인 지도자가 어떻게 이해하게 되었는가를 쉽게 알 수 있게 해 준다. 환영으로서의 물질세계가 있듯이, 우리의 내적 세계 역시 면밀히 관찰해 보면 실제보다는 덜 객관적으로 나타난다. 이로부터 정신은 객관적인 실제가 아니라 오히려 에너지이고 과정이라는 것을 알게 된다. 그런 이유로, 치료실에서 색과 소리, 대화, 창조 혹은 진동의 출현은 개인의 의식적인 변화의 일곱 가지 상태를 알려 준다. 전적으로 數 7과 관련이 있는 색깔 스펙트럼의 무지개에도 불구하고, 개인적인 색의 진

[그림 9-3] 數 7을 나타내는 자주색의 모래상자

[그림 9-4] 數 7의 분위기

동에서는 전통적으로 이 數는 자주색 혹은 보라색과 관련 있다. 과학적으로 짧은 파장과 일치하는 매우 높은 비율의 진동이 있다고 생각해 볼 때, 자주색은 마법의 색으로 생각되었다. 보통보다 훨씬 더 높은 비율의 진동은 다른 비율을 그 자신의 빈도로 중화시키는, 심지어 변화까지도 일으키는 힘을 가지고 있다. 때문에 자주색은 數 7에 연금술의 힘을 불어넣어 준다.

모래놀이치료 시 클라이언트는 모래놀이상자를 지배할 한 가지의 색을 선택한다. [그림 9-3]은 이런 예를 보여 준다. 59세 여성은 자주색 모래상자를 만들고자 왔고 모래 위에 온통 자주색 돌을 놓았다. 나는 이 장의 후반부에서 정화에 대해서 논의할 때 이 창조적인 행위에 대해 보다 상세히 설명할 것이다.

치료시간에 7을 보이는 또 다른 방법은 '진동'에 대한 말이나 혹은 또 다른 표현이다. [그림 9-4]는 32세 여성의 마지막 모래상자다. 이 회기에서 그녀는 '느끼는 삶'과 관련하여 진동의 중요성에 대한 자신의 믿음에 대해 말을 했다. 그녀는 에너지의 진동으로서 삶에 대해 생각하고 이것들을 연관 지으려 했다. 동시 발생적으로, 그녀는 에너지의 진동에 대한 자신의 느낌을 數 7과 연관된 상징으로 나타냈다. 일곱 명의 신과 여신, 약간의 빛으로서의 대리석 그리고 중앙에는 그리스의 신과 여신을 놓았다. 그녀는 "행진하는 상징물 둘, 보호하는 사람, 치열하게 행동하는 부분이 있어요. 뒤쪽의 상징물들은 내적인 여행을 나타냅니다. 대리석은 받을 준비가 되어 있는 빛이고요. 인내력은 내가 계속할 수 있도록 해 주는 힘이지요."라고 말했다.

7은 처음과 중간, 마지막 단계를 이끄는 일곱 단계의 완벽한 이벤트를 표현한다. 일곱 단계는 연금술적인 변화의 완성, 아직 진행 중이고 과정의 완성을 나타낸다. 구제프(Gurjieff)는 7의 법칙은 모든 현상에서 나타나고, 한 번 시작되면 일곱 가지의 분리된 단계로 발전하는 경향이 있다고 했다.[7]

## 정신의 직접적인 경험을 전달하는 수단으로서의 무지개

많은 문화에서, 빛은 우리의 의식에 다가가는 신성한 원칙의 정제된 표현으로 간주되어 왔다. 이에 어울리게, 무지개는 물질과 정신세계 사이의 다리 혹은 통로로 알려져 있다. 슈나이더는 다음과 같이 지적했다.

> 무지개는 당신이 빛의 근원을 외면할 때에만 당신에게 나타난다. 당신의 뒤와 위에서 빛나는 태양은, 공기 중의 작은 물방울 내에서 이중으로 굴절하고, 그리고 당신의 눈에서 태양의 진동 물보라와 파동은 색으로서 해석된다. 결과적으로 색은 '저기 밖에 있는 것'이 아니고 언제나 우리 안에 있는 것이다.[8]

우리는 무지개를 봐야 한다고 주장하나, '구성된' 칠각형과 같이 그것들은 실제로는 거기에 존재하지 않는다. 걸어 보아라. 그러면 무지개는 당신의 발걸음을 따라서 보일 것이다. 그 끝을 찾고자 한다면 노력하라. 그 자체의 영구적인 동정성으로 그것은 당신을 곤란하게 할 것이다. 무지개는 궁형으로 나타나지만, 그것은 원의 일부일 뿐으로 보이지 않는 부분은 여전히 존재한다. 그리스인들은 이것을 하늘의 올림포스와 지하세계를 연결하는 것으로 보았다.

무지개는 영원한 원칙에 대해서 일시적으로 희미하게나마 감지할 수 있게 해 준다. 빛은 모든 것과 접촉한다. 무지개는 결코 가장 깊은 실체화 단계에는 도달할 수 없다. 무지개는 볼 수는 있으나 만질 수는 없으며, 간단히 에너지의 일곱 겹 패턴으로서만 자신을 드러낸다. 무지개는 우리에게 근원적인 패턴을 보여 주고, 고체의 벽이 마련되기 전에 구조의 틀을 보여 준다.[9]

많은 정신적인 전통들은 물질에 숨어 있는 정신인 에너지, 빛 혹은 소리가 변화될 수 있는 많은 방법들을 다룬다. 에너지 변화의 통로로서의 일곱 개의 차크라라는 동양의 시스템은 가장 잘 알려져 있다([그림 9-5] 참조). 이것은 서양 연금술의 변화를 위한 일곱 단계의 전통과 유사하다. 차크라 명상의 목표는 여성 영혼의 통합 혹은 차크라 제왕의 남성의 정신이 하나로 통합되어 실존하는 것과 함께 차크라의 척추를 기본으로 해서 뿌리의 본질적인 통합을 이루는 것이다. 각각의 차크라는 각각의 무지개 색과 대응하여 각기 다른 비율로 진동한다. 명상가는 각각의 중심이 반응하고 열려 있도록 허락하여 에너지의 채널이 육체의 위로 또는 아래로 나선형을 그리도록 한다. 유사하게 융은 물질에 나타나는 신비스러운 육체(영혼의 육체 또는 에너지의 육체)를 이해했는데, 이는 언제나 상태의 흐름 내에 존재하고, 나선형을 그리며 위아래로 이동한다. 명상적인 환경은 이런 변화적인 반응이 일어나도록 허락하는데, 이는 반응이 가지고 오는 감각이 무엇인지 그리고 그들은 어떻게 진실을 드러내는지를 호기심을 가지고 편안하게 기대하고 부드럽게 순종함으로써 알게 해 준다.

고대에는 에너지 체계로서의 이런 자기에의 자각은 한 인간이 이승과 천상, 깨달음과 무지 사이의 무지개다리로 가는 길을 찾는 것으로 상징되었다. 일곱 개 에너지 중심의 체계는 빈번하게 건축양식에 반영되었고, 특히 신성한 건물을 위해서는 7층의 구조가 사용된다. 예를 들면, 탑이나 옛 바빌로니아·아시리아의 사원, 신전들과 같은 구조물이다.

이런 일곱 개의 중심은 신비스러운 설화, 다신교의 미신이나 혹은 추상적인 개념이 아니다. 그것들은 매우 실제적으로 심리학적인 동기 부여를 나타내는데(예: 생존, 관계, 힘, 사랑, 자기표현) 이것은 삶을 통해 우리에게 온다. 이러한 동기의 일곱 단계와 관련하여 피타고라스 학파는 數 7을 '삶의 매개물' 이라 불렀다.

일곱 개의 중심이 되는 것은 직접적인 반응을 일으키는 경험과 연관이 있는데, 초자연적인 경험은 정신의 원형적인 원천으로부터 한 개인에게 나타나는 것 같다. 그러나 덧없게도 이런 것들은 보다 깊이 있는 자기(self)가 분명해질 수 있는 수단으로써 인간 정신이 나타나는 동시 발생적 경험이거나 맨 처음으로 느껴지는 직관이 될 수 있다.

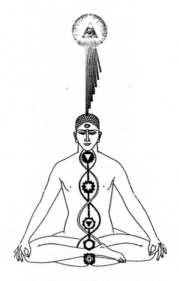

[그림 9-5] 일곱 차크라

# 내적인 변화로서의 數 7, 어둠으로의 여정

　비록 數 7이 고대로부터 존중을 받아 왔다 하더라도, 내부로의 여정에 있어서 그것의 중요성은 신화에서, 신비주의에서, 은유에서 감추어져 왔는데 변화의 통로로의 입문을 위해 아껴둔 것이었다. 이것은 부분적으로는 보호를 위해서였다. 우리에게 변화를 가져올 수 있는 어떤 길이라도(명상, 음악 혹은 모래놀이 중 어떤 것을 통해서라도) 강력한 자아는 필수조건이다. 이전 數의 여정은 이것에 호된 시련을 창조하는 의미를 부여하며, 數 7의 에너지는 육체적·심적으로 변화가 가능하다.

　자아는 7의 에너지를 인정하고 직면할 수 있기 전에 어느 정도 자신의 방어적인 통제에 굴복해 왔다. 개인의 자아가 잠재되어 있는 반응의 배열을 풀기 시작하는 것처럼, 이런 발달 단계에서 우리는 인격의 어두운 면으로 보다 깊이 들어가게 된다. 여정에는 삶의 중심인 '자기(자아를 대신하는 중심성)'의 중요한 요구인 순종이 필요하다. 數 7에서 우리는 미지에 대한 동경과 만날 뿐 아니라 필요하지만 연장되고 심하게 무의식을 방치한 결과인 심리학적인 '홍수'의 가능성과도 직면하게 된다. 이런 점에서 내적인 변화는 그림자 그리고 자아가 억압 혹은 부인의 방법으로 처리했던 문제들을 직면함으로써 발생한다. 우드만은 그 과정을 다음과 같이 기술했다.

　　자아를 넘어서려면, 우리는 스스로 자기반성의 현미경을 가지고 내부를 향해 들어가야 한다. 우리의 진실한 본성의 예측 불가함과 자발성을 발견하기 위해 스스로의 불투명함 속으로 들어가야 한다. 만일 신성에 대한 우리의 의식적인 연관을 찾을 수 있다면, 우리는 혼란 속으로 들어가야 하고 그렇게 보이도록 해야 한다. 위험에 대한 용기와 자각은 우리의 미지의 진실에 대한 반응이 약동하기 시작하는 데 있어서 필수적이다. 우리 자신의 제한에 대한 친숙한 조망을 그대로 두는 것은 죽음이나 정신착란의 위험이 있다.[10]

결과적으로 카발라는 이러한 잘 알지 못하는 신비 속으로 들어가는 것에 대해 경고했다. 내적인 변화는 무의식 내의 비밀스런 심원함을 정화시키는 무의식의 비밀스런 물 내에서의 몰두를 통한 자아의 붕괴를 필요로 한다. 심지어는 잘 발달된 자아라고 할지라도 이것은 두려울 수 있다. 왜냐하면 우리가 대부분 숨기려고 노력하는 것들을 드러내야만 하기 때문이다. 영혼의 노출은 통제하게 하고, 습관을 바꾸고, 감정이 흘러가도록 하며, 심연의 고통과 극심한 두려움을 포함해서 정서를 숨기지 말 것을 요구한다. 이것은 종종 모래상자에서 경험을 할 수 있는데, 꿈이나 심지어는 무서운 괴물 같은 망상도 포함된다. 비록 그것이 사실상 우리 자신의 정서적인 풍경에 대한 은유일 뿐일지라도, 자아는 엄격하게 통제하지 않으면 느껴지고, 모든 괴물은 언제나 매우 주의 깊게 이것을 숨겨, 갑작스레 떨어져 깨어지고 압도하게 된다. 이난나의 설화에 의하면, 인간내면의 전체성의 표현에는 어둠과의 만남이 요구된다. 이것은 변화를 위한 초보자의 정신적인 여정이다.

'시작(initiation)'이란 단어의 어원은 라틴어 '인 이레(in ire)'로 '안으로 들어가는'이란 뜻이다. 변화적 경험의 특징 중의 하나는 갑자기 사회의 밑바닥(저승)으로 들어가고자 하는 느낌이다. 충분한 이유 없이는 어느 누구도 깊은 숲 속으로 들어가는 위험을 감수하지는 않는다. 평범하고 일상적인 삶에서는 찾을 수 없는 어떤 감각 혹은 어떠한 중요한 상실 같은 것 말이다. 자연재해와 살아 있음에 대한 실망을 통해서든지 혹은 계획적인 연금술적인 변화에 의해서든지 우리는 모두 외부적인 영향들에 충분히 빠져야만 하는 지점에 도달하게 된다. 몰락에 대해서는 이난나가 그랬던 것처럼, 보다 심도 깊은 목표에 도달하기 위해서는 내면으로부터의 부름에 응답하여 자발적으로든 비자발적으로든 책임지는 것이 필요하다. 이는 불행이나 질병을 통해 예기치 않게 암흑과 같은 세상이 열렸을 때도 마찬가지인 것이다. 다른 경우, 심리치료실에서 우리는 개인의 일반적인 자아인식이 파괴되는 것을 볼 수 있는데, 벗어나기 위한 어떤 새로운 가능성이 허락되고, 상처입기 쉬운 상태에 있게 되는 개인을 더 이상 도와줄 수 없게 된다.

## 요 구

　[그림 9-6]에서, 우리는 영성에 매우 헌신하며 자발적으로 그녀의 그림자와 투쟁하기 위한 요구를 느끼는 53세 여성의 모래놀이치료의 예를 볼 수 있다. 치료 시 그녀는 한계를 넘을 수만 있다면 기꺼이 무슨 일이든 할 수 있다고 말했다. 이 날 그녀는 자신의 '극단적인 부분'을 노출시키고자 했다. 그녀는 일곱 그루의 죽은 나무로 둘러싸인 담장이 있는 장면을 만들었고, 이것을 '진정한 세계'라 불렀다. 그 안에 그녀는 자신의 성적관심을 표현하기 위해 아프리카 애인 커플을 배치했고, 금전적인 문제를 위해 동전을, '나의 정신적인 부분'이라 부르며 수갑을 찬 잉카 여인을 놓았다. 이 장면을 내려다보며 그녀는 "이것은 아름답지만 메마른 환경이에요. 공간이 많지만 다 사막이구

요."라고 말했다. 그녀는 나무에 숨어 있는 사람(A1)이 자신이고, 중앙에 있는 자신의 문제들을 진정으로 보기 원하는지 혹은 아닌지에 대한 확신 없이 벌벌 떨며 살짝 엿보는 중이라고 설명했다. 고대인들은 베일 뒤에서 엿보는 것은 종종 인간 자신의 죽음에 대한 광경을 의미한다고 믿었다. 이난나의 운명처럼 말이다. 진심으로 미래를 보고 싶어 하는 많은 사람들은 또한 그것이 알려지는 것을 두려워한다.[11] 강하고, 중심이 잡혀 있고, 책임감 있는 자아와 함께, 이 여인은 자신의 지하세계에 있는 매우 현실적인 몇몇 문제들에 초점을 맞추어 희망을 걸고 그리고 무서워하며 가상의 해방에 빠지려고 하고 있다. 이런 상태에 도움을 주기 위해서, 티베트의 불교는 통글렌(tonglen, 수행)이라 부르는 묵상을 이용할 수 있는데, 이것은 우리가 의식적이고 자비롭게 고통과 세상을 광범위하게 들이키고 흡수하여 모든 감각 있는 것들에게 사랑을 보내는 것이라 알려져 있다.

## 지하세계로의 이동

위에서 보았듯이, 인간은 심연이 갑작스레 열리는 것과 같이, 예기치 않게 그림자와 직면할 수 있다. 종종 그것은 자아가 절망을 느껴 변화를 자극하는 대 이변에 의해서 일어난다. 티베트의 불교도들은 극심한 질병으로 지하세계로 갔었던 델로그(Delog, 피안에서 돌아온 사람) 이야기에 관하여 말한다. 이곳의 여정은 종종 마지못해 하게 되는데, 자아가 거부된 것과 열등한 부분을 강제로 통합하여 그것에 대해 책임을 지는 것과 함께 한다. 이런 행동은 위대한 용기가 생기게 한다. 에딩거는 다음과 같이 말한다.

　적극적인 팽창의 경험은 자아의 발전에 있어서 필수적인 부수물이
다. 그래서 착란의 경험은 자기를 자각하기 위해서 꼭 필요한 전조이
다. 많은 數의 종교적 경험의 묘사는 전형적으로 세례자 요한이 말한
'영혼의 어두운 밤', 키에르케고르가 말한 '절망', 융이 말한 '자아의
좌절'에 선행한다. 이 모든 용어는 착란과 고독을 언급하는 말이다.[12]

　자아가 직면한 혼란은 모래놀이에서 다양한 이미지로 인해 분명해
질 수 있다. 가장 기본적인 이미지는 '광야(사막)'다. 예수와 세례자
요한이 광야 한가운데에서 신과 만나는 것 혹은 시나이 산에서의 모
세를 상기해 보라. 또 다른 이미지는 군중이나 '실재하는 정글(미궁)'
일 수도 있고, 도시에 해당하는 것일 수도 있다. 이와 유사하게, 헨젤
과 그레텔이 나무 숲 속에서 길을 잃은 동화와 같이 우리는 불길한 숲
과 정글을 만든다. 이런 일곱 단계로 개인이 하는 모래놀이는 종종 고
통스러운 호된 시련과 힘, 인내에의 시도가 동반된 외로운 여정의 느
낌을 주기도 한다. 그것들은 또한 실패의 가능성에 대한 느낌도 준다.
　이 점에서 자아의 전적인 순종은 의식의 보다 높은 차원으로의 이
동에 있어서 절대적으로 필요한 요구다. 數 7의 진실은 자아의 분리
감에 도전하고 최후에는 그것을 해소하는 것이다. 이런 상태는 종종
우울증으로 이해되기도 하는데 이는 지배적인 원칙에 앞서는 개성 혹
은 주체성의 구조가 소멸되어야만 하는 것을 의미하며, 이는 개인이
잃어버린 정체성의 불편한 단계를 뛰어넘음을 수반한다. 종종 개인은
내적으로 큰 공포와 혼돈을 경험한다.
　우리는 [그림 9-7]의 말기 유방암으로 치료를 받고 있는 47세 여성
의 모래놀이상자에서 이런 상태에 대한 묘사를 눈으로 확인할 수 있

[그림 9-6] 그림자에 직면하다

[그림 9-7] 나락으로 빠지다

다. 이것은 세 개의 모래상자 중 첫 번째 것으로 그녀는 죽음에 직면한 자신을 묘사했다. 상자를 만든 후 그녀는 이야기했다. "여기 제가 있어요. 사랑스런 작은 소녀. 착한 소녀죠(C3). 여기에는 반신반인인 가루다(garuda)가 있어요(D3). 당신은 인사를 하고 그가 원하는 것을 해야만 해요. 소녀는 행복할 수가 없어요. 당신은 신에게 가서 용서를 구해야만 하고 정말 열심히 일해야 해요. 자, 바로 일에 착수합시다. 우리는 가야만 해요. 오, 그곳은 매우 고달픈 곳이군요."

이 용기 있는 여성은 우리에게 그녀의 위험, 고립, 외로움 그리고 아마도 절망 등의 감정을 떠올려 묘사한 광야와 사막을 볼 수 있도록 허락했다. 실제로, 인간이 자신을 만나는 광야는 인간이나 사건에 의해서 현혹되지 않는다. 고독 속에서 무의식적으로 모르는 사이에 점령당하며, 인간의 모든 두려움이 생겨난다. 광야는 인간의 극한을 테스트한다. 만일 공포를 이겨낼 수 있다면, 인간은 자신의 힘과 진실을 경험하기 시작할 수 있는 곳에 있게 된다.


## 정화작용으로서의 數 7

종교적인 의식에서, 입문의식을 위한 준비로서 정화작용은 빈번하게 거론되는 주제 중 하나다([그림 9-8]). 입문은 우리에게 자신의 극단적인 요소를 해소시킴에 의해서 우리의 의식 상태를 바꾸도록 요구한다. 흐릿한 물을 깨끗이 하는 정화작용은, 물의 요소를 통해서 數 7과 연관이 된다. 입문의식이나 세례식에서는 물속에 자신을 빠트리는 것으로, 인간은 깨끗해지고 낡은 생각과 습관들을 해체시켜 새로운 패턴을 형성한다. 근본적이고 획일적인, 형체가 없는 액체로서의 물은 모든 창조의 가능성들을 구체화한다. 물은 물질이지만, 물질은 형태를 바꾸는 데 있어 자유롭다.

정화작용의 주제는 종종 신화나 동화 그리고 모래놀이에서도 볼 수 있다. 이난나의 신화에서, 왕이 흘린 눈물의 홍수는 이난나를 구하는 데 보낼 두 인물을 창조하는 것이 가능하도록 하였다. 백설 공주와 일곱 난쟁이의 동화에서, 백설 공주는 일곱 난쟁이의 집을 청소하고 정리한 후에야 난쟁이들은 공주를 구하러 올 수 있었고, 왕자는 공주에게 키스함으로써 그녀를 깨울 수 있었으며 그녀는 왕자가 자신의 아버지의 성으로 데리고 가 살 수 있었다. 성경에 나온 노아의 홍수 신화에서, 노아는 땅을 뒤덮을 물의 범람(정화)을 위해 7일간 준비하였고, 그리고 그의 비둘기가 물이 빠지고 있다는 증거를 가지고 되돌아오는 데에도 7일이 소요되었다. 노아의 방주에는 깨끗하다고 여겨지는 동물 암수 7쌍과 깨끗하지 않다고 여겨지는 동물 암수 2쌍이 타도록 허락되었다. 이런 요소는 후에 數 7의 원형과 결합되어 입문에 선행하는 정화작용의 주제가 되었다.

융 분석가인 헨더슨(Joseph Henderson)은 미국 인디언 사회의 비전 추구를 묘사한 것과 이런 개념의 예를 관련지어 생각했다. 아쿠마비 (Achumavi)의 의료진은 신참자에게 다음과 같이 말했다.

당신이 평범한 인디언이 아닌 대장부가 되고자 한다면, 음식과 여자, 권력획득 경쟁에서 자유로워져야 합니다. 당신의 생각을 확고히 하고 정화시키시오. 그리고 해가 질 때 호수의 분화구 위로 올라가 물에 빠질 준비를 하세요. 만일 당신이 수호자 영혼(tinibowi)를 찾기에 적합하다면 그것은 당신을 물 밖으로 끌어낼 것이고 다른 형제들과 같은 대접을 받게 될 것입니다. 그 노래 부르는 것을 배우고, 당신에게 행운과

행복을 가져다줄 것입니다… . 수호자의 영혼은 아마도 동물이나, 새,
곤충, 심지어는 식물일 수도 있지만, 그것이 무엇이든 간에, 그 힘은 신
비의 힘(wakonda, 와콘다) 혹은 초월의 힘(mana, 마나)을 가지고 있는
데 그것은 우주에 퍼지는 보이지 않는 힘의 부분입니다.[13]

　　[그림 9-3]의 '자주색 모래놀이상자'를 다시 보면, 우리는 정화작용
을 구하는 모래놀이의 예를 볼 수 있다. 모래놀이상자를 만든 여성은
미국 인디언의 전통에 깊은 영향을 받았다. 그녀는 사랑하는 아들의
아내인, 며느리에게 거부를 당한 경험이 있고, 모래상자 내에서 이런
문제를 전달하기 위해 용기와 지혜를 모으려는 시도를 했다. 자주색의
이미지에서, 우리는 검정 상자의 어둠 속에 있는 물로 뛰어들고자 하
는 주제를 볼 수 있다. 물의 정화작용과 다이빙의 주제는 정화를 하려
는, 그리고 자신의 그림자와 직면하려는 그녀의 무의식적인 시도다.

　　[그림 9-9]는 어머니가 약물을 복용한 대가로 감옥에 있는 동안 할
머니와 함께 생활해야 했던 까닭에, 새로 알게 된 지식과 타협해야 하
는 8세 소년의 3단계에 걸친 모래놀이의 과정을 보여 준다. 이 과정은
한 회기에서 모두 이루어졌는데 자신의 모든 강인한 전사를 익사시킴
으로써 자신도 압도적인 감정에 익사됨을 보여 준다. 이 소년은 한 회
기에서 세 단계의 과정을 거쳤다. 첫 번째로, 전사들을 선택하여 정렬
시켰고, 다음에는 상자에 물을 채우고 전사들을 '씻기고', 그리고 힘
든 여정을 준비했다. 그리고 마지막으로 그들을 머리부터 물속에 입
수시킨 다음 범람한 모래 위로 그들 모두를 묻었다. 이 소년은 이런
정화의식에 대해 매우 만족스러워했다. 그는 이것을 변화라고 설명하
며, "그들을 모두 묻었어요. 모든 나쁜 전사들을, 바다거북이가 그들
을 때려서 묻어버렸어요. 난 단지 그렇게 했을 뿐이고, 모래는 그들을

인간다운 삶으로 바꾸어 놓았어요. 그들에겐 잘 된 일이에요."라고
말했다.


## 귀환


　융 분석가인 클루거(Rivkah Kluger)는 길가메시에 대한 그녀의 저
서에서[14], 영웅 신화는 팽창되어 있는 영웅(자아)을 구하는 입문의 원
형에서 끝이 나는데, 그 이유는 그 신화가 기대이상의 성취를 촉구하
는 것의 정확한 대극을 표현하기 때문이라 지적했다. 입문 이후, 길가
메시는 새로운 지혜를 가지고 한계를 가진 근본적인 박애정신에 빠진
상태에서 현세로 귀환한다. 자아는 신을 닮고자 하는 욕망을 초월했
다. 비록 귀환에 대한 논의의 많은 부분이 數 8의 원형 부류에 속하지
만, 나는 이것을 여기에서 數 7의 완성으로 그리고 數 7과 8 사이를

[그림 9-8] 정화 의식

[그림 9-9] 정화와 변형의 3단계 과정

연결하는 사다리 혹은 현세로 돌아오는 여정으로 언급한다. "영혼은
여덟 번째의 단계, 진실, 영원에 도달하기 위해 이 사다리의 일곱 단
계를 올라간다. 의식적인 깨달음 안으로 들어오고 있는 자기는 특징
적으로 약간의 걱정을 수반한다." 에딩거는 이것을 "자기가 자신만의
조건을 통해 깨달음으로 가는 과정"이라 명명했다.[15]

## 요약

논의를 마치면서, 나는 [그림 9-10]에서 볼 수 있는 모래상자를 사용하려 하는데, 이것은 자신의 삶에서의 강력한 변화를 실감하는 39세 남성이 만든 것으로 數 7 원형의 많은 요소로 구성되어 있다. 이 그림에서 우리는 일곱 가지의 다양한 상징물을 상자 왼쪽에 순서 없이 배열한 것을 볼 수 있다. 요술쟁이, 그가 순결이라 부르는 천사, 난로, 바위, 그가 여음상이라 부르는, 희미한 여성상, 남자 마법사, 여자 마법사, 힌두교의 코끼리 신인 가네샤(Ganesha)를 놓았다. 중앙에는 통나무 '벽'을 세웠다. 오른쪽에는 무지개(C2-3, D2-3), 괴물(D1), '평화로운 휴식'의 묘비(D1), 그리고 춤추는 하와이 여인(D4)이 있다. 그의 작품은 7의 몇 가지 요소를 보여 주는데, 나는 이것을 그의 표현 속에서 설명한 다음 논의할 것이다. 그는 "이것은 느낌이 이상하네요. (1) 이 중앙의 통나무는 낯선 길에 있는 숲인데, 그 숲의 왼쪽은 정화시키고 변화시켜요. (2) 나는 내가 있는 곳(모래상자 왼편의 혼돈스런 부분)을 떠나 내가 가고자 하는 곳으로(상자의 오른편) 여행 중인데요.

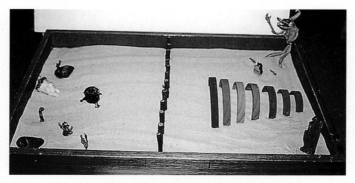

[그림 9-10] 모래놀이 사례에서의 7의 요소

(3) 나는 무지개 터널을 통과하고 있고, (4) 그 벽은 환상의 일종이지만, 나를 멈추게 하지는 않아요. (5) 오른쪽의 이 괴물과 묘비는 자아의 죽음에 대한 매개물입니다. (6) 상자의 앞에서 오른쪽은 이 여정에서 나를 보호해 주는 여성스런 측면이거나 혹은 여정의 끝에서 여성성으로 돌아오는 것입니다." 그는 가능성에 대해 이리저리 생각했다.

그의 해석을 들어보면, 사막과 같은 곳, 숲(1)은 동화와 부족의 전통에서 입문의 경험을 하기 위해 가는 장소다. 입문자는 변화를 위해 사막이나 나무숲으로 들어간다. 그의 모래상자에는 사막 같은 숲이 있다. (2) 7은 혼돈으로부터 탈출하여 보다 높고 완벽한 질서로 가는, 삶의 새로운 단계로 나아가는 입문과 밀접한 관계가 있다. 그는 혼돈에서 질서로의 이동과 중국의 신화에서 나오는 혼돈과 무의식이 종식되고 의식화되는 7일째에 대해 이야기했다. 앞에서 말했듯이, 무지개(3)는 알려진 것에서 미지의 것으로 가는 다리이고, 신뢰를 통해 작용하고 '나'(물질적인 자아)의 가공의 성질을 받아들이면서 삶의 환상(4)에 대해 이야기해야 한다. '나'는 지속적인 흐름 내에 존재하고 사건과의 관계 속에서만 존재한다. 모든 것은 유동적이고 고정된 경험이 아니다. 이것은 변화의 매개물로서 자아의 죽음(5)으로 이끌고, 죽음에 대한 두려움은 상자에서 잘 묘사되어 있다. 입문은 여성적인 입문이고, 남성에게는 아니마와 관련 있다(6).[16] 더구나 이 주제 이상으로 모래상자의 왼쪽 부분에는 일곱 가지의 상징물이 있고, 변화와 관련된 일곱 가지의 서로 다른 아이템이 있다.

이해를 돕자면, 數 7은 우리가 모든 문화와 종교에서 발견할 수 있는 입문의 매개물이다. 많은 종교적인 전통에는, 여정을 위한 일곱 부분으로 된 지침이 존재한다. 그리스도교에는 일곱 개의 죄와 덕이 있다. 불교에는 시간과 공간을 초월하기 위해 오르는 일곱 단계가 있다.

서양의 우주론에는 연금술적인 변화를 위한 일곱 단계의 사다리가 있고, 카발라에는 일곱 개의 가지가 있는 삶의 나무가 있다.

7로의 입문은 세속적인 삶으로부터 우리를 자유롭게 하고 이로 인해 우리에게 더 큰 자각과 하늘 영역의 가치를 이해할 수 있도록 한다. 그것은 우리의 중심부를 바꾸어 놓는다. 7을 통과하면 인간은 더 이상 6으로 가는 여정의 영웅이 아니고, 입문자다. 날개를 가지고만 있는 애벌레라기보다는 나비처럼 그 과정은 우리의 인식 방식을 변화시킨다. 이제 우리는 더 이상 자신과 세상에 대한 반영된 그림으로써가 아니라, 자신을 직접 볼 수 있게 된다. 그러한 그림을 표현하게 하는 바로 그 에너지에 의해 우리 자신을 보게 된다.

미 주

1. Mann, A.T., *Sared Architecture,* p. 115.
2. Mann, A.T., The Great Pyramid in Plan, *Sared Architecture,* p. 66.
3. Schneider, Michael, *A Beginner's Guide to Constructing the Universe,* p. 223.
4. Edinger, Edward, *Ego and Archetype*, p. 282.
5. 이 장에서는 나는 이난나(inanna) 신화에서 사용된 주기를 사용한다. 초대, 지하세계로의 여행, 순결화, 창시, 7 원형이라고 묘사한 앞 장의 첫머리에서 이야기한 해골과 같은 세계로 돌아오는 것을 말한다.
6. 미트라(Mithras)의 신비한 이야기에서 영혼은 일곱 행성에서 생겨나서 신성한 존재가 된다. 이러한 상승은 일곱 대문으로 상징적으로 표현되었다. 그런데 이 문을 통하여 숙련자가 통과할 때, 각 문에 옷 한 조각씩을 떨어뜨리는데, 이것은 각각 인성을 뿌리는 것을 상징한다. 이러한 의식은 고대 바빌로니아로 거슬러 올라가는데, 거기에서는 이슈타르(Ishtar)가 지하로 여행할 때, 각 일곱 대문에 옷 한 벌을 남겨야 했다. 미트라적인 신비한 이야기에서 성인들은 마지막에 가서 빛의 문이라고 하는 여덟 번째 문에 도착했다. 그리고 거기에서 그들은 발가벗고 서서 모든 물질적인 자질을 벗어버리고 정신적인 세계에서 재생하려고 한다. Schimmel, Annemarie, p. 143.
7. Ouspensky, P. D., pp. 121-122.
8. Schneider, Michael, op. cit., pp. 250-254.
9. Schneider, Michael, op. cit., pp. 250-254.
10. Woodman, Marion and Eleanor Dickson, *Dancing in the Flames,* pp. 179-180.
11. Walker, Barbara, *The Woman's Dictionary of Symbols and Sacred Objects,* p. 161. 그녀는 "여신에게 일곱 행성을 나타내는 일곱 가지 베일이

주어져서 천상의 신성함의 진실한 면모가 감추어졌다."라고 언급한다.

12. Edinger, Edward, *Archetype of the Apocalypse*, pp. 48-49.

13. Henderson, Joseph L., Images of initiation in *Journal of Sandplay Therapy,* p. 53.

14. Kluger, Rivkah Schaef, The Archetypal significance of Gilgamesh, p. 7.

15. Edinger, Edward, op. cit., pp. 57-58.

16. 이것은 성배의 전설을 생각나게 한다. 거기에서 갈라하드 경은 성배를 다시 찾기 위해서 곤궁에 빠진 일곱 처녀를 구해야 한다. 남성의 경우에 여행은 자주 신성함의 도달하기 위해서 여성을 구하는 것이다.

# 10  8의 원형: 4의 행운과 길조의 두 배

필로라우스(Philolaus)는 다음과 같이 이야기한다.
수학적으로 중요한 의미가 있는데
테트래드에 삼차원적인 감사를 하게 되고,
5의 속성으로는 질과 색상이 있고,
6에는 혼을 불어넣음이,
7에는 지능, 건강 그리고 빛이라고 하는 것이 있다.
그리고 그 다음 8에는 사랑, 우정, 지혜 그리고 창조적 사고가 다가온다.

－이암블리쿠스

상 징:

색 상: 황갈색, 갈색

원 소: 흙

분위기: 이중적인 여성성

물 체: 연꽃, 육지거북, 거미, 팔괘, 체스게임, 치아, 문어, 팔각형, 칼리(Kali, 시바신의 배우자), 악어, 달, 교회, 팔각형의 디자인, 왕실, 사자, 상어, 지팡이, 장미, 에델바이스 꽃, 기타 팔각의 문양, 성수용기, 장미꽃잎, 구사촛대, 빛나는 초, 헤라클레스, 바다거북, 카두케우스(caduceus, 제우스의 사자 헤르메스의 지팡이)

**긍정적 측면:** 개인적인 삶에서의 균형 잡힌 에너지, 물질적인 것뿐만이 아닌 상징적인 의미로 생활함으로써 개인적 현실을 재구성함. 정의, 문제를 다루는 마음과 관련된 지혜, 신뢰, 풍요, 명백함, 세속적, 영향력 있는, 세련된, 정직한

**부정적 측면:** 세상에서의 힘에 대한 과장된 견해. 힘과 돈, 성, 지배력 그리고 승인권의 부정적 측면과의 투쟁과 갈등. '자기' 인 것처럼 행하는 자아의 남발된 행위. 돈, 권력, 지배 그리고 승인 등의 문제에 몰두함

## 4의 두 배

옥태드(octad, 여덟 개 한 벌)라고 불리는 8의 원형은 앞의 數들에서 보아왔던 주제들과 함께 엮어져 있다. 첫째로 토양의 여성성은 두 개의 4, 혹은 두 개의 정사각형이다. 모든 數에서와 같이, 여기서도 전체성의 원리를 찾아볼 수 있으며 그것은 곧 정신의 전체성이다. 數 2에서도 보여 지듯이, 양극성과 순환성 개념도 찾아볼 수 있다. 2와 4는 이번엔 네 가지의 동등한 짝의 조화를 나타내는데, 그 네 가지란 몸과 마음, 여성성과 남성성, 내부와 외부 세계, 세속성과 신성성을 의미한다. 數 8과 연관된 기하학적 모양은 팔각형, 여덟 개 꼭짓점의 별, 그리고 두 개의 정사각형이다([그림 10-1] 참조). 그리고 그것들은 유대인들과 기독교인들에게 행운의 상징으로 여겨지곤 한다.

'팔각형' 은 산스크리트어 오-카타-스라(o-cata-srah)에서 유래하는데 4가 두 개 있다는 것을 의미한다. 접두사는 그리스어에서 오카

[그림 10-1] 두 개의 정사각형 또는 팔각의 별

[그림 10-2] 8과 모신(母神)을 상징하는 거미

[그림 10-3] 카일의 출현

타가 되고 라틴어에서는 옥토(octo)가 되었다. 8은 첫 실수의 세제곱
(2×2×2)으로 묘사되고, 또한 10 이내의 두 짝수의 유일한 곱으로도
묘사된다(두 가지 서로 다른 짝수들의 곱, 2×4).[1)2)] 고대인들이 8을 '정
의'라고 또 '짝수로 나누어지는 짝수'라고 부르는 것에는 6처럼 반을
나눌 때 통합이 이루어지지 못하고 홀수로 나누어지는 것과 달리, 통
일성 있게 계속 나누어진다는 특성이 있어 수학적으로 흥미롭다.

　이중 정사각형이 되는 과정에서, 남녀양성의 처녀인 7이 온전한 어
머니로 변형된다. 8의 의식과정에서의 과업은 남성/여성 의식의 중복
성을 초월하고, 진실과 연합하여 끊임없이 변화해 가는 세상에서 평
정을 찾는 것이다. 8단계에서의 진실성은 정신세계의 한 차원 높은 단
계인 정신적 이미지와 관념적인 사고들의 직접적 경험을 말한다. 8의
통합성을 나타내는 상징은 그리스 신화에 나오는 사자의 지팡이인
데,[3)] 이것은 정신세계와 물질세계를 나타내는 두 마리의 뱀이 서로 지
팡이에 엉켜 휘감겨 있는 것을 말한다. 의학의 상징으로 사용되는 이
이미지는 신체 에너지 변형에 대한 고대 연금술의 표현이기도 하다.
모래놀이치료에서 이 테마는 조화의 이미지를 나타낸다.


## 어머니의 양면성

　8의 기하학은 밝고 어두운 두 측면에 있어서의 어머니 여신의 원형
과 상징적으로 연관되어 있다. 연금술에서 어머니 여신은 연금술사의
영혼을 상징하는 지위 높은 성직자였다. 신화에서 어머니 여신은 생
활양식을 만드는 제조자로 보여지는데 이는 재봉과 수놓기 직공의 여
신 또는 8개의 다리를 가진 거미로 묘사된다([그림 10-2] 참조). 일례로

아메리칸 인디언의 신화에서는 할머니 거미는 물질적인 거미줄을 짜는 것으로 나타난다. 거미로서의 여신은 운명을 얽히고설키게 하는 어두운 면도 가지고 있다.

## 칼리(Kali)로서의 8

8이라는 숫자는 전체성이라는 면에서 어머니의 에너지 및 이중성의 수용이라는 새로운 관계를 형성한다. 힌두교의 여신 칼리는 위대한 어머니의 두 가지 양면성을 모두 체화하며 우드먼은 다음과 같이 생생하게 묘사한다.

> 칼리(Kali)의 얼굴은 일상적으로는 밝고 아름답고 열성적이다. 두개골은 갑자기 국화로 변하고 그리고는 다시 해골로 변한다. 그녀의 한쪽 면은 쾌활하고 황홀하며, 사랑스럽고, 무아지경으로 이끈다. 다른 한 면은 어둡고, 암흑적이고, 사자와 같고, 상어와 같으며 날카로운 이를 드러낸 듯하다. 힌두교도 사람들은 이러한 어머니의 두 가지 다른 측면을 보도록 종용되어 왔기 때문에 어머니에 대해서는 두려움과 환희를 동시에 주장한다. 그래서 많은 힌두교인들에게 칼리의 정서적인 정의는 '두려운 환희'가 될 것이고, 한 에너지의 순간에 두 가지 다른 감정을 경험하게 되는 것을 의미하기도 한다.[4]

7에서, 영웅은 입문자가 되고 전체성을 추구하기 위해 개인적인 열망을 포기하였다. 그는 이렇게 포기하면서 포용력을 가진 어머니 여신(8)을 만날 수 있다. 신화에서는, 길가메시가 기나긴 변화의 여행으로부터 어머니의 대지를 상징하는 우루크(Uruk) 시로 되돌아오고, 더 이상 야망에 의해 끌려 다니지 않고 그 도시를 자랑스럽게 바라보았다. 그는 모신(母神)을 전체로 여겼다. 그래서 이 시점에서는 대여신을 죽일 필요가 더 이상 없었고 오히려 그녀의 존재를 숭배했다.

[그림 10-3]의 모래상자는 남성들과의 관계에서 자신의 여성성의 존재에 대해 갈등하고 있는 40세 여성에 의해 만들어졌다. 모래상자에 대해 그녀는 "이것은 내가 지금 느끼는 것을 그대로 보여 주는데요. 저는 관계에 있어서 행복하지만 또한 어리석은 짓 역시 하고 싶지 않아요." 그러고 난 후 그녀는 카일을 가까이 들여다보다가 그 상을 손에 집어 들고 말했다. "이게 뭐지요? 어머, 이건 많은 의미를 가지고 있는 것 같네요. 이게 저의 꿈을 상기시켜 주네요." 작은 언덕을 만들면서 그녀는 이 꿈에 대해 이야기를 계속하였다. "나는 이런 여성, 대단한 여인, 그리고 남자처럼 강인한 이 여성을 만났어야 했어요. 나는 그녀의 매력, 힘, 재능 그리고 남성·여성성을 발견했어요. 그녀는 정말 화가 났어요. 나는 그녀를 진정시켰고요. 우리는 레슬링을 했어요. 그러고는 중단되었지요." 그 클라이언트는 칼리를 찬찬히 보더니 이야기한다. "오우, 얘는 목둘레에 해골을 두르고 있는 것 같아요. 전쟁의 용사 스타일로. 와, 발에는 핏자국도 있네요. 내가 좋아하는 건 그녀의 서 있는 자세예요. 강인해 보이는 그 자세요. 이건 정말 바로 내 꿈이랑 비슷하네요. 잊어버리지 못하겠어요."

우드만은 다음과 같이 말한다.

칼리는 무언가 세상 그 이상을 보는 자와 같은 모습으로 나타난다. 놀라게 하는 그녀의 총제적인 존재, 그리고 화장터에 있는 그녀의 거주지는 자아에 기반을 둔 세계의 중요성을 확실하게 조소한다.

영혼의 빛에 있는 지상의 변형에 있어서 어둠의 여신의 역할은 참으로 중대하다. 그녀의 존재는 단순히 인간관계들뿐만 아니라 지상의 모든 형태의 생명들과 인류와의 관계, 그리고 신에 대한 지상 그 자체와의 관계를 망라하는 전반적인 사회의 출현에 있어서 필수적이다.[5]

모래놀이 사례에서 나왔듯이, 이 여성이 그녀의 어머니와 관련된 전체성과 어머니 원형에 대해서 다루는 것은 앞의 설명과 정확하게 맞는다.

여신 안에 있는 변화에 대한 어두운 측면은 낙지, 문어와 같은 팔각류 동물로서 또한 묘사될 수 있다. 심리치료자 쿠닝햄(Joyce Camuyrano Cunningham)은 여덟 개 다리, 변화, 대극의 통합이라는 측면에서 8과 관련된 상징을 재미있게 기술한다.

문어는 에로스적 정신이 전체로서의 인격과 결합할 것을 요구하면서 의식을 변화시키고, 의식의 관능적인 시작을 구체화한다. 에로스는 어떤 면에서는 동물의 근본적인 특징을 지니고 있으며, 또 다른 면에서는 영혼의 최고 형태와도 연관성을 갖는다. 그러나 이것은 영혼과 육신이 정확하게 조화를 이룰 때만 번성한다. *이것의 이미지는 관계를 맺는 것이다.* 상징적으로 문어의 포옹은 부정적인 형태로 나타날 수 있는데, 이것은 자아의 잠재적인 파멸을 의미하기도 한다. 그러나 문어와 관련된 상징은 보다 발전된 내·외부와의 연결 가능성, 에로스와의 연결 가능성을 보여 주기도 한다. 문어는 성적인 결합을 상징할 수 있다. 에로스의 상징으로서의 문어는 궁극적으로 대극의 통일을 의미하며, 새로운 가능성의 창출과 관련됨을 보여 준다.[6]

[그림 10-4a-b] 문어-에로스, 변형

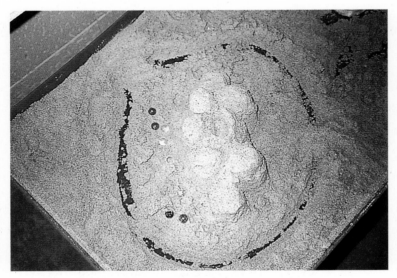

[그림 10-5] 8개의 작은 언덕-풍부한 모성

## 아르테미스로서의 8

풍부함과 관대함은 종종 여성성과 연결이 되는 개념으로 사용되곤
한다. 역사적으로 동서고금을 막론하고, 8은 정사면체의 수학적 개념
과 기하학과의 연관성으로 인하여 번성, 풍요, 왕실, 무한성 등 힘과
관련된 많은 의미들을 지니고 있다. 양육은 풍요로움과 數 8의 수학
적인 특성과 관련이 있는데, 8은 1부터 10까지의 數 중 가장 많은 약
수를 갖고 있기에(1, 2, 4로 나눔), '뒤섞인' 상태에 있는 것으로 보인
다. 우리는 이러한 예를 일본에서 볼 수 있는데, 일본에서는 8을 기본
적으로 헤아릴 수 없고, 풍요롭고 혹은 다양한 數로 인식되고 있다.

8에서 보여지는 신성의 자애롭고 보호적인 측면은 아르테미스 여

[그림 10-6] 아르테미스 여신-모든 창조물들의 어머니

신에서 드러나는데(로마에서는 다이애나)([그림 10-6] 참조), 그녀는 달의 여신이며 창조물들의 어머니다. 이 여신은 모든 생명체들을 양육하는 이미지를 보이며, 여러 개의 가슴들로 가득 채워진 몸통(토르소)을 가지고 있다. 양육자로서 어머니에 대한 8과의 연관성은 또한 많은 폴리네시안 섬들, 즉 8이 이러한 공간적 의미를 내포하는 지역들에서 역시 찾아볼 수 있다.[7]

[그림 10-5]에서, 우리는 아동기에 폭행으로 인해, 그리고 성인이 되어서는 남편의 갑작스런 죽음으로 인해 보호받지 못하고 있다고 느끼는 한 여성이 만든 여덟 개의 언덕이 있는 모래상자를 볼 수 있다. 이것은 그녀의 첫 번째 모래상자였다. 그녀는 여덟 개의 언덕들이 있는 성을 만들면서 "나는 항상 성을 가지기를 원했어요."라고 말했다. 그녀는 모래상자 안에서 양육받고 싶어 했으며, 이것은 양육하는 어머니로서의 의미인 여덟 개의 언덕으로 표현되었다. 이는 그녀가 바라던 위안과 풍부함을 뜻하는 어머니의 원형이다.

아르테미스와 달과의 연관성을 고려해 보았을 때, 우리는 다시 8의 원형을 찾을 수 있다. 여러 가지를 고려하건대, 달의 8단계 주기나 달의 변형 단계를 팔각형이 상징하고 있음을 알 수 있다([그림 10-7] 참조). 그리스도교의 세례용기와 분수대의 형태에서 종종 팔각형을 볼 수 있고([그림 10-8] 참조), 물로 세례를 주는 의식들은 8, 그리고 조수와 달과의 연관성을 의미하기도 한다. 한 침례교 신자가 말하기를 "4는 육신을, 3은 영혼을, 1은 신성을 의미한다." (4+3+1=8).

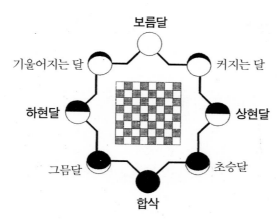

[그림 10-7] 달의 변화과정에 있어서의 8의 의미

## 영혼의 복귀와 물질에서의 해방이라는 의미의 8

종교적으로 8은 입문자들의 목적을 의미한다. 이전 장에서 본 것과 같이, 사람은 천국의 여덟 번째 단계에 모두 도달하기 위하여 일곱 개의 속세의 단계들을 올라야만 한다. 따라서 8이라는 의미는 다시 회복된 천국이요, 다시 태어난 인간의 상징을 말한다. 8은 영혼에의 도달, 그리고 신성한 자기(self)의 도움으로 살고자 위탁하는 등 여러 가지 다른 다양한 전통 속에서 사용된다.

현 세상에서 신에 대한 의탁을 보이고, 신에게 봉사하는 삶을 준비하는 종교적 의식은 종종 8과의 연결성을 갖는 것 같다. 유대인의 전통에서는 하느님과의 약속인 할례가 그것인데, 이것은 태어난 지 여드레 되는 날 행해진다. 예수는 수난이 시작된 지 8일째에 부활하였다. 주목할 만한 것은, 8의 에너지가 모래놀이 상에서 아홉 개의 촛대

[그림 10-8] 그리스도교의 세례식 분수대 (어머니 여신과의 유대를 나타내는 상징)

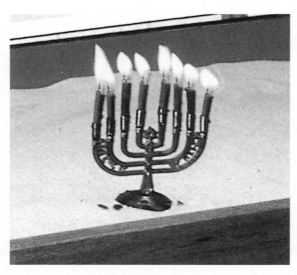

[그림 10-9] 영혼의 빛을 나타내는 8

그리고 여덟 개의 촛대(유대교의 차누크하[Chanukha]에서 사용됨. 어둠의 세력들에 대한 기적과 같은 승리를 기념하기 위해 여덟 개의 초를 켜는 8일간의 기념일)를 가진 하누키아(Hanukiah)에서도 발견된다는 것이다. 8의 에너지는 인간적인 한계 그 이상으로 끌어올려주는 역할을 한다. 이는 우리의 삶에서 영원불멸의 빛을 자아낸다.

　數 8은 다른 문화에서도 힘과 기적을 나타내는 상징으로 사용된다. 예를 들면, 헤라클레스는 자신의 무력함에 대한 인간 영혼의 승리라는 상징이 되었다. 흥미롭게도, 헤라클레스는 처녀(7은 처녀를 의미함)의 몸에서 태어나 '8번째의 기적'이라고 불린다. 입문자의 여덟 번째 단계는 영적인 상승과 관련이 있으며, 또한 공동체와 함께 있으면서 생기는 세상적인 문제에 관여하는 것과도 관련이 된다. 역사적으로나 신화적으로, 8은 세상에서의 신성한 형태(교회)와 관련이 있고 또한 왕실과도 관련이 있는데, 이들은 종교적인 일들에서의 특별한 중요성을 가진 신을 대표하는 지명된 사람들이었다. 그러므로 8은 개인적인 삶에 나타나는 외현화된 보편적인 영혼이라고 할 수 있다.

　[그림 10-9]의 모래상자는 신체학대로 인한 부모의 이혼을 다루는 6세 여아가 만든 것이다. 이 아동의 매일은 말 그대로 암흑이었기 때문에 아동은 안전하다고 느껴지는 곳으로 가는 것을 선택했다. 바로 영혼의 빛을 골랐다. 나는 촛대나 불빛에서 종종 어린 아이나 성인들이 어두움으로 일관된 자신들의 삶에서 구원받고 싶어 하는 내면의 정신적인 빛을 갈망하는 모습을 발견하곤 한다.

　영혼과의 관련성은 바로 數 8이 무한성을 암시한다는 점에서 나타난다. 옆으로 누운 數 8은 무한대를 표시하는 기호라는 점에서도 이 무한성과의 관련성을 보여 준다.

음악에서, 각각의 여덟 개의 음은 나선형으로 반복되면서 무한대로 높이 확장되고 되돌아오는 것 모두가 가능하다. DNA 역시 나선형의 형태, 즉 이중의 나선형 형태를 지니며, 인간은 64개의(8×8) 유전 염색체를 가지고 있다. 물리학에서 우리는 주기표상에서 원소들이 여덟 가지의 주요한 군으로 분류된다는 것을 알고 있다. 이것은 여덟 개의 원자를 가진 외피 조직의 획득이 완벽한 조합이며 또한 다른 일련의 순환의 시작이라는 것이다.[8] 이와 마찬가지로 분열 기하학은 물질이 무한대 계속되는 반복성의 연속으로 분열된다는 것을 보여 주고 있다.

영혼과 8과의 연관성은 건축, 조망, 흙 등에 적용되며 이는 조화라는 인간적인 개념도 있음을 찾아볼 수 있다. 건축에서는 팔각형으로 기본 토대(땅)를 만들고, 그 위에 둥근 지붕을 올려놓는(원형, 천상, [그림 10-11]) 공통된 형태를 볼 수 있다. 팔각형은 사각형과 원, 인간과 신성, 육체와 영혼, 완전과 불완전 사이의 상징적 관계를 의미한다.

중국의 풍수(feng shui, 흙점의 형태)를 통해서는, 속세의 에너지들과 관련한 도시, 사찰, 집, 묘지들에 대한 조화로운 배치와 배열을 창출하기 위해 고대인들이 시도했음을 알 수 있다. 풍수는 사회와 환경의 선(善)을 위해 섬세하고 창조적인 흙의 에너지로 일하고자 여덟 가지 방향(네 가지 기본방향과 그들의 접점들)에 상응하는 여덟 개의 세포로 이루어진 체계를 이용한다. 이것은 또한 에너지들을 조화롭게 하기 위한 팔각형의 거울을 사용하기도 한다. 고대의 중국인들은 자연에서 기(생명 에너지)의 흐름을 관찰하고, 이러한 조건들과 인간의 조화로움을 추구하는 과정에서 풍수를 발견하였다. 이러한 과학은 최근 들어 우리의 삶들을 더욱 의미 있게 하고 영혼과의 연결성을 추구하면서 더욱 우리의 관심거리로 여겨지고 있다. 상징적으로, 우리는 이러한 열망을 여덟 장의 꽃잎을 가진 연꽃에서도 볼 수가 있다. 행운과

미를 상징하는 연꽃은 세상에 있는 생물들의 거름으로부터 영혼의 꽃
으로 승화하게 된다.

數 8의 단계에서 효과적인 심리적 작업은 영적인 활동과 분리할 수
가 없다. 존재하고, 우리의 경험들과 깊숙이 접촉하며, 그 내용에 대
하여 의구심을 갖는 능력을 개발시킴으로써 우리는 현실을 점점 더
생명 에너지인 기로서 보기 시작할 수 있다. 점차적으로 이러한 것은
우리를 우리의 궁극적인 본성과 모든 사물의 본성과 더욱 접촉하게
해 준다.


## 개인적인 현실의 재구성

개인의 변화과정에 있어서 나타나는 8의 존재는 개인의 현실을 새
로운 존재 방식으로 재구성하는 전조이며, 자기(self)와의 관계에서
형성되는 중심(핵심적인 마음)을 창조한다. 8의 인식은 권력, 돈, 성과
같은 강력한 힘의 영역에 있는 세속적 삶에 영향을 미치는 세속적, 모
험적, 그리고 강력한 힘의 내적 변화를 말한다. 심리학적으로 그 과정
은 본능적 혹은 자기중심적인 힘으로부터 멀어지고, 상식적으로 무엇
이 옳은가에 대해 집중함으로 시공간의 한계를 뛰어 넘어 다시 시작
하는 것이다.

이러한 재구성의 과정에서, 사람들은 정신적인 법칙을 실제적인 삶
과 맞추면서 내·외적 역동들을 조화시키기 위한 능력을 개발한다.
따라서 8이라는 數는 개인 자신의 해방을 위한 여정이고, 이것은 종
종 가치들의 엄격한 의식화를 통해서 이루어진다. 모래놀이치료에서
우리는 종종 이러한 재구성의 시도가 만다라의 형태로 나타나는 것을

볼 수 있다.

> 우주의 만다라는 세계의 상징적인 복사판이며, 패턴의 본질은 그대
> 로 두고 축소된 세상의 기하학적인 투사다. 기하학에서 세상은 중심을
> 향해 함께 작용하는 영적 또는 심리학적 바퀴의 여러 살과 같이 기능한
> 다. 연장과 확대로 인하여 그것은 우주의 중심을 대표하는데 이는 만다
> 라, 즉 중심이 되는 것이 세계의 중심축 혹은 우주의 중심과 연결되어
> 져 있기 때문이다. 따라서 만다라의 축은 위의 힘과 아래의 인간성을
> 연결하는 의사소통의 통로와도 같다. 만다라는 또한 중개라는 점에 있
> 어서 세계와 우주가 하나가 되게 하는 과정을 돕기 위한 역할도 하는
> 데, 그 중개자는 중심과 동일시되며 복잡함의 과정으로 인하여 그 자신
> 을 변형시키기도 한다.[9]

[그림 10-10]은 자신의 신앙과 도덕적 신념에 거스르는 것을 감수
하면서 알코올 중독 남편과 이혼을 감행하려고 결정한 46세 여성의
사례다. 그녀는 자신의 세계관을 재조정하고 자신이 겪은 경험의 의
미를 이해하려고 애쓰고 있었다. 그녀는 모래놀이상자를 여덟 개로
나눈 만다라로 만들었는데, 그 안에는 역시 여러 개의 팔각형을 포함
하였다. 그녀는 "제 친구가 만다라 책을 한 권 줬는데요, 그 책은 저를
편안하게 만들어 준다고 했어요. 제가 만든 것이 바로 만다라의 일종
인 것 같아요. 저는 자신에게 내가 하는 모든 것이 정확해야 하느냐고
묻곤 해요. 저는 조금씩 자신감을 느끼기 시작했지만, 여전히 이혼은
가장 큰 죄라고 생각하고는 있어요."라고 말했다.

이 여인은 자신이 옳다고 느끼는 것과 이혼이 주는 고통과 이로움
사이에서 생기는 상반된 감정으로 인해 방황하고 있었다. 그녀는 치
료기간 내내 자신의 내적 안내자, 그리고 그녀의 성장과 믿음의 기반

[그림 10-10] 8단계에 나타난 만다라 형상

[그림 10-11] 8원형의 건축

이 되었던 종교적 구조 사이에서 조화를 찾으려고 하였다. 그녀는 동등한 중요성을 지닌 양립 불가능한 두 가지의 가치, 즉 사랑이 없는 결혼생활 대 평생 믿고 따라온 신앙적 가르침, 또 거짓이 아닌 진실된 삶 대 자신의 말에 일치하는 삶에 직면하게 되었다. 권고받기도 하고 냉혹하게 심사받기도 하는 등 끊임없이 내적인 시련에 휘말리고 있었던 것이다. 두 가지 모두 내적 만족과 상처라는 양 극단의 불균형 상태를 자아낸다. 數 7과 8의 의미에서 보면, 그녀는 일곱 가지의 죄악(나태, 화, 정욕, 탐닉, 자만, 탐욕, 시기, 절망)의 함정을 피하려는 단순한 개념보다는 현 세상에서의 어려운 문제들을 표현하면서 올바른 신앙적인 삶과도 균형을 맞춰, '올바른 삶' (8)의 원칙에 따르는 삶을 구성하고 싶은 바람으로 몸부림 치고 있었다. 융은 이러한 갈등은 더 높은 책임감을 전제한다고 하였고, 그래서 그것이 대극과의 내적인 대면을 통해 의식의 발전을 도모한다고 보았다.[10] 8의 에너지는 어떠한 타협도 허락하지 않는다. 이것은 극단적인 양극성의 태도를 말한다. 영예 또는 하락, 현세적 엄격함 또는 지속된 창조성이 그 예다. 변화의 여덟 단계는 내적 자원의 발달과 우리 존재의 기반을 평정하는 것이 필요하다. 클라이언트가 앞에서 언급했던 자신의 변화과정이 풍수를 다루는 책을 통해서 이해하게 되었음을 지적하는 것은 흥미롭다. 그녀는 그 책을 상담시간에 가져왔고 그러한 원칙에 의한 삶의 재구성이 그녀에게 커다란 위안과 만족감을 주었다고 말했다.

## 신의 계획에의 참여

위에서 살펴보았듯이, 7은 영혼과 하나가 되고자 하는 입문자의 지하세계(underworld)로의 여정이다. 8은 새로운 탄생이며 세속적인 모든 세상사에 영혼을 고쳐시켜 주는 세계로의 귀환이다. 다시 말해서 7의 단계에서 사람은 변화를 경험하기 위하여 현실 자원으로의 탐색을 떠나는 것이나 마찬가지인 것이다. 8에 이르러서 인간은 신의 계획에 따라 우주의 창조에 참여하게 되는 물리적인 세계로 되돌아오는데, 이는 모든 것들이 의식화되고 어둠의 세계가 환하게 되는 것을 동반한다. [그림 10-12]에서 우리는 다시 태어난 영혼의 상징인 그리스 신화에 나오는 머큐리를 보게 된다. 머큐리는 자아와 분리로부터 자유로워진 힘들이 인간 전체를 통해 자유롭게 움직여서 만들어진 이상적인 인간의 육체에 대해 승리하였다는 상징으로 지팡이를 들고 있다.[11) 12)]

[그림 10-12] 8의 상징을 들고 세상으로 복귀함

[그림 10-13] 동정의 호흡

[그림 10-14] 팔괘의 8개 3선형 (eight trigrams)

신화, 전설 그리고 종교적인 상징성에서 8단계로의 도약은 전통적으로 영혼의 상승과 관련이 되어 있고, 입문자가 보편적인 영혼과 통합할 때 그 구출이나 구원을 의미한다. 길가메시 신화에서 보면, 지도자는 영생을 위한 불로장생을 찾아 헤매는 여정을 떠난다. 비록 그는 목표한 바는 이루지 못했지만 영웅으로 칭함을 받게 되는 두 가지 공적을 이루게 된다. 그는 여행 중에 얻은 지혜를 사람들에게 전해 주었고, 또한 변화된 인간으로서 그 자신이 경험한 것을 다른 사람들과 함께 나누기도 한 것이었다. 지하세계(underworld)로의 여행을 통하여 길가메시는 지혜롭고 자애로운 왕이 되는 법을 배웠는데, 그는 백성들을 항상 우선시하며 더 이상 욕심 많은 독재자 왕이 되지 않는 것을 깨달은 것이다.

　이러한 개념이 결국 모든 에너지는 서로 연결되며, 사실상 에너지의 연속이 있을 뿐 이중성은 없다는 결론을 갖게 한다. 이것이 8 원형의 세계관이다. 8은 우리의 개인적 삶, 정치적인 삶 그리고 일반적인 세계에까지도 정신적인 동요를 일으키는데, 이것은 모든 세상사의 측면에 침투한다. 우리를 둘러싼 세계에서 발견되기를 기다리는 보편적인 원칙들의 긴밀한 상호작용으로 주의가 집중되는 경향이 있다. 그러므로 우리는 달마라고 불리는 '올바른 삶'과 8이 관련성이 있음을 알게 된다. 이러한 개념은 티베트 불교에서 깨달음을 위한 여덟 겹의 경로를 나타내는 달마의 바퀴에서뿐 아니라, 역시 풍요를 상징하는 팔백만의 신들이 조화로운 공존의 길을 모색해야 한다는 일본의 창조신화에서도 보여지고 있다.

　8의 가치는 팔괘(변화의 책)의 특성이기도 하다. 고대 중국 예언서는 '월등한 인간'이 우주의 보편적인 역동들과 조화를 이루도록 도와주는 것을 의미했다. 전설적인 중국의 왕인 복희(Fu Xi)는 황하에서 나온 거북이의 등껍질을 관찰함으로써 얻어진 직관을 통해 B.C. 3백만 년에 팔괘를 고안하였다고 한다. 여덟 개의 표시는 소우주의 절대적인 에너지를 의미하며, 그것들은 여덟 개의 삼선형(eight trigrams)으로 구성되었다([그림 10-14] 참조). 이들은 하늘, 흙, 불, 물, 산, 강, 바람, 천둥이다. 이러한 삼선형의 64개(8×8)의 조합은 우주의 역동과 변형적 속성을 보여 주며, 또한 모든 자연적, 인간적인 세상사를 설명하기 위한 기반이 된다.

　數 8은 이슬람 예술에서도 역시 중요한 역할을 한다. 이는 이것이 여덟 개 꼭짓점의 별과 '동정의 호흡(Breath of Compassionate)'이라고 불리는 축소된 팔각형의 기하학적 패턴에 사용되기 때문이다. 기하학적인 상징성뿐만이 아니라 이것은 생성, 보호, 창조의 파괴 등의 끊임없는 순환을 초래하는 신의 호흡을 통하여 상호작용하는 우주론의 양극성을 상징한다. 이슬람 건축가들은 數, 선, 모형, 색상의 통합이 표현을 수단으로 해서 영혼을 일깨운다고 믿고 있다. [그림 10-13]에서는 이슬람 건축에서의 전통적인 팔면 패턴을 보여 주고 있는데, 이는 보는 사람들이 무의식적으로 확대되고 축소되는 역동을 갖도록 영향을 주며 시각적으로 빛과 어두움 그리고 안 밖의 팔각형 디자인과 함께 어우러지는 것을 유도하기도 한다.

　이는 또한 우리가 이슬람 세계를 갈색 계열과 8과의 연관성으로 이해하는 데서 오기도 한다. 나무껍질 색과 갈색은 상대편 출현의 시각적인 명시화, 지상세계에서 빛과 어두움의 두 극단의 통합으로써 보여지기도 한다. 그러한 이유로 우리는 종종 이러한 이슬람 건축에서의 색들이 지상의 평면에서 조화와 영혼의 일깨움을 지지해 주는 것을 발견하기도 한다([그림 10-15] 참조).

[그림 10-15] 數 8을 나타내는 나무껍질 색과 갈색

## 요약

數 8에서, 이중성은 한 가지 사실의 두 가지 면으로 변형된다. 대립은 조화로, 그리고 상징적이고 보편적인 한 면과 물질적이고 실생활적인 다른 한 면의 균형잡힌 방법으로 변형된다. 더 이상 이론적으로 멀리 떨어진 목적으로서가 아닌 8은 일상에서의 조화로운 올바른 삶, 시장에서의 중개역할을 충실히 감당하는 것을 명시한다. 이것은 영적인 생명체의 일정하고, 무한하고, 확대되고, 축소되는 호흡을 말하기도 하는데, 이는 자아가 자기(self)의 도움 안에서 작용할 때다. [그림 2-5]를 되짚어 볼 때, 우리는 8의 여러 면을 볼 수 있고 이제 겉으로 보기에 서로 관계없어 보이는 모든 사물들이 서로 어떻게 긴밀하고 심오하게 8의 의식 안에서 엮여 있는지 이해하게 되었다.

미 주

1. 4는 오로지 두 부분이 하나로 되게 하면서, 홀수-짝수 그리고 짝수-짝수의 성격을 결합한 것으로 보인다. 2가 짝수-홀수라면, 4는 홀수-짝수 그리고 짝수-짝수이다. 저자는 아마도 니코마쿠스(Nicomachus)일 텐데, 2가 4의 주요한 요소라는 것을 강조하기 위하여 두 부분이 하나가 되는 것을 언급한다. 그러나 사실상 4는 보통 표준적인 짝수-짝수의 數다. Iamblichus, *The theology of Arithmetic*, p. 101.

2. 8이 결합되는 방식은 아름답고, 균형이 있다. 첫째, 10 안에서 생성하는 數 또는 생성되는 數가 아닌 오로지 두 數로부터 만들어진다(1과 7). 그것은 한편으로는 잠재적으로 짝수-홀수, 다른 한편으로는 실제적으로, 2와 6으로부터 이루어진다. 그것은 맨 처음 두 홀수로부터 만들어진다. 즉, 3과 5, 이것은 세제곱의 기본적인 결합이다. Iamblichus, *The theology of Arithmetic*, p. 101.

3. 카두세우스(헤르메스의 지팡이)는 구데아의 헌주배에서 묘사되어 있다. 구데아의 헌주배는 수메리안의 공예품으로 B.C. 2000년 전에 만들어졌다. 그리고 B.C. 1300년경 세티1세의 사원의 벽화에는 토우트(몸은 사람이고 머리는 이비스인 이집트의 신)가 초기 이집트의 카드세우스를 들고 있다. 불사의 프랑스 연금술사인 니콜라스 플라멜에 의하면, 카두세우스의 두 마리 뱀은 각기 다른 뱀의 꼬리를 물고, 원형의 형태로 고대 이집트인들은 그 뱀이나 용을 그렸다. 그래서 그들은 한 곳에서 발생한 것이라는 것을 가르치고 있었다. 신화에서 카드세우스는 트레시야스에 의해서 발견되었는데, 그는 장님이었고, 오이디푸스 왕을 상담하였다. 어느 날 그는 히랍의 킬레네 산을 하이킹하고 있었는데, 길가에서 교접하고 있는 뱀 두 마리를 발견했다. 그 뱀들을 떼어놓기 위해서 그는 그들 사이를 그의 지팡이로 때렸다. 그때부터 7년간 갑자기 트레시야스는 여자로 변했다. 그 후 그는 다시 교접하고 있는 두 마리 뱀을 발견하고, 다시 그의 행동을 반복했다. 그 순간 트레시야스는 다시 사람으로 복원되었다. 후에 제우스와 헤라는 누가 성생활에서 더욱 많은 쾌락을 즐겼는지 논

쟁을 하였다. 그래서 트레시아스에게 상담하기로 했다. 트레시아스는 여자가 더욱 재미를 느낀다는 제우스 의견에 동의했다. 그러자 헤라는 화가 나서 트레시아스를 장님으로 만들었다. 그러나 제우스는 그에게 감사의 표시로 예언의 재능을 주었다. 켈레네 산 동굴입구를 표시하고 있는 우뚝 솟은 남근상은 헤르메스의 출생지라고 하였다. 그리고 거기에서 두 마리 뱀이 꼬여 있는 트레시아스의 지팡이가 헤르메스에게 주어졌다. 다행스럽게도 현명한 헤르메스는 지팡이의 극을 바꾸는 힘을 사용할 수 있었고, 그리고 앙숙인 신들의 문제에 답변할 수 있었다. From Hauck, *The Emerald Tablet,* pp. 310-311.

4. Biy, Robert, and Marion Woodman, *The Maiden King,* p. 57.

5. Woodman, Marion, and Eleanor Dickson, *Dancing in the Flames,* p. 227.

6. Camuyrano Cunningham, Joyce, "Eros: The Way of the Octopus," *Journal of Sandplay Therapy, vol. 7,* No. 1, 1998, pp. 129-132.

7. 타히티에서는 여덟 가지 신비한 상징을 과거의 지난 여덟 왕들에게 수여함으로써 추서하였다. 보라바라 바바우(Borabara Vavau)는 여덟 구역으로 나누어져 있다. 아이모오(Mo' orea)는 여덟 개의 팔이 달린 오징어다. 하와이의 마우이 섬은 마우이신의 이름을 따서 지어졌는데, 마우이는 머리가 여덟 개라고 알려져 있다. 통과에서는 여덟 개의 머리가 달린 알라이 알루신은 병을 치료한다. 롤로마-토켈라우(Lolo-ma-tokelau' s) 구역은 여덟 개의 가로대를 가진 울타리로 되어 있다.

8. 과학자들은 "원자의 세계의 형상은 어떤 물체가 아니고, 양전자 또는 핵 또는 양성자나 중성자를 둘러싸고 있는 음전자의 구름이 소용돌이 치고 있는 에너지의 풀이다."라고 이론화하고 있다. 원자의 속성이 8회 주기로 되어 있는 이유는 같은 주기의 원자의 최외곽의 전자의 수는 같다. 원자는 최외곽에 있는 전자의 수가 여덟 개가 되도록 다른 것과 결합하려고 한다. 그래서 그들의 궤도가 꽉 차서 안정되도록 한다. 그 최외곽이 가득차면 새로운 행 또는 주기가 한 개의 전자에서 다시 시작한다. Quoted from Schneider, *A Beginner' s Guide to Constructing the Universe,* p. 279.

9. Mann, A. T., *Sacred Architecture,* p. 98.

10. Edinger, Edward, *Archetype of the Apocalypse,* pp. 159-160.

11. Hauck, Dennis William, *The Emerald Tablet,* p. 122.

12. Ibid., p. 319.

# 11

## 9의 원형: 마지막 신성한 數

가장 활동적인 창조자들은
자신의 삶 자체를 매개물로 활용하는
예술가들이라고 생각한다.
그들은 기타, 솔, 망치, 진흙 없이도 표현하기 어려운 것을 표현하는 자들이다.
예술가들은 그림을 그리거나 조각하지 않는다.
그들의 매개물은 존재 그 자체다.
그들의 존재와 접촉되는 것은 어떤 것이든 점점 활기를 띠게 된다.
그들은 보기는 하지만 그림을 그릴 필요는 없다.
그들은 살아 있는 예술가들이다.

−작자 불명

상 징:

색　상: 검정색(모든 색채를 흡수하는 색)

원　소: 불

분위기: 남성과 여성(남녀 양성)

물　체: 공작, 화산, 뼈, 뱀, 우로보로스, 진주, 은둔자, 무덤 봉우리, 불사조, 흑인 성모 마리아, 사넥스(sanex), 여자 노파

긍정적인 측면 : 지혜, 성실성, 이탈, 겸손, '사라짐', 본보기가 됨, 독립, 연민, 무조건적인 수용

부정적인 측면: 비활동성, 무력증, 폭발적인 감정, 모르는 것과의 투쟁, 애착, 많은 상실감과 고통

## 마지막 數 및 전체적인 아홉 면을 상징하는 9

數 9의 원형은 기하학적으로 세 차원의 구를 이어 주는 여섯 개의 반원의 호와 세 개의 원으로 형성되어 있는 구면체를 나타낸다([그림 11-1] 참조). 그러므로 이는 기하학적으로든 수학적으로든 3인조로 되어 있으며(9 = 3 × 3), 거룩한 3인조의 원칙을 최대한으로 표현한다. 구면체가 의미하는 것은, 9의 원칙은 다른 모든 것을 포함한다는 것이다. 구면체는 기하학적으로 원(1, 최초의 통일 original unity)에 가장 가까운 도형이며 완전, 균형, 질서를 나타낸다. 그래서 9는 절대적으로 신성한 완전성 및 존재의 전체성을 상징한다는 말이 나오게 되었다.

9는 한 자리 아라비아 數 중에서 가장 큰 數이며 일곱 개의 피타고라스 數(3에서 9까지) 중 마지막 數다. 그래서 고대인들은 9를 '마지막 점' 혹은 '완성 점'이라고 생각했다. 다른 모든 한 자리 아라비아 數는 9 안에 있다. 유추해 볼 때 9의 의식 상태는 개인이 가장 완전한 깨달음 혹은 인생의 마지막 단계를 체험할 때의 상태다.

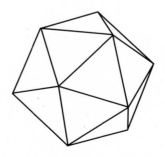

[그림 11-1] 구면체, 9원형의 기하학적 표상

　마지막 아라비아 數 9의 신비적인 의미는 여정의 마지막 단계와 관계가 있다. 예수는 9시에 사망하였고 죽은 다음에도 아홉 번이나 제자들에게 나타났다. 야구는 9회까지 하게 되어 있으며 '9회 말'은 팀이 승리할 수 있는 마지막 기회다. '9야드를 끝까지 가다.'는 표현은 어떤 계획에 자신을 투신한다는 의미다.

## 죽음

　앞에서 언급한 것처럼 9는 마지막, 그리고 죽음과 관계된다. 전통적으로 죽음은 우리가 온 곳으로 다시 돌아가는 것이라고 하는 것처럼 죽음은 또 하나의 완성 혹은 여정의 끝이다. 인생여정에 지친 많은 사람들이 죽음을 갈망한다는 것은 마지막 평화와 화합을 갈망하는 것을 의미한다. 모든 끝이 그러하듯이 9는 치료과정에서 슬픔, 상실, 죽음의 이미지를 준다. 때때로 9는 인생여정에서 과도기의 시기가 끝날 때, 혹은 치료의 종결 시기에, 혹은 상실감을 다루게 될 때 모래놀이치료에 나타난다. [그림 11-2]와 [그림 11-3]은 이러한 예를 보여 준다. [그림 11-2]의 상자는 일의 과도기에 있는 48세 남성이 만든 것이고, [그림 11-3]은 35세 여성의 마지막 작품이다.

　이 남성은 임종을 맞이하고 있는 아버지에 대해 걱정하고 있었다. 그는 명상의 장소로 가기까지 아홉 계단이 있는 티칼(Tikal, 역주: 과테말라의 마야 유적지)의 피라미드 신전과 매우 비슷한 피라미드 신전을 만들었다. 울부짖는 늑대(B-C 2)와 소리를 지르는 인물상(D3) 속에서 상실이라는 주제가 보인다. 슬픔에 잠겨 묵상하는 사람(B3)은 그의 마음의 상태를 나타낸다. 그의 마음(원숭이)은 쓸모없고 옆으로 던져

[그림 11-2] 상실을 상징하는 9(1)

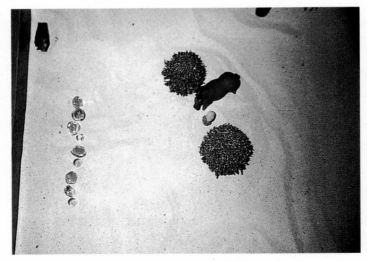

[그림 11-3] 상실을 상징하는 9(2)

져 있는 것과 같다.

[그림 11-3]에 나타난 여성의 작품은 그녀가 결혼하게 되면 더 이상

독신일 수 없다는 아쉬움과 슬픔을 나타낸다. 그녀는 "나의 꿈에, 내가 가장 좋아하는 자연(모래상자에서 아홉 개의 대리석으로 만들어져 있는 강)은 포장도로로 덮여 있었고 차들로 혼잡스러웠어요. 저는 슬픔을 느꼈지만 그 슬픔이 오래되고 희미해지고 있다고 느꼈어요. 나는 그 슬픔과 거리감을 느껴요. 내가 어디에 있었는지 알았지만 그곳은 많이 변해서 알아볼 수가 없었어요."라고 자신이 만든 모래상자를 설명한다. 그런 다음 그녀는 "거기에서는 항상 혼자가 되어요. 그곳은 나의 지성소예요. 그러나 바로 그 지성소와 밀접하게 관련되어 있는 고통과 슬픔이 있어요. 관(A1)은 엄마가 묻혀 있는 공동묘지를 나타내요."라고 말한다. 여기에서 분명히 나타나는 것처럼 슬픔과 상실은 때로 인생에 있어서 우리를 위해 준비되어 있는 모든 것에 대한 감사함과 관련되어 있다. 인생에 있어서 작은 세세한 것들은 중요한 것 같지 않다. 그래서 용서하고 무조건적인 것은 강력하고 의미 있는 죽음의 결과가 되고, 그 죽음은 지성소와 독신생활에 대한 '쇠퇴한' 감정이라고 설명된다.


## 모든 표현이 하나로 돌아가는 것을 상징하는 9

### 우로보로스

9는 세상과 초자연적인 무한성 사이의 경계를 나타내고, 초자연적인 무한성은 다양성이 하나로, 우로보로스로 돌아가는 이미지를 불러일으킨다.

최초의 탄생과 죽음에 대해 우주적으로 가장 잘 알려진 상징 중의 하나가 우로보로스 혹은 꼬리를 먹는 뱀이다. 이는 최초의 자기(self)를 나타내는데, 우리는 삶으로 달아나지 않으면 항상 이 자기 안에서 삼켜 버려질 위험을 안고 있다. 우로보로스는 또한 우리가 갈망하는 궁극적인 자기를 나타낼 수도 있다.[1]

죽음과 완전한 자기의 주제 이외에 우리는 또한 우로보로스를 문자로 9와 연결시켜 본다. 예를 들면, 산스크리트어와 아라비아어의 알파벳에서 '9'는 우로보로스처럼 보인다([그림 11-4] 참조).

뱀이 자신의 꼬리를 물 때, 한 편이 다른 편을 물음으로써 침입자와 침입을 받은 자의 관계를 형성하면서 두 맞은편이 합쳐진다. 상징적

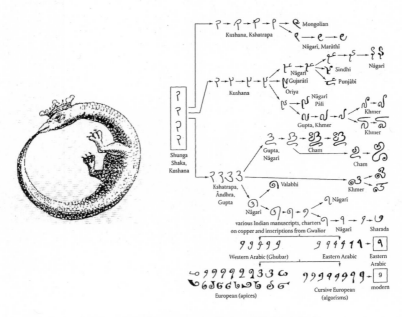

[그림 11-4] 우로보로스, 탄생과 죽음을 상징하는 9

으로 이질적인 것들이 동질성에 물림으로써 차별성이 다시 일치성으로 돌아오게 된다(참된 원은 진화를 상징하는 반면, 우로보로스의 뱀모양 원은 말아 넣음 혹은 다양성 안의 일치를 상징). 끝은 처음에 물림으로써 의식의 형태 안에 영원성이 가능하게 된다. 그러므로 이것은 數 1에서는 영원하지는 않다.

우리는 선불교에서 가지고 있는 것과 비슷한 주제, 즉 이원성을 초월하는 진리의 상태인 켄쇼(kensho)를 가지고 있다. 이원성이 사라질 때, 개인은 한정된 시공간으로부터 경험된 우주를 지닌 하나 됨으로 나오게 된다. 이때 모든 것에 대해 참된 이해를 하게 된다. 융 분석가 가와이 하야오 교수는 "일본의 이야기들은 변화가 없는 상태에서 끝이 나고, 때로는 비극으로 끝난다. 종종 영웅은 끝에 처음과 같은 자리로 돌아온다. 그러나 그는 의식의 무분별을 경험했다."[2] 이것은 또한 처음으로 돌아옴으로써의 9의 마지막 의식을 나타낸다. 수학에서도 이것과 유사한 것이 있다는 것이 흥미롭다. 어떠한 한 자리 數에 9를 더해도 0을 더하는 것과 같은 결과를 가져온다(예: $2+9=11=1+1=2; 2+0=2$).

## 무(nothingness)

우로보로스는 또한 전체성을 재발견함으로써 개인적인 정체성이 소멸되는 것을 상징한다. 우로보로스의 중앙에 있는 공간은 0, 공허함을 생각나게 한다.

비어 있음이라는 원형적인 이미지는 신화와 종교의식에서 자주 사용된다. 예를 들어, 많은 창조신화에서 세상의 처음에는 하느님, 공허함, 창조적인 잠재성을 나타내는 비어 있음이 있다. 불교 전통에서 이것은 무(없음), 수니아타(shunyata, 쏘)이다. 그러나 무는 '없음'이 아니라 '전부' 다. 비어 있음은 절대적인 잠재성으로 모든 것을 담고 있지만 아직 드러내 보이지 않음이다. 그것은 모든 가능성을 지닌 힘을 가지고 있다. 이는 하느님이 무로부터 나오신다는 것을 다르게 표현하는 것이다. 9에서 우리는 우리 인격의 충만성을 비움으로써 항상 현존하는 신과 하나가 된다.

9는 다른 모든 색을 흡수하는 색채인 검정색으로 나타낸다. 이는 없음 안에 모든 것이 있음의 주제를 강조한다. 선불교 신자들은 스미에(sumie, 검정 잉크 그림)는 모든 색을 포함한다고 말한다. 검정색은 비어 있음이고 또한 지혜, 일시적인 의식의 죽음을 나타낸다. 로버트 그레이브(Robert Graves)는 "스페인과 프랑스 남부의 많은 성모상은 검정색이다. 왜냐하면 중세기의 사라센 침입 때 그리스도인들은 검정색은 지혜를 의미한다고 배웠기 때문이다."라고 말한다.[3]

'마법의 數'라는 연구로 노벨 물리학상을 받은 물리학자 클라우스 사틀러(Klaus Sattler)는 물질을 한데 묶어 집합군을 만드는 것을 연구했다. 단위 혹은 분자의 수가 늘어남에 따라서 각 분자의 성질은 군의 집단적인 성질에 흡수되고, 집합군은 계속해서 영향을 주고 자연히 각 분자가 영향을 미치지 못하게 되면서 사상의 '성격'이 결정된다는 사실을 발견했다. 그의 물리학적 발견을 심리학과 數에 연결시켜 보면, 2와 3은 개인의 자아에 의해서 결정되고 영향을 받지만 9에서는 집단과 자기가 발생하는 것을 결정하고 개인의 자아는 대부분 사라지면서 자기를 도와주게 된다. 그러므로 9에서 우리는 삶의 더 큰 공동체로 들어가기 위한 새로운 능력을 발견하게 된다. 앨버트 아인슈타인(Albert Einstein)이 이것을 잘 표현했다.

인간은 '우주'라고 불리는 전체의 부분으로서 시간과 공간 안에 제한된다. 인간은 자기 자신과 자신의 감정과 사고를 타인과 분리된 어떤 것, 즉 일종의 의식의 착시로 경험하게 된다. 이러한 착시는 우리의 개인적인 욕망과 우리와 가장 가까운 몇몇 사람에 대한 애정에 우리를 한정시키는 일종의 감옥이다. 우리가 해야 할 일은 모든 살아 있는 피조물과 아름다움을 지니고 있는 자연 전체를 껴안을 수 있는 연민의 원을 넓힘으로써 이 감옥으로부터 우리 자신을 자유롭게 하는 것이다.[4]

수학에서 비어 있음, 무, 사라짐의 개념을 다시 한 번 볼 수 있는데 어떤 한 자리 數에 9를 더하면 합계의 근원이 처음 한 자리 數와 같아짐으로써 9는 '사라진다'([그림 11-5]). 우리가 어떤 數에 9를 더하면 그 數는 남게 되고 9는 사라지게 된다.

$$1 + 9 = 10 = 1 + 0 = 1 \qquad 2 + 9 = 11 = 1 + 1 = 2 \text{ etc.}$$
$$1 + \cancel{9} = 1 \qquad\qquad\qquad 2 + \cancel{9} = 2 \text{ etc.}$$

**[그림 11-5] 9는 사라진다**

『수도 탁발승의 이야기(Tales of the Dervishes)』에 나오는 '모래에 대한 이야기(The Tale of the Sands)'라는 수피교도 이야기는 그러한 직면의 경험을 심리적으로 아름답게 표현해 주고 있다.

깊은 산속에서부터 시골 구석구석을 통과해서 흐르는 시냇물은 마침내 사막의 모래에 다다르게 된다. 시냇물이 모든 장벽을 통과한 것과 같이 사막을 통과하려고 노력했지만 물은 사막의 모래로 빨리 흘러들어가서 사라져 버렸다. 이 사막을 건너는 것이 목적이었지만 길이 없다는 것을 알았다.

감추어져 있는 목소리가 지금 사막으로부터 들려왔고, 시냇물에게 "바람은 사막을 건너고 시냇물도 그렇게 할 수 있어."라고 속삭였다. 시냇물은 그것은 모래를 대항해서 돌진하는 것이며 모래에 흡수되기만 한다고, 바람은 날 수 있기 때문에 사막을 건널 수 있다고 반대했다.

"너에게 익숙한 방법으로만 돌진하게 되면 너는 건널 수 없어. 너는 사라지거나 늪이 될 거야. 너는 바람이 너를 목적지까지 데려가도록 허락해야 해."

"그러나 어떻게 이런 일이 일어날 수 있지?"

"너 자신이 바람에 흡수되게 함으로써 가능한 거야."

시냇물은 이런 생각을 받아들일 수 없었다. 전에 한 번도 흡수되어 보지 않았다. 시냇물은 자신의 개별성을 잃어버리고 싶지 않았다. 그리고 한번 잃어버리면 어떻게 다시 찾을 수 있을까라고 걱정하였다.

"바람은 이런 기능을 해. 바람은 물을 흡수해서 사막을 건너게 한 다음 다시 흐르게 하지. 비로 내려오면서 물은 다시 강으로 가게 돼."라고 모래는 말했다.

"그것이 사실이라는 것을 내가 어떻게 알 수 있니?"

"그것은 사실인데, 만약 네가 그것을 믿지 않는다면 너는 그 수렁에서 벗어날 수가 없어. 정말로 네가 그 수렁에서 벗어나려면 많은 세월이 걸릴 수 있어. 확실히 바람은 시냇물과 같지 않아."

"그러나 내가 오늘과 같은 모습의 시냇물로 남아있을 수는 없을까?" '너는 그렇게 남아 있을 수 없어.' 라고 속삭이는 소리가 들렸다.

"너의 본질적인 부분은 없어지고 다시 시냇물을 만들어. 너는 어느 부분이 너의 본질인지를 알지 못하기 때문에 지금의 너로 부름받았어."

시냇물이 이 소리를 들었을 때 어떤 메아리가 시냇물의 생각 속에 일어나기 시작했다. 시냇물은 바람의 팔에 안겨 있었던 자신의 과거의 상태를 어렴풋이 기억했다. 그는 또한 이것이 희미한 것이 아니라 진짜로 있었던 일이었음을 기억했다. 그리고 난 후 시냇물은 자신을 증발시켜 환영하는 바람의 팔에 안겼다. 바람은 부드럽고 쉽게 증기를 올려서 가능한 멀리 떨어져 있는 산봉우리에 부드럽게 떨어뜨렸다. 시냇물은 의심을 했기 때문에 자신이 경험한 것을 구체적으로 마음속에 더 강하게 기억하고 기록할 수 있었다. 시냇물은 '그래 이제 나는 나의 진정한 정체성을 배웠구나.' 라고 생각했다.

시냇물은 배우고 있었다. 그러나 모래는 이렇게 속삭였다. "우리는 알아, 왜냐하면 매일 매일 그것이 일어나는 것을 보기 때문이야. 그리고 우리 모래들은 강가에서부터 산에 이르기까지 모든 길을 확장하기 때문이지."라고 하였다.

그래서 인생의 여정에서 생명의 흐름(시냇물)이 지속되는 길은 모래 속에 있다는 말을 하는 것 같다.[5]

앞에서 언급한 것과 같이 이 무(無)로의 사라짐은 침묵하는 존재의 상태다. 이는 현재 순간의 충만함에 집중함으로써 '고통'과 '쾌락'의 차별화된 이원성을 초월한다. 우리의 에너지는 더 이상 나누어지지 않고 '현재'에 적극적으로 참여하는 데 온전히 쓰인다. 우리가 현재에 적극적으로 참여하지 않을 때 우리 안에는 고통과 수치심으로 자주 표현되는 슬픔과 겸손으로 가득할 수 있다. 그러나 죽음과 재탄생을 경험함으로써 우리 존재의 차원을 더 확장시킬 수 있는 것은 9원형의 상태에서다. 그래서 우리 안에는 연민이 더 커지고 집단에 참여하게 된다. 각 數는 부정적인 측면을 가질 수 있는데, 9의 부정적인 측면은 한 개인이 자신의 인격이 사라지는 것을 참지 못하여 투쟁할 수 있는 점이다. 치료에서는 '중요하게' 보지 못하는 감정 혹은 인식하지 못하는 감정으로 나타난다.

[그림 11-6]은 이러한 투쟁을 보여 주는 사례로, 영성 안으로 사라지기를 매우 갈망하는 53세 여성의 모래상자다. 그녀는 직장에서 자

[그림 11-6] 사라짐과의 투쟁

[그림 11-7] 불의 요소와 여 노파를 상징하는 화산과 펠레 (Pele)

신이 바라는 만큼 인정을 받지 못하는 것에 대해 매우 힘들어하는 상태에서 이 작품을 만들었다. 그녀의 작품에는 아홉 개의 소품이 들어 있고 중앙(B-C 3-4)에는 아홉 개의 노란 구슬이 있다. "저는 이 모든 것을 할 때 빨리하는데 아무도 그것을 원하지 않아요. 그러면 어떤 사람이 와서 모두 인정을 해 주지요. 아홉 개의 노란 구슬은 어떠한 이익, 지혜를 나타냅니다."라고 그녀는 말한다. 그녀는 자신의 고통을 대처하는 유일한 방법은 유머와 가벼움이라고 생각하고, 유머는 고통과 떨어져서 볼 수 있는 방법이라는 것을 인식한다. 이 작품에서 클라이언트는 사라지라는 명령에도 불구하고 안전한 내적 일치(눈을 가진 원, B2)를 얻으려고 애쓰고 있다. 그녀는 이 안전한 내적 일치를 얻을 때, 혼란스런 삶에 연민의 마음으로 그녀 자신을 더 잘 드러낼 수 있다고 느낄 것이다. 단순하고 가장하지 않는 그녀의 삶을 받아들이고 덜 두려워하는 마음으로 말이다.

　마찬가지로 9시기는 자아의 붕괴뿐만 아니라 점점 죽어가고 있는 신체의 혼란과 투쟁하면서 나이를 먹고 있는 사람에게서 발견할 수 있다. 이는 융이 말하는 자아가 자기 혹은 미지의 세계(자기는 영원히 알려지지 않기 때문)에 모든 것을 맡기는 것이라고 보여 진다.


## 생사(生死) 사이의 과도기 상태

　죽음에 대해 점점 깊이 경험하면서, 혹은 죽음과 탄생 간의 과도기의 상태에서 인간은 슬픔과 절망의 림보(limbo, 역주: 가톨릭에서 연옥을 지칭)에 직면하게 된다. 이는 초월의 불꽃을 튀기는 불 위에서 타는 것과 같은 고통의 체험과 같다. 불이 數 9와 연관되어 있다는 것은 의

심의 여지가 없다. 9에서 불의 요소는 장수와 서서히 타는 불의 충실성, 치명적인 파괴와 재생력을 가지고 태워버리며 번져나가는 화산으로 나타난다([그림 11-7]). 9는 현세의 제한된 육체에 붙들려 있는 정신의 고통을 수반하는데, 이것은 불변의 죽음처럼 느껴진다. [그림 11-7]에서 보는 바와 같이 유명한 불과 화산의 여신은 하와이 여자 노파 펠레다.

불은 화장의 의식에서 널리 사용된다. 흥미롭게도 발리에서 장례식과 연관되어 있는 죽음, 불, 공동체가 미사 의식에서 사용된다는 것을 발견하게 된다. 많은 사람이 죽은 후에 몇 년마다 이러한 장례식을 치른다. 이런 거대한 장례식에서는 많은 사람들의 봉헌이 있고 죽은 사람들의 초상화를 모신 다음에 장례식장 전체는 불꽃으로 횃불처럼 밝혀진다. 3시에서 4시에 이르면 의식은 모든 것이 재로 변한 상태로 끝난다.

불 위에 있는 9의 경험에는 젊은 불, 충동적이고 공격적인 남성 에너지인 3의 경험과는 다른 측면이 있다. 우드먼과 딕슨(Woodman & Dickson)은 9를 죽음과 재탄생의 불과 연관시켜서 9원형을 잘 설명하고 있다.

우리는 매 순간 죽고 다시 태어나는 불꽃 속에서 춤을 출 수 있다. 왜냐하면 생명이 없어지는 것에 대한 두려움이 사라졌기 때문이다. 영혼은 생명의 불멸성을 알고 자아가 두려워하는 것처럼 죽음을 두려워하지는 않는다. 영혼의 의식으로부터 살 때 우리는 현재에 충만히 살게 된다.[6]

이 불은 창조와 파괴 둘 다를 의미한다. 이에 대한 두 가지 예를 들면 불 속에 둥우리를 만든 다음에 불꽃으로부터 새롭게 일어나는 신비로운 새인 불사조와 새로운 땅의 파괴자이지만 창조자인 펠레다. 사람 혹은 자기의 어떤 측면의 죽음 또는 생명의 죽음에 대한 슬픔의 경험은 불같이 타는 뜨거움과 재탄생의 차가움을 서서히 느끼게 된다. 앞에서 독신생활의 상실을 슬퍼하는 여인의 꿈에서 본 것처럼 우리는 새롭게 탄생하기 위해 정서적인 거리를 유지할 필요가 있다. 루시퍼(Lucifer)와 하늘나라에서 떨어져 9일 동안 지낸 그의 천사들의 신화 이야기는 이를 묘사하고 있는데, 이는 그들이 거룩한 은총과 최대의 거리를 두는 것을 표현하는 것이다.

모래놀이치료는 때때로 고통과 슬픔의 의미를 지니는 9의 불같은 면을 강조한다. 때로는 9는 합일과 재탄생을 갈망할 때 나타난다. [그림 11-8]의 모래상자는 자기의 고향 섬을 떠나 새로운 일자리를 찾아 나서려고 하는 33세의 하와이 여성이 만든 것이다. 그녀는 떠나기 전에 이 작품을 만들지 않을 수 없었다. 그녀는 무덤을 만들고 무덤 옆에는 기도하는 수녀들을 두었다. 나는 세 단계의 탄생을 발견했는데, 임신, 껍질로부터 나오는 아기, 완전히 다 자란 갈색 아기가 그것이다. 다시 우드만과 딕슨의 다음의 말은 이러한 9의 시기, 종결 시 표현된 이 여성의 심리상태를 말해 준다. "새로운 탄생이 일어나기 위해서 묘지, 자부심, 이기심, 욕망 모두는 먼지로 부서져야만 한다."[7]

이미 數 7과 8에서 본 것처럼, 진정한 목적은 필요하다면 우리의 정체성을 포함해서 우리 안에 있는 모든 열등한 것을 녹여 우리의 영원한 본질을 '전체적인' 새로운 존재로 응고시키는 자아의 죽음과 자아의 덫을 말한다.

[그림 11-8] 9의 끝으로서 나타난 묘지

# 탄생과 임신을 나타내는 9

앞에서 언급한 것처럼 우리가 죽음에 대한 슬픔을 느낄 때 서서히 감사함을 느끼게 되면서 새로운 태도를 지니게 되고 새로운 이해를 하게 된다. 그러므로 죽음을 초월하여 새로운 주기가 오게 되고, 9는 임신, 탄생 그리고 느리게 발전하는 것과 연관된다.

임신은 창조의 완성인 발육과 노력의 성공적인 결과를 상징한다. 아기가 자궁에서 발달하는 데 9개월이 걸린다. 이는 탄생과 함께 새롭게 출발하는 하나의 완전한 순환을 나타낸다. 이집트 상형문자 9는 일출과 새로운 달을 상징하는 문자다. 그리고 많은 언어에서 단어 '새로운'은 9라는 단어에서 유래한다(예: 산스크리트어 nava, 라틴어 nova).

數 1이 아기의 관점에서 탄생을 나타내는 반면, 數 9는 부모의 관점에서 탄생에 대한 최후의 표현을 나타낸다. 임신과 탄생, 풍요와 고통스러운 창조는 모두 잠재적으로 죽음으로서의 9를 나타내지만 생명의 선물과 관계가 있다. 9가 가지고 있는 용서와 해방의 측면도 지혜와 부모역할에서 반드시 필요한 요소다. 이것에 대한 심리학적인 예는 새로운 탄생의 요구를 들어 줄 수 있는 성숙한 부모다.

세계적으로 우리는 또한 9 의식과 선물로서의 새로운 생명에 대한 축하 사이의 상관성을 발견하게 된다. 스칸디나비아에서는 매 9년마다 다산 축제가 9일 동안 열렸다. 밀의 9개의 귀로 묘사되는 그리스 땅의 여신 데메테르는 그녀의 딸 페르세포네를 지하세계에 보내기 전에 9일간 딸을 찾아다녔다. 페르세포네 또한 땅이 열매를 맺는 기간인 9개월을 지상에서 보내도록 허락을 받지만, 땅이 열매를 맺지 못

[그림 11-9] 탄생의 상징으로서의 9

하는 3개월 동안은 지하세계에서 지내야 한다. 고대 아시아에서는
9개의 묶음으로 선물을 주는 것이 가장 경의를 표하는 행동이었다.

임신과 새로운 자기 혹은 인생의 새로운 단계를 상징하는 9의 주제
는 모래놀이치료에서 쉽게 나타난다. [그림 11-9]의 모래상자는 사이
비 종파를 떠나서 새로운 삶을 시작하려고 하는 26세 여성이 만든 것
이다([그림 11-9] 참조). 성으로 가는 길에 대리석의 형태로 만든 모래
상자의 중앙에 자궁이 있는 것을 볼 수 있다. 성 앞에는 묵상하는 사
람이 대리석으로 만들어진 큰 자궁 안의 아홉 마리 동물에 둘러싸여
있는 임산부를 응시하고 있다.

## 미로를 상징하는 9

거의 모든 문화와 전통에서 數 9는 여정의 기간을 나타낸다. 그래서 9는 새로운 자기(self)를 준비하는 여정의 상징인 미로와 관련이 있다. 이집트, 수메르, 그리스, 크레타, 오세아니아, 고딕 양식의 대성전 등에서 우리는 자궁을 생각나게 하는 상징물과 건축에서 아홉 개의 핵심 점을 가지고 있는 미로를 자주 발견하게 된다([그림 11-10]).[8] 슈나이더는 "이 전통적인 미로에서 여행객은 여덟 개의 링을 통하여 좌우, 상하로 반복하여 돌면서 아홉 번 방향을 바꾼다. 순례자는 여덟 번째 링에서 신비스러운 중심에 이르러 옥타브를 완성하고 더 높고 깊은 자기(self)의 핵심부로 변화시킨다."라고 말한다.[9]

미로를 여행하는 것은 세계를 여행하는 것과 물질로부터 정신으로 여행하는 것, 그리고 과거로 여행하는 것을 상징한다. 또한 여행을 자궁과 관련시켜 보면, 여행은 자궁으로 되돌아감을 상징한다. 그러나 진 겝서(Gene Gebser)는 자궁으로 되돌아간다는 것은 數 1에서 경험한 동굴과 같은 자궁과는 다르다고 지적한다.

나선형이 기본적인 형태인 미로는 세상의 다른 면을 나타낸다. 동굴이 안전, 평화, 위험 없음을 나타낸다면, 미로는 추구, 움직임, 위험을 표현한다. 라이너 마리아 릴케는 〈천사에게〉라는 자신의 시에서 "잘못된 곳에서 나가는 길을 모르는 것은 우리의 운명이다."라고 말한다. 다시 말하면 미로는 초기에 동굴을 갈망하던 이미지와는 상반된다. 미로는 더 큰 깨달음을 갈망하는 이미지이고 무의식과 영원으로 되돌아가기보다는 앞으로 나아가는 가능성을 항상 표현한다.[10]

[그림 11-10] 9는 미로의 핵심을 지적한다

[그림 11-11] 모래놀이에서 표현된 數 9와 나선형 모양의 미로

9의 주제는 49세 남성의 모래놀이 사례에서처럼 나선형 미로로 나타날 수 있다([그림 11-11] 참조). 그는 마음에 상처를 입고 상담을 받으러 왔다. 애인의 어머니가 자살을 하여 그의 애인이 엉망이 되었기 때문이었다. 數 9와 관련이 있는 모래놀이에 등장하는 사물들은 알로부터 나오는 뱀(C4), 검은 나무(C2), 9처럼 보이는 나선형 모양이다. 그는 "저는 과거의 어떤 이유 때문에 지금 이 무덤의 이미지를 선택했어요."라고 설명한다(그는 뱀의 알을 모래 속에 묻는다. 뱀은 나선형 모양의 모래위에서 나오는 것으로 보인다). 헨더슨(Henderson)은 나선형이란 "의식적으로 획득한 고정관념을 없애기 위해 애쓰는 것이고, 초보자가 새롭고 생소한 내적인 중심에 상징적으로 도달하기 위해 그 자신의 길을 어떻게 잃어버리는지를 보여 준다. 그리고 초보자는 마음에 대한 기본적인 진실을 상시시키기 위해 어려운 길을 따라 관심을 보인다."라고 설명한다.[11]

## 불멸성을 상징하는 9

수학에서는 또 다른 방법으로 9의 특성을 강조한다. 왜냐하면 9에는 영원한, 불멸의 본질이 있기 때문이다. 어떤 數에 9를 곱한 數의 디지털 루트(digital root, 역주: 자릿수의 합계를 digital sum이라 하며, 이 digital sum이 한 자리 數가 나올 때까지 구하는 것을 디지털 루트라 함)는 9다(예: 5×9=45, 이것의 디지털 루트는 4+5=9다. [그림 11-12] 참조). 그래서 고대 히브리인들은 9를 변하지 않는 모든 진리를 상징하는 것으로 보았다. 중세기에 '9를 없애기' 위해서 數를 9로 나누는데 나머지는 항상 원래 數와 같다. 예를 들어, 37의 디지털 루트는 1이다(3+7=10,

1+0=1). 37을 9로 나눔으로써 우리는 '9를 없앤다.' 혹은 4 ×
9=36과 그 나머지 1(37-36=1)에서 우리는 다시 디지털 루트를 발견
하게 된다.

수학적으로 9는 파괴할 수 없는 것으로 여겨지기 때문에 불멸성과
관련이 있다. 그러나 9는 또한 영원히 하나(oneness 일치)를 생각나게
한다. 1은 언제나 존재하는 일치성을 나타내고, 9는 불멸의 '사라짐'
을 통하여 그 경험으로 되돌아감을 나타낸다.

$$1 \times 9 = 9 \quad 3 \times 9 = 27 = 9$$

[그림 11-12] 9는 사라지지 않는다

## 여자 노파 및 성숙한 아니마를 상징하는 9

7, 8, 9는 여정의 중요한 마지막 세 단계를 나타낸다. 7은 활기 있
게 되기 위해 적응하고 내적으로 변화한다. 8은 세상에 대한 외적인
변화다. 위에서 본 것처럼 9 원형의 소멸되고 파괴될 수 없는 성질은,
심리적 여정에서는 연민과 해방을 통해 지속적으로 자유로워지는 것
으로 보인다. 9의 목적은 활동하는 데 필요한 쇄신된 에너지와 자신
의 봉사와 특별한 역할에 대해 더 예민해지면서 세상으로 돌아가는
것이다. 그리고 아직은 여정의 지혜 속에서 나오는 세상에 대한 애착
이 형성되지 않은 상태에서 세상으로 돌아가는 것이다. 이렇게 여성
적인 3인조 7, 8, 9는 원형적으로 같은 연관성을 가지고 있다. 앞에서
본 것처럼 7은 동정녀, 8은 어머니, 9는 여자 노파로서 3인조를 완성

한다. 이와 관련해서 우드먼과 딕슨은 다음과 같이 표현한다.

여자 노파는 신과 인간이 교차하는 많은 위기를 극복한 후에 자아
(ego)의 욕망을 포기하는 것을 배우게 될 것이고, 자신의 운명을 받아
들인 다음에야 두려움을 느끼지 않고 자유롭게 될 것이다. 그녀는 더
이상 자신의 존재를 정당화시키거나 타인의 판단을 두려워할 필요가
없다. 그녀는 의식적인 어머니와 의식적인 동정녀로부터 발전한다. 그
녀는 개인적인 계획 없이 사랑하는 법을 배웠기에 지금은 훌륭한 안내
자 역할을 한다. 그녀는 우리가 이러한 삶을 살다가 떠나기 위해 얼마
나 강하고 온유해야 할지를 안다. 그녀의 신체 세포들 하나하나 안에는
말할 수 없는 지혜가 있다. 사랑은 삶의 아름다움과 공포를 다 지니고
있다. 우리가 그녀와 함께 할 때 우리는 시공을 초월한 세계를 느끼게
된다. 우리는 두 면으로부터 모든 것을 보기 시작한다. 한 면은 완전히
인생 안에 있는 면이고 다른 면은 이미 영혼 안에 있는 면이다. 여자
노파는 역설의 진리를 지니도록 우리를 도와준다.[12]

그러므로 여자 노파를 상징하는 9는 수용력이 있는 사랑의 에너지
와 연민과 인내를 가지고 있기 때문에 그녀는 세상 안에 있지만 세상
에 속하지 않는다. 자아(ego)가 전체성을 실현하게 되면 집착하지 않
게 된다. 이는 '해방'과 용서와 9가 의미하는 인격의 죽음은 동전의
양면과 같다는 것을 강조하는 것이다. 삶은 매 순간 항상 우리에게 해
방될 수 있는 기회를 준다. 이것이 우리가 전체적이 되고, 매 순간 죽
고, 현재에 충실하게 하는 것을 배우는 방법이다. 치료실에서 영적이
면서 여성적인 행위인 수용, 용서, 연민을 통해서 감추어진 빛을 의식
적으로 찾을 때 이는 여자 노파의 에너지를 의미하는 것이다.

9단계에 있는 성숙한 사람들이 반드시 가르치거나 상담을 하지 않

는다 하더라도 영감과 모범과 '개인적으로 되지 않음' 으로써 다른 사람들을 이끈다. 그들은 무조건적인 사랑의 원칙에 대해 완전히 복종함으로써 영감을 얻는다. 그들 안에는 단순한 현존, 균형, 관대함, 선견지명이 있다. 그들은 지혜와 성실을 생생하게 증거하는 삶을 산다.

어떤 의미에서 9는 도달할 수 있는 최고의 의식, 개성화된 자아(ego), 차별화된 영성을 상징한다고 볼 수 있다. 에딩거는 다음과 같이 말하고 있다.

> 일반적으로 자아(ego)가 알지도 못하면서 자기(self)와 관련되는 상태에서 개성화에 대한 충동이 일어난다. 이러한 상태에서는 의식적인 자아와 무의식, 또한 외적 경험과 내적 경험 간에 다소 계속적인 대화가 이루어진다. 개성화가 이루어진 정도에 따라 두 부분의 분열을 치유된다. 첫째는 의식이 생길 때 시작된 의식과 무의식의 분열이고 두 번째는 주체와 객체의 분열이다. 외적 실제와 내적 실제 간의 분열은 하나의 실제로 대치된다. 이것은 마치 원래의 무의식적인 전체성과 삶과의 하나 됨은 의식의 차원에서 부분적으로 발견될 수 있는 것 같다. 우리는 이 무의식적인 전체성과 삶과의 하나 됨 안에서 시작했고 나타나야만 했다. 발달의 1단계에서 유아성을 나타내는 아이디어와 이미지는 다른 단계에서는 지혜를 나타낸다.[13]

[그림 11-13]은 39세 여성의 모래놀이다. 여기에서는 9 에너지가 나타나는 것을 보여 준다. 이것은 그녀의 마지막 모래놀이치료 작품이다. 9와 관련된 많은 사물들이 있다. 불(A4), 흑인 죽음의 여신(C2-3), 흰색 최후의 만찬(D2), 중앙 원(B-C2-4)에 있는 아홉 면의 자국(B2-3), 중앙의 선물로 이르게 되는 붉은색 미로(C3). "나는 당신이 어떤 질문을 하든지 그것은 사랑이며 항상 사랑에 이른다는 것을 배

[그림 11-13] 모래상자에 나타난 여자 노파와 數 9

웠어요. 나는 나 자신을 보기 위해서 거울(A2)을 놓았어요. 중앙의 이 검은 창조적인 이미지(C2-3)는 바로 나예요. 나는 충만감을 느껴요. 당신은 정말로 더 이상 아무것도 없다는 것을 알아요. 중앙의 얼굴 없는 검은 여인도 나예요. 나는 정말로 많은 선물을 받았다는 것을 알아요. 나는 완벽하지 않고 완전히 하얗지도 않지만 나는 내 삶에서 받은 선물들에 대해서 진심으로 감사드려요. 사물을 있는 그대로 보기 위해서 거울을 놓았어요."라는 그녀의 말에서 9 원형이 드러났다.

　이 장에서 살펴본 마지막 작품에서 우리는 9를 체험할 수 있는 많은 요소를 인식하게 된다. 우리는 특히 불을 통과해서 살아남은 흑인 여성 안에서 검은색을 본다. 그녀는 불에 탔지만 다시 일치성에 도달하는 의미를 나타내는 미로의 중앙에 서 있다. 우로보로스적인 원의 끝은 또한 시작이다. 순간순간 자아가 사라짐으로써 다양성 안에서 새롭고 다른 자유와 일치성이 나타난다.

## 요약

9 원형은 사물을 있는 그대로 보고 평범하게 됨으로써, 불멸성과 연민과 사랑이 가득한 세상으로 되돌아가는 것을 나타낸다. 이러한 경험은 또한 자주 모래놀이치료의 마지막 단계, 즉 완성된 여정을 나타낸다고 한다.

미 주

1. Henderson, Joseph L., "Images of initiation," in *Journal of Sandplay Therapy, vol. 3,* no. 1, p. 44.

2. Kawai, Hayao, *Buddhism and the Art of Psychotherapy,* p. 59.

3. Robert Graves, quoted by Marion Woodman and Eleanor Dickson, *Dancing in the Flames,* p. 8.

4. Einstein, quoted by Woodman and Dickson, Ibid., p. 201.

5. Shah, Idries, *Tales of the Dervishes,* pp. 23-24.

6. Woodman and Dickson, op. cit., p. 222.

7. Woodman and Dickson, op. cit., p. 15.

8. 미로는 오리게임에 있는 선형으로 되어 있으며, 그것은 프랑크 프레데릭에 의하여 토론되었다. Franck, Frederick, "The Game of Goose," *Parabola, Summer* 1992, pp. 38-40.

9. Schneider, Michael, *A Beginner's Guide to Constructing the Universe,* p. 313.

10. Gebser, Jean, *Cave and Labyrinth,* p. 62.

11. Henderson, Joseph L., "Images of initiation," in *Journal of Sandplay Therapy, vol. 3,* no.1, p. 55.

12. Woodman and Dickson, op. cit., p. 10.

13. Edinger, Edward, *Ego and Archetype,* p. 96.

제2부

# 12 에릭슨의 심리발달체계와 비교해 본 1부터 9까지의 數 체계

지금까지 아홉 개의 數 원형을 각각 살펴보았다. 이제 우리는 數와 관련된 심리적 특성을 밝히는 여러 가지 다양한 관점 속에서 數 원형의 전체 체계를 보는 통합 단계로 나아가고자 한다.

심리적 작업, 특히 모래놀이는 정신(psyche)에 나타나 있는 數의 역동성을 밝히고 알아가는 멋진 기회를 부여한다. 필자는 폰 프란츠가 그랬던 것처럼 모래놀이에서의 數의 출현을 원형적 측면을 나타내는 전의식과 자기 확충으로 본다.

2부에서 필자는 우선 數를 에릭슨의 발달적 관점과 비교할 것이고 그리고 나서 동시적인 관점과 십우도와 數를 비교하면서 자료를 자세히 설명할 것이다. 마지막으로 필자는 이 자료를 사용하는 데 보다 더 주의를 기울여야 한다는 생각에서 數를 모래놀이치료 환경과의 관계에서 살펴볼 것이다.

이 장에서는 도입부분에서 개략적으로 논의되었던 數의 서양의 계층적 접근방법으로 다시 돌아간다. 여기에서는 특히 진화적 여정으로서 數의 연속을 볼 것이고, 마침내 그것을 심리학자 에릭슨의 자아의 사회와의 관계에 대한 체계의 특별한 사례로 적용할 것이다.[1]

필자는 에릭슨의 사회적 발달체계를 교육받았지만, 그것을 수년간 배제했었다. 필자가 이 이론을 다시 보게 되었을 때, 모래놀이와 數 체계에 관한 연구에 몰두한 이후였기에 나는 數의 여정에서의 유사성에 놀랐다. 필자는 학문적인 분석을 보여 주지는 않을 것이다. 그보다 필자의 주된 관점은 치료실에서 수많은 개개인의 모래놀이 과정에서 강한 인상을 받은 심리학자의 관점이다. 본질적으로, 모래놀이에서 數로 표현된 한 개인의 여정은 에릭슨의 체계와 유사하다.

數 진화에 따르면 개인은 처음에는 미분화된 상태에서 혼란, 불안전, 저항, 분열로 이동한다. 이러한 관점에서, 개인은 자기(self)를 어렴풋이 감지하지만 퍼시발(Parsifal)의 거룩한 성가집을 찾는 이야기에서처럼, 이 강력한 만남을 통합할 정도로 아직은 충분히 성숙되어 있지 않다. 진리는 밖이 아닌 내적 여행이라는 것을 인식하고, 감각과 정신의 내부적인 투쟁 이후에야 마침내 자기(self)의 관점을 허용하는 대극의 합일을 이룰 수 있다. 결과적으로, 개인은 세상에서는 보통 사람처럼 지내고 모래놀이에서는 세상으로 돌아가는 이미지를 보여 준다.

우리는 아직 해결되지 못한 새롭고 많은 문제와 미지의 일에 관련된 의식의 여정을 반복해서 경험하게 된다. 모든 끝은 또한 시작이다. 오스펜스키(P. D. Ouspensky)는, "참된 상징은 항상 창조의 과정에 있다. 명확한 의미를 보여 주는 상징적 표현은 거짓된 상징이다."라고 언급하였다.[2]

# 1부터 9까지 진화론적 개관

한 자리 數는 [그림 12-1]에서 볼 수 있는 것처럼 원시인(prepersonal), 개인(personal) 그리고 초인(transpersonal)을 대표하는 세 쌍의 관계로 나누는 종합적 패턴으로 1에서 9까지 연속적으로 진화한다. 첫 번째 세 쌍의 관계에서는 무의식으로부터 물리적이거나 원시인의 실체에 있어서의 주관적 관점으로 움직이게 된다. 1에서 의식이 탄생하지만 2에서 자아가 탄생할 때까지 그것은 미분화된 의식이다. 2에서는 이중성과 상대성을 경험한다. 3에서 최초의 통합이 이루어지고, 처음으로 의도한 것을 만들어내는 합을 이루게 된다.

4, 5, 6은 자아, 개인적 관점에서 존재의 핵심을 주목한다. 4에서는 우주적 질서와 법의 이해를 통한 전체의 '실현'을 고려함으로써, 아니마를 만나고 시공간에서의 복잡성을 단순하게 분화시키는 능력을 보게 된다. 5에서는 자기 자신 안에서 전체를 재생시키면서 최초로

모래놀이에 반영된 1에서 9까지의 발달 과정

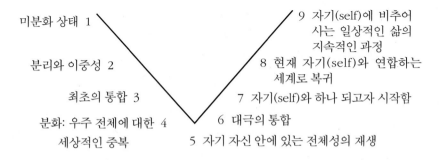

| | |
|---|---|
| 미분화 상태 1 | 9 자기(self)에 비추어 사는 일상적인 삶의 지속적인 과정 |
| 분리와 이중성 2 | 8 현재 자기(self)와 연합하는 세계로 복귀 |
| 최초의 통합 3 | 7 자기(self)와 하나 되고자 시작함 |
| 분화: 우주 전체에 대한 4 세상적인 중복 | 6 대극의 통합 |
| | 5 자기 자신 안에 있는 전체성의 재생 |

**[그림 12-1] 1에서 9까지의 數에 나타나 있는 심리적 발달**

남성과 여성이 만나게 되고, 6은 의도적으로 자아를 강하게 연속적으로 세움으로써 남성과 여성을 통합시키겠다는 약속을 한다. 이것은 에로스를 통한 1로의 복귀를 말한다.

7, 8, 9는 시작의 경험과 집단적 또는 개인의 한계를 초월한 시각으로 돌아가는 것과 관련이 있다. 영웅의 역할은 끝났으며 7과 함께 우리는 시작하게 된다. 이 단계에서는 자아를 제한시키는 것으로부터 자유롭게 되기 위해서, 그리고 빛으로 인도하는 지혜와 정신을 다시 찾기 위해서 그림자로 돌아올 것을 요구한다. 8에서 성공적인 입문자는 진리의 빛에 의해 개인적인 현실을 재구성함으로써 세상으로 돌아온다. 자아는 이제 자기(self)의 도움을 받으며 기능한다. 그리고 마침내 9에서는 인격이 없는 초연하고 동정적인 개인으로 서서히 발전하게 된다. 상징적인 삶은 평범한 생활을 지배하는 일상의 과정으로 변형되고, 이것은 1로 돌아가는 또 다른 형태가 된다.

## 에릭슨의 발달모델과 數와의 상관성

에릭슨의 발달모델은 영아기 부터 성인기까지 성공적인 자아 발달의 이정표로서 자아 위기에 대한 해답을 각 단계별로 다루고 있으며, 성숙해가는 자아 발달의 진화론적인 모델이다. 모자 관계에 기초를 둔 '신뢰감과 불신감'으로 묘사되는 첫 번째 자아 위기는 출생 시에, 그리고 영아기에 발생한다. 이 최초의 자아 상태는 아직도 집단적 무의식에 있는 영아의 완전한 무의식과 미분화 상태로부터 경험된다. 이 단계의 위기를 해결할 수 있는 것은 희망이다. 數 체계에서 1은 이같은 미분화 상태 그리고 낙원과 같은 제1의 물질(Prima Materia)과 관련된 체험과 관련이 있다. 치료 과정에서 서로 관계가 있는 심리적 역동은 앞으로 계속 이루어질 치료 작업을 위한 전제조건이 된다.

에릭슨의 다음 단계는 數 2의 의식적 여정, 즉 '나는 당신과 다르다'는 의식을 인정하는 전체로부터 독립되는 것과 관련이 있다. 에릭슨은 '자율성 대 의구심'으로 자아의 심리적 과업을 정의하는데, 그것은 2의 도전과 닮았다. 이 단계의 성공적인 해결 방법은 자아와 자기의 분리에 의해서 발생된 의지의 발달과 관련이 있다. 이 혼란과 좌절의 단계에서의 발달 과업은 비록 배타적이지는 않지만 전형적으로 성인의 초기 모래놀이 과정에 나타나는 것으로 보인다.

數 체계에서 3의 발달 단계는 영웅의 자의식이 자신의 이미지에 다른 것을 창조하면서 세계에서 발판을 획득하는 것으로서 나타난다. 에릭슨은 세 번째 단계와 관련된 심리적 과업을 '주도성 대 죄책감'으로 정의한다. 이 단계에서의 성공적인 성취는 '내가 지금 무엇을 하고 있지?' 또는 '내 계획이 있어.'와 같은 생각을 하면서 목적이 있는 것처럼 보이는 것이다. 또다시 우리는 자아가 목적과 방향을 획득하는 3의 의식 상태와 놀라울 정도로 유사함을 보게 된다. 이제 모래놀이에서 한 개인은 실현하도록 동기 부여되고 인도되는 느낌을 받게 된다.

4의 의식 상태는 일반적으로 우주와 연결되어 있다고 느끼고 의미를 갖는 삶의 조직화된 구조를 세우는 것과 관련되어 있다. 에릭슨이 이 단계에게 제안하는 심리적인 과업은 '근면성 대 열등감'이며 여기서 능률감이나 숙달감을 성취하게 된다. 이러한 관점에서 클라이언트는 안전감을 느끼고 모래놀이와 연결되면서 명상의 과정에 빠져들게 된다.

5는 '자아정체감 대 역할혼돈'인 에릭슨의 제5단계의 과업과 관련된 것으로, 자신의 목소리를 찾는 것을 다룬다. 흥미롭게도 이 단계의 성공적인 완성은 충성과 관련이 있다. 5단계에 있는 개인은 살아 있음과 산만함을 느끼면서 더불어 오감에 응하게 된다. 그래서 충성 대 혼란의 문제는 급히 풀어야 할 의제가 된다. 모래놀이에서 이 단계의 개인은 자발성을 보여 준다.

에릭슨의 다음 단계의 과업은 '친밀감 대 고립감'으로 만일 성공적으로 완수한다면 사회적 참여를 이루게 된다. 6이 갖는 중요한 주제는 보다 높은 목표를 향한 헌신이다. 이 단계에 있는 모래놀이에서는 과정에 대한 헌신과 사랑을 보게 된다. 다시 한 번 체계 사이의 반향은 놀랍다.

7에서 우리는 내적으로 변화하고 시도하는 형태로 발전의 산물을 찾게 된다. 여기에서 에릭슨의 단계들과 차이가 난다. 융 분석가인 레이몬 로페즈 레이(Ramon Lopez Reyes) 박사는 에릭슨이 성인기와 노년기 사이의 위기, 즉 중년기 위기를 놓치고 있다고 말한다. 그는 이 단계를 '의심 대 확실성'의 단계로 본다고 덧붙였다. 이 단계를 성공적으로 완수하는 방법은 새로워진 자기를 관찰하고 특히 자아구조와 관련해서 의문을 품을 수 있는 용기를 갖는 것이라고 한다. 레이몬 로페즈 박사의 이 자료는 7과 직접적으로 연결되는데 이것은 정신과 다시 연결되기 위해 겸손과 자아의 양도를 요구한다. 모래놀이에서는 그림자에 직면하고 있는 개인을 보게 된다.

의식의 8단계는 신성한 활동의 장(場)에 대한 헌신을 불러일으킨다. 그리고 자기(self)의 도움을 받는 자아(ego)가 있는 상징적 체계로서의 개인, 인류, 공적 사건에 대한 재조직을 일으킨다. 에릭슨은 '생산성 대 침체성'의 위기에 대해 말하는데, 삶의 생산성은 삶에 대한 성공적이고 상징적인 재공식화를 말한다. 다른 요소들 사이의 균형과

관련된 주제는 심도 있게 구체적으로 표현된다. 이 단계에 있는 모래
놀이에서는 모든 모래놀이 활동과 대화에 나타나 있는 상징과 정신의
통합을 보여 준다.

　에릭슨 학파의 발달 단계에서 마지막 자아 위기는 '지혜'의 완성인
'자아통합 대 절망감'이다. 이것은 9와 비슷하고, 지혜가 수반하는
것들, 즉 불교에서 공허함으로 인식하는 이 단계는 모래놀이 과정에
서는 평범함으로 돌아오는 것으로 보여진다. 선(禪)에서는 다음과 같
이 기록한다. "해탈하기 전에 물을 나르고 나무를 팬다. 해탈한 후에
나무를 패고, 물을 나른다."

## 미 주

1. Erickson, Erik, *Childhood an Society.*
2. P. D. Ouspensky, *The Symbolism of the Tarot,* p. 123.

# 13 다양성 안의 통일성: 數 원형에 관련된 동양의 동시적 접근

12장에서 우리는 정신적 변화와 자아 발달의 관점에서 數가 모래놀이에서 어떻게 의식의 단계와 병행할 수 있는지 살펴보았다. 이 장에서는 數를 관계 속에서 동시에 발생하는 내외적 역동성으로 보는, 앞의 도입부에서 언급되었던 동양의 동시적 접근방법을 살펴볼 것이다. 동시적으로 사고하기 위해서는 물리적이고 정신적인 실체의 모든 영역을 동시적으로 관찰하고, 주의하고 동시에 발생하는 서로 다른 내적 혹은 외적 사건의 '일치성'을 주목하는 것이 필수적이다. 어떤 면에서 이러한 사고방식은 진화적 방법의 수직적이고 체계적이며 선형적인 방법과는 대조적으로 수평적이고 비선형적이라고 말할 수 있다. 오늘날까지 중국인은 내외적 삶의 모든 영역이 갖는 다른 사물들과의 관계는 數의 기본적인 패턴을 반영한다고 가정한다.[1] 나는 동시적 접근방법이 무의식으로부터 물질에 접근하는 방법이고, 선형적이고 논리적인 자료가 의식적인 정신 분야라고 과감히 추측해 본다.

마리 루이스 폰 프란츠는『예측과 동시발생』이라는 책에서 다음과 같이 주장한다.

　감정적으로 흥분되는 지점이 원형인 집단적 무의식이 임의적 유형의 원형인지 아닌지 또는 집단적 무의식이 질서를 갖고 있는지를 질문하는 것은 훌륭하다. 이미 융은 다른 원형 사이에 모든 것을 포함하고 조절하는 것이 있으며 그것이 바로 자기(self)의 원형이라고 지적했다. 따라서 누구나 그러한 방식으로 집단적 무의식을 보아서는 안 되고, 비록 나는 아직까지 적절하게 할 수는 없지만, 완전하게 정돈된 집단적 무의식의 영역을 구축하고 항상 자기(self)의 원형을 중심에 두어야 한다. 그것은 다른 모든 것들과의 관계를 정리하고 규제하는 가장 강력한 원형이다. 다른 모든 원형들의 관계를 규제하고 집단 무의식의 영역에 확실하고 명확한 질서를 부여하는 것은 능동적으로 규제하는 중심이라고 말하자.[2]

이 장에서 동시적 관점은 개개인의 과정에 적용된 실제 사례를 가지고 살펴보게 될 것이다.

數의 관점에서 동시성에 대한 가정은 무의식적인 내적 수준에서는 오로지 통일성(oneness) 밖에 없다는 것이다. 이것은 수학에서의 數 1과 관련이 있는 것이 아니라, 통일성, 전체성, 부처의 본성 혹은 융 학파의 용어로서 자기(self)를 환기시키는 것과 더 관련이 있다. 피타고라스는 數는 3으로 시작하고, 1은 신이고, 2는 로고스 혹은 이중성이라고 말했다. 1은 시공간이 없는 무한한 존재를 나타낸다. 그래서 특정한 數 원형은 전체의 부분집합이다.

[그림 13-1]은 이러한 동시적 관점을 묘사한다. 우리는 각각의 數는 전체성에 대한 다른 외부적 표현이고, 부처가 입는 또 다른 의복이

라고 본다. 내부에서 밖을 보면, 만다라의 중심에 있는 전체성은 자기 (self)이고, 자기는 항상 그 자체를 표현하고 싶어함을 보게 된다. 외부에서 안을 보면 모든 數의 출현은 합일의 숨겨진 진실을 포함하고 있으며, 그것들은 신이 보이지 않는 창조의 첫 번째 원칙을 꾸미기 위해 사용하는 다른 특징들이라고 주장할 수 있다.

## 모래놀이에서 각각의 數로 나타나는 자기(self)

[그림 13-1]에 나타나 있는 數를 통해 그 자신을 표현하는 자기 (self)에 대한 해석에 따라 [그림 13-2]에 제시되어 있는 모래상자의

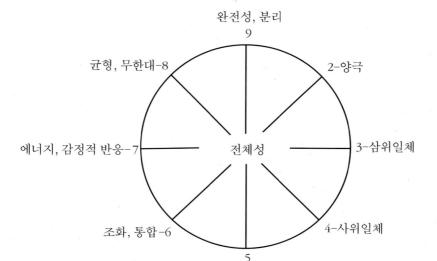

1부터 9까지를 통해서 본 전체성에 대한 다른 표현

[그림 13-1] 만다라의 동시적 전체성

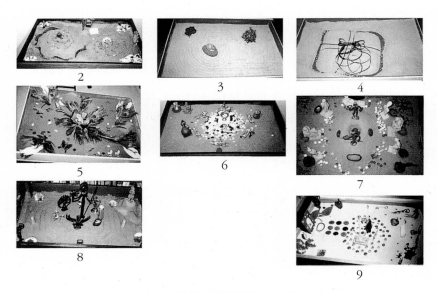

[그림 13-2] 다양한 數 원형을 통해 나타나는 자기(self)

구성물 속에 있는 각 數에 대해 설명하고자 한다.[3] 우리가 경험한 신성한 힘에 의해 자기(self)는 이러한 모래상자 속에 나타나는 것이다. 비록 우리가 구체적으로 그러한 경험의 세부사항을 좁혀갈 수는 없을지라도, 창조적인 모래놀이에 집중하는 것은 주목할 수 있을 것이다. 일차적인 지표는 우리가 자기와 연결되었을 때 느끼는 경외심 혹은 죽음의 순간에 우리를 신에게 허락하는 진정한 내적인 영혼, 무의식의 영감이다. 우리는 14장에서 모든 數를 통해 동시적으로 보여 주는 자기(self)에 대한 이러한 주제로 돌아갈 것이다. 여기서는 십우도의 예를 들어 설명할 것인데, 십우도란 영원히 존재하고, 침묵하고 지지적인 자기(self)와의 관계 상태를 묘사하는 일련의 일본 그림이다.

## 주제와 변화

우리는 또한 주어진 주제에 대한 다양한 변화로 數 원형을 바라봄
으로써 동시적 관점을 이해할 수 있다. 각각의 數는 우리가 주어진 순
간에 어떻게 전체와 연결되는지 혹은 그것이 우리의 삶에 어떤 영향
을 미치는지를 드러내는 의식의 상태를 표현할 수 있다. 우리는 삶의
측면이나 어떤 순환적 관점에서 이러한 길잡이를 볼 수 있다. 앞에서
우리는 2부터 9까지를 창조와 변화의 표상, 그리고 사랑 혹은 헌신에
대한 관계의 요소로 보았다.

따라서 동시적 접근을 사용함으로써 현재의 중대 관심사, 압박하
는 업무 그리고 각각의 단계에서 직면하는 가장 큰 도전을 정의할 수
있으며, 각 단계에서 에너지는 진리에 대한 개념이나 특별한 동일시
때문에 막히거나 정체될 수 있다.[4] 또한 우리 모두는 이러한 관점을
무의식에서, 또 다른 순간에 또는 특수한 관점에 보다 의식적으로 동
일시된 도전들 속에서 동시적으로 지닐 수 있다는 것을 언급하고자
한다. 따라서 1 이상의 數는 모래상자를 만드는 그 순간에 보여질 수
있는 것이다.

## 數를 통한 창조와 변형

[그림 13-3]은 창조로써의 동시적 관점과 數 원형에 명시된 변형(탄
생과 죽음을 포함하는)을 묘사한다.

이 만다라를 보면서 우리는 타인이나 자아의 탄생으로써 2를 표현

하는 창조를 본다. 3은 초월적인 기능으로써 경험되어지는데, 그것은 창조다. 4에서는 모든 창조와 변화를 위한 잠재력을 담고 있는 이 세상의 그릇을 만나게 된다. 5는 변화에 활력을 주는 창조적 충동을 상징한다. 6에서 변화는 남성적이며 여성적인 에너지의 통합을 통해 새로운 자아 강화로 나아가는 것을 말한다. 7은 시작을 하게 하고, 반면 8은 전체에 대한 방대한 이해와 참여를 통한 인간사의 변화를 허용한다. 9는 1로 사라질 뿐 아니라 부모의 관점에서 본 탄생을 경험하기도 한다.

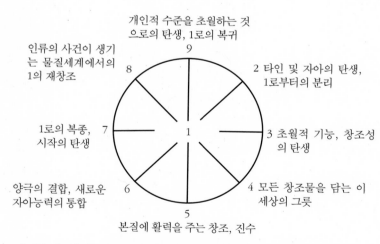

[그림 13-3] 창조(탄생과 죽음)를 반영하는 數 1에서 9의 동시적 관점

# 數를 통해 나타나는 관심의 주제

이번에는 우리가 전념하는 것에 대한 주제를 다루기 위해서 우리가 에너지를 어디에 집중하는지를 數 전체를 살펴봄으로써 알아보고자 한다.

數 1에 있는 사람은 자기 자신을 무엇인가 새로운 것을 창조하는 것으로 보지만, 너무 모호하고 규정되어 있지 못해서 무엇에 전념해야 하는지조차 알지 못한다고 느낀다. 數 1의 미분화된 상태에 따라서 사물은 있는 모습 그대로 완벽하게 보인다. 반대로, 數 2의 상태에 따라서 전념해야 하는 것에는 두 가지의 가능성이 있으며, 그것은 우유부단함으로 나타날 수 있다. 개인은 가능성이 있는 어떠한 것에도 전념하지 않고, 그렇다고 그것으로부터 자유로워지지도 않는다. 數 3에서는 행동으로 옮기는 데 전념하며, 에너지는 결정적으로 어떠한 방향을 갖고 움직인다. 이러한 것을 통해서 볼 때, 전념한다는 것은 자기 자신을 표현하는 것이고 최종 목표에 에너지를 쏟는 것을 의미한다. 數 4에서는 안전, 안정, 구조에 전념한다. 數 5에서 전념하는 것은 자기 자신에의 헌신이다. 이 단계에서는 자기 자신에 몰입하는 것은 우주에 몰입하는 것과 동등하게 여긴다. 비록 어떤 이들은 이것을 이기적이거나 또는 비헌신적이라고 생각하기도 하지만, 數 5에서는 진리의 측면에서 자유와 개성을 명확하게 표현하는 데 몰두한다.

數 6에서는 다른 인류와 삶을 공유하고 책임감을 나누는 데 전념한다. 數 7에서는 객관적인 진리로 관심의 초점을 바꾸는데, 진리가 무엇이든 간에 그 진리를 찾기 위해 필요한 것은 무엇이든 다하겠다는 갈망으로 객관적 진리를 구하는 데 전념한다. 數 8에서는 매일 매일 진리의 빛 안에서 행동을 묵상하고, 매일의 삶 속에서 신(神)을 찾는 것에 전념한다. 數 9에서는 물질적인 것을 뛰어넘은 더 좋은 세계를 위한 객관적인 사랑에 전념하며 이타주의와 연민에서 보여지는 것 전체에 관심을 둔다.

## 數를 통해 나타나는 사랑의 주제

또 다른 사례를 통해서 우리는 각각의 數 원형이 전체적인 측면을 제시하는 동시적 접근으로 사랑의 주제를 찾아볼 수 있다. 數 1의 상태에서 사랑은 완전하게, 때로는 행복하고, 때로는 고통스럽게 녹아드는 감정으로써 경험되어진다. 數 2에서는 사랑과 미움에 대해 분명하게 알게 된다. 數 3에서는 사랑의 숭배자를 원하고 원하는 결과를 얻기 위해 필요한 것을 행하는, 관심에 대한 갈망으로써 표현한다. 數 4에서 사랑은 옳은 것을 하는 것, 기대와 규칙을 따르는 것, 수용적인 것, 순종하는 것, 조화를 이루는 것이다. 數 5에서 사랑은 스스로 쾌락과 유희로 표현되는 반면에, 數 6에서는 친밀, 충성, 상호관계, 타인과 삶을 나누는 것, 타인이라는 거울을 통해서 자신을 바라보는 것으로 표현된다. 數 7에서 사랑은 공포와 판단으로부터 자유로워지는 것이다. 이 단계에서 개인은 신뢰성과 객관성을 향상시키고, 사랑은 현실과 비현실적인 것을 구별하면서 진리를 추구한다. 數 8에서 사랑은 풍부, 관대함, 균형, 공평하고 정의롭게 행동하는 것으로 보여진다. 數 9에서 사랑은 이타주의, 무조건적 사랑, 연민, 영적 사랑과 함께 온다. 알다시피 우리는 일정한 시기에 사랑의 대상에 대해 하나 이상의 관점을 지닐 수 있다.

## 數에 따른 감정 상태

　　數를 동시적 관점으로 살펴보는 마지막 방법은 그들이 감정적으로 어떻게 느끼는지, 그리고 어떻게 인지하는지 등 감정 상태를 통해서다. 數 1은 새로 시작하는 감정으로, 여기서 개인은 재조직하도록 허용된 보호받는 공간 속에서 최상의 상태로 느낀다. 數 2에서 나오는 이중성은 찢기고 충돌하고 갈등하는 양극단 사이에서 동요하는 감정을 낳는다. 數 3은 사물을 개인적으로 받아들이는 감정을 통해, 불안전하고 '부족한' 혹은 과장되었다는 감정을 통해 인지된다. 數 4는 삶을 이해하고 질서와 규칙을 통해 안정감을 획득하고자 애씀으로써 감정적으로 느껴진다. 우리 자신을 포함하여 모든 존재의 근원을 찾기 위한 갈망이 있다. 數 5에서 원형은 각 개인이 전체를 비쳐주는 홀로그램이라는 관점을 불러일으키며, 이 관점은 자유롭게 선택하고 한계로부터 자유로워지도록 한다. 위기를 받아들이고 모험을 좋아하는 호기심과 상쾌함이 있다. 數 6에서 우리는 절대적인 확실함을 본다. 우리는 타인에 대한 관계나 원인에 의해 감정적으로 유지되는데, 이것은 우리 자신과 전체라는 현실에 대한 자신감과 신뢰감을 불러일으킨다. 이슈는 기대, 통제, 책임을 둘러싸고 분명히 나타난다. 數 7에서 개인은 용기와 결단력뿐만 아니라 공포감과 소외감을 느낄 수 있다. 이 입문의 단계에서는 애벌레에서 나비로 가는 새로운 탄생을 필요로 한다. 數 8에서는 내적 실현이 세상에 나타나듯이, 감정적으로 균형 잡힌 삶을 창조하는 데 몰두한다. 개인은 자기(self) 혹은 실체가 존재하는 모든 것의 궁극적인 본성이라고 인식하고, 그래서 이중성이 착각으로 인식된다. 數 9의 상태에서는 인정에 대해 갈망하면서도 완전히 존재하지만 공허한 인생 속으로 사라지기를 바란다. 인간의 본성은 인정이 많고 사랑하는 것이며 이 사랑을 매일 표현하고자 하는 것이다.

끝으로, 동시적 관점으로 보는 또 다른 방법은 數와 數의 원형적 재료를 선(zen)의 코안(koan, 훈련에 사용되는 수수께끼)으로 보는 것이다. 코안은 일반적으로는 해결된다. 그래서 본래의 타고난 해결책은 우리의 진정한 본성을 일깨운다. 융은 數를 원형으로 정의하였고, 필자는 과감히 數를 치료실에서 그리고 일상의 삶 속에서, 때로는 독립적으로, 때로는 동시적으로 나타나는 공존하는 원형으로 본다.

1. von Franz, Marie-Louise, *On Divination and Synchronicity*, p. 13.
2. von Franz, Marie-Louise, *On Divination and Synchronicity*, p. 65.
3. 이것들에 대한 것은 이전 장에서 자세하게 보여지고 있다. 2번은 [그림 4-10], p. 58; 3번은 [그림 2-2], p. 26; 4번은 [그림 2-1], p. 26; 5번은 [그림 7-12], p. 115; 6번은 [그림 8-5], p. 127; 7번은 [그림 9-4], p. 140; 8번은 상자 6처럼 실시하고 9번은 [그림 11-13], p. 198이다.
4. 나의 초점은 심리가 어떻게 작용하고 발전하는 것에 대한 감정적, 심리적, 정신적인 개념들의 지도를 조립하는 것이다. 각 생애단계의 숫자적인 정체성을 기초로 한 개인적인 관점에 대해서 더 흥미가 있는 사람은 부록에 있는 자료를 참조할 것.

# 14

## 數와 십우도

자기(self)와의 관계에 數 원형의 해석을 연결시켰을 때 필자는 곧바로 십우도가 떠올랐다. 십우도는 일본에서 폭넓게 인정을 받고 있는 중국 송나라 시대의 곽암사원 승려의 시와 해설로 이루어진 여러 장의 동양 선(禪)의 그림이다.[1] 십우도를 그리고 시를 지은 12세기의 중국 송나라 시대의 곽암은 과정, 사건, 해탈을 나타내는 선의 전통을 따랐다.[2] 다양한 십우도가 있지만, 이 책에서는 둥근 원을 배경으로 각각 열 개의 그림이 그려진 십우도를 사용한다.

일본의 첫 번째 융학파의 분석가인 가와이 하야오 박사는 곽암의 그림에서 원의 중요성을 인식했다. 그의 말을 빌리자면, 원은 '변하지 않는 일반적인 모성의 내포', 즉 변치 않는 틀을 나타내는 것이다.[3] 일치의 개념과 원의 관계는 3장에서 자세하게 논의되었다. 우리는 널리 알려진 개념으로서 모성, 일치성 그리고 침묵하는 중심과 원과의 관계에 대해 살펴보았다.

필자는 이 시점에서 십우도를 소개한다. 왜냐하면 그것은 발전적이

며 동시적인 관점을 일제히 취할 것 같기 때문이다. 전반부에서는 목
동과 소의 관계를 나타내는 다양한 그림을 보게 되는데, 이 그림들은
다 다르다. 그러나 그림의 배경에 변하지 않고 계속 존재하는 원 그림
을 보게 된다. '영원의 창'이라고 불리듯, 그것은 종종 일치, 유일함,
전체와 연관되고, 중세의 아니마, 성모 마리아와 연관된다.[4] 따라서
이 그림들은 단지 발전적이고 동시적인 관점뿐만 아니라 어떻게 그것
들이 연관되어 있는지를 탐구할 기회를 제공한다. 확실히 이 그림들
은 두 관점이 동시에 존재할 수 있다는 해석을 제공한다. 이 그림들은
한 편으로는 서양의 발전적 관점으로 해석될 수 있으며 '남성적인'
성격을 갖고 있다. 다른 한편으로 이 그림들은 동시적인 관점으로 볼
수 있는데, 그것들은 영향 면에서 보다 비선형적이고, 여성적이며 그
리고 동양적이다. 발전적이든 혹은 동시적이든 간에, 우리가 현실 세
계에서 경험하고 보는 모든 것들은 내부로 혹은 외부로 흐르는 에너
지이고 그리고 이것은 어떤 기본적이고 다시 일어나는 원형적 數의
리듬을 따른다고 필자는 가정한다. 數를 원형으로서 정리할 때 두 관
점을 포함시키는 것은 중요해 보인다. 왜냐하면 그것들 각각은 치료
실에서 나타날 수도 있기 때문이다.

## 발달적 관점-외향성

우리가 해탈 또는 진리와 최종적인 재결합에 이르게 될 때까지 십
우도는 순서대로 數를 따라간다. '해탈의 단계'에 대한 담론과 발달
의 연대기는 개성화와 연구, 여정, 자아와 자기(self)와의 관계의 발달
과정에 영감을 얻어 십우도 안에 묘사되었다. 사실상 이 일련의 그림

들은 삶의 변화와 여정의 과정에서 우리 모두가 겪는 내적 경험과 아주 밀접하다.

## 동시적 관점- 내향성

선의 화두(Zen Koan)는 數에 대해 무한한 의미를 가지고 있기에, 마치 다양하고 의미 있는 방법으로 발생하는 것을 동시에 볼 수 있는 것처럼 여기에서 우리가 동시적이고 비선형적인 관점으로 그림을 읽을 수 있다는 것은 매우 확실하다. 이러한 방식으로 이해하자면, 십우도는 실체에 대한 동시적 관점의 또 다른 면을 말한다. 이제 우리는 의식에 영향을 주는 내부와 외부의 동시적 관계, 그리고 명상과 모래놀이의 경험에서 종종 보여지는 무의식과 의식의 관계에 초점을 두고자 한다. 앞에서 언급한 바와 같이 일치를 의미하는 원형 안에 있는 십우도의 틀은 각 그림에 나타나 있는 침묵을 동시적으로 보여 주고 있다.

동시적으로든 혹은 발달적으로든 간에 십우도는 數 원형에 대한 또 다른 깊이 있는 관점을 제공한다. 數 원형에 대한 전체적인 주제에 주의하면서, 數 원형의 개별적인 이미지와 그들 간의 관계로 돌아가 보자. 이에 대해 곽암의 시를 번역한 폴 렙스(Paul Reps)는 다음과 같이 언급하였다.

이 그림의 주인공인 소를 돌보는 청년은 당신을 나타낸다…. 두 눈으로 시를 읽고 있는 것은 바로 '나' 다. 당신 삶이 주제이고, 그 이야기의 주인공은 당신이다. 그것은 당신의 생각이고, 당신의 계획

이고, 당신의 바람이고, 당신의 수표에 사인을 하는 것이다. 그것은
당신의 부모에게서 나온 것이고, 임종 시 사라질 것이다… 따라서 우
리 모두가 그런 것처럼 '나'를 갖는 소치기는 진실을 찾으러 나선다.
이러한 인간의 진정한 자기(self)를 찾는 목적은 소에 의해 설명된
다. 이러한 진실에의 추구는 어렴풋한 흔적을 찾는 데서 시작해서([십
우도 2]) 모든 대상을 포함하여 문제가 되는 '나'를 극복하고(소를 포
함. [십우도 8]) 진실, 그 자체의 본성이 출현할 때까지 나아가는 것
이다.[5]

[십우도 1] 수풀에서 잃어버리다
심우(尋牛: 소를 찾아 나서다)

망망발초거추심(茫茫撥草去追尋)
수활산요로갱심(水闊山遙路更深)
역진신피무처멱(力盡神疲無處覓)
단문풍수만선음(但聞楓樹晚蟬吟)
우거진 풀을 헤치며 아득히 찾아 헤매니
물은 넓고 산은 멀고 길은 더욱 아득하다.
힘이 다하고 마음도 지쳐 갈 곳 찾을 수 없
는데 다만 늦가을 단풍 숲에 매미 소리만
들리네.

　첫 번째 그림은 수풀 속에서 발자국을 찾는 동자를 보여 준다. 스파
이글만(Spiegelman) 박사는 "길을 가다가 도중에 혼란스러워진 그는
자신이 길을 잃었다는 것은 알지만, 어디서 그 길을 찾아야 할지 모른
다고 곽암은 우리에게 알려 준다."라고 언급하였다.[6] 가와이 박사에
따르면 "곽암의 첫 번째 그림은 소의 흔적조차 볼 수 없고 완전히 잃
어버린 상황을 나타내고 있다. 그러나 이 그림은 원으로 둘러싸여 있
으며, 곽암의 주석서에 의하면 비문에 '처음부터는 결코 잃어버리지

는 않는다. 왜 찾는가?' [7]라고 적혀 있다. 번역가 폴 렙스의 해석에 따르면 "소를 결코 잃어버린 것이 아니다. 소를 찾는 데 무엇이 필요한가. 단지 내가 진실한 본성으로부터 분리되어 있기 때문에 소를 찾는데 실패하는 것이고, 혼란스러워지는 것이다."라고 한다. 이 개념은 '잃어버림'과 '찾는 이유'의 이분법을 보여 준다. 아마도 이 해석은 두 개의 다른 관점의 결과일지도 모른다. 스파이글만은 잃어버린 영혼으로서 그림의 중심에 있는 소년에 대한 발달적 관점을 제시하였는데, 렙스는 그의 해석에 배경의 원을 적용하면서 동시적인 관점의 예를 든다. 찾아야 하는 이유가 없는 것이다. 數 2의 원형과 이 그림을 연결해 본다면 이러한 역설은 명확해진다.

십우도와 數 원형에 대한 나의 해석으로는 소를 찾는 동자의 여정을 數 2 원형의 시작으로 본다. 자아는 자기(self)에 의해 둘러싸인 어떤 형태에서도 자기로부터 분리된다. 4장에서 논의했듯, 數 2 원형은 세상이라는 미로를 걸으면서 잃어버림과 정신으로부터 분리되는 '경험'으로 나타난다. 그것은 이 첫 번째 그림과 시의 주제와 일치한다. 이러한 상태에서, 그림을 둘러싸고 있는 희미한 원형 안에서 상징적으로 보여질 수 있는 자기(self)를 분리와 갈망을 통해 경험한다. 따라서 소년은 소를 찾고 있으면서 상징적으로는 자기를 찾고 있는 것이다. 비록 그는 이유를 알지 못하지만 아마도 모호한 느낌 때문에 그렇게 할는지도 모른다.

발달적인 관점에서 변형 또는 변화의 과정을 묘사하는 것으로서 그림을 보았을 때, 우리는 그것이 때로는 '빅뱅'이라고 불리는 변화를 위해 비판적인 집단을 구성함으로써 시작한다는 것에 동의한다. 가끔 그것은 충격, 방향 감각의 상실 그리고 항상 그러하리라고 생각되어 온 것과의 괴리 또는 상실감과 자포자기를 느끼게 한다. 요약하자면,

처음에는 변화의 필요에 대해 투쟁을 하게 된다. 우리의 변화에 대한 초기 과정은 길을 잃고 갈 길의 방향을 찾는 소를 돌보는 청년이 나오는 첫 번째 그림에서 쉽게 이해되어질 수 있다.

동시적 관점에서 첫 번째 그림은 의식의 발단에 있는 무의식의 내용을 묘사하고 있다. 소를 돌보는 동자의 진리에 대한 관계는 '우연적'이고 '우발적'인 것처럼 이 그림은 동시성의 개념을 가장 잘 묘사하고 있다. 종종 신참 명상가의 경우에 특히나 큰 그림을 보지 않고도 감지하게 된다. 또한 이 그림을 명상의 관점에서 보면, 분주한 마음과 같은 원숭이에 의해 종종 미혹되고, 정답이나 진리에 관련하여 세상 속에서 찾는 것에 집중되어 있다. 초기에 확실하지 않은 진리를 믿기 위해서는 신뢰를 발전시킬 수 있는 증거(발자국)를 필요로 하는 것 같다. 무의식에서 길을 잃으면 친근한 단서를 찾는다. 찾는 행위(소년)와 찾는 이유(원)의 이중성은 화두(Koan)를 처음으로 혼란스럽게 하는 것이다.

[십우도 2] 의지
견적(見跡: 소의 자취를 발견하다)

수변임하적편다(水邊林下跡偏多)
방초이피견야미(芳草離披見也徵)
종시심산갱심처(縱是深山更深處)
요천비공즘장타(遼天鼻孔怎藏他)
물가의 숲 속에 발자국은 유달리 많은데
그대는 숲을 헤치고 보는가 마는가?
설사 깊은 산 더욱 깊은 곳일지라도
먼 하늘 뚫렸으니 어찌 그를 숨기랴.

두 번째 그림은 '환영이라는 잡초를 헤쳐가고 있다.' 라고 읊어지는 시와 함께 광야에서 소를 찾고 있는 동자를 보여 준다. 이러한 상태의 이분법은 끝없는 탐색과 매미의 가을 노래 사이에 있다. 이것에 대한 곽암의 논평은 다음과 같다. "어떻게 내가 거짓으로부터 진실을 인지할 수 있는가? 문에 들어가지 않았음에도 불구하고 길을 감지하였다."

필자는 이 그림을 3의 의식과 연관시키는데, 의식은 자아의 관점에서, 즉 리비도, 목적, 능동적으로 찾고 '잡초를 뽑는' 행동에서 표현된 방향에서 자기(self)를 경험한다. 앞에서 보았듯이, 數 2의 제압력은 이제 결정으로 변한다. 이것은 우리가 알지 못하는 것과 마주쳤을 때 겪게 되는 공통된 경험이다. 이 그림에서와 같이 3의 원형은 절망과 모험, 즉 자아 팽창과 수축 둘 다를 잡고 있다.

발달적인 관점에서 변화는 불가피하다는 것을 알게 된다. 우리는 방향 감각을 찾기 위한 시험적인 실험에 착수한다. 찾느라고 너무 분주하여 우리는 때때로 숲 속에서 길을 잃기도 한다. 우리가 충분히 찾고 나서야 그 길에 있을 수 있을 것이다.

동시적인 관점에서, 명상가(소를 돌보는 청년)는 진실을 찾고자 하거나 또는 자기와 연결시키고자 한다. 생각, 느낌, 좋고 나쁨 그리고 어떤 일을 할 때의 에너지를 분류하는 것은 자기(self)의 외적 경험으로서 나 자신을 찾는다는 표시다. 아마도 찾는다는 것은 해답을 찾는 것이 아니라 주의를 기울임일 것이다.

[십우도 3] 보고 듣고 주의를 기울이는
견우(見牛: 소를 보다)

황앵지상일성성(黃鶯枝上一聲聲)
일난풍화안유청(日暖風和岸柳靑)
지차갱무회피처(只此更無廻避處)
삼삼두각화난성(森森頭角畵難成)
꾀꼬리 가지에서 노래 부르니
따뜻한 봄바람에 강 언덕 버들잎 푸르네.
다만 다시 피할 수 없는 곳에
소 모습 삼삼한데 그리기는 어려워라.

세 번째 그림에서 소를 돌보는 청년은 소의 발자국과 소의 뒷모습을 흘긋 보게 된다. 소는 보이지만 아직 잡히지는 않는다. 여기서 주는 메시지는 볼 수 있고 느낄 수는 있지만, 본질을 잡을 수 있느냐 하는 것이다. 명상적 관점이 곽암에 의해 잘 설명되고 있다. "소리를 쫓아 들어가니 보는 곳마다 근원과 마주친다. 물속의 소금 맛이요, 물감 속의 색깔인데, 가장 사소한 것이라도 자기(self)와 동떨어진 것은 아니다."

필자는 이 그림을 4의 의식과 연결시키고자 하는데, 數 4는 모든 드러나는 것의 본질로 돌아가 그 의미를 추적하면서 경험된다. 만약 우리가 듣는다면, 4의 數 원형과 이 그림에서 자기(self)와 연결되는 가능성을 보게 된다. 그것은 수용적이거나 또는 내적인 소리에 주의를 기울이는 것이다.

발달적인 관점에서 보면, 변화의 과정에서 일단 우리가 적극적으로 찾는 것을 포기하면 진실은 드러난다. 우리가 준비되어 있을 때 진실은 나타나지만, 집으로 향하는 새로운 방향은 아직도 우리들에게 나타나지는 않는다. 우리는 자신의 발걸음에 확신이 없고 '불안해한다.' 우리는 연속성, 안정성을 찾는 데 몰두한다.

동시적 관점에서 보면, 조용하게 내면에 귀를 기울이면 무형의 자기(self)와 접속하게 된다. "아, 거기에 있구나." 하면서 말이다. 말로 표현할 수 없는 수많은 경험은 숨바꼭질의 형태로 나타난다.

[십우도 4] 이끌림과 지침
득우(得牛: 소를 얻다)

갈진정신획득거(竭盡精神獲得渠)
심강력장졸난제(心强力壯卒難除)
유시제도고원상(有時濟到高原上)
우입연운심처거(又入烟雲深處居)
온 정신 다 쏟고 그 소를 잡았지만
거센 마음 거친 행동 조복받기 어렵네.
어떤 땐 고원상에 오르는 듯 싶더니
또다시 구름 속 깊은 곳으로 숨고 마누나.

네 번째 그림은 목자가 소를 잡으려 하고 길들이려고 하는 모습을 보여 준다. 이 시는 역설적인데, 소를 끌고 가고자 하는 동자는 어떤 의지와 지침을 따르기도 하고, 또 한편으로는 같은 자아 의지가 소를 잡는 것에 방해가 되기도 한다. 네 번째 그림에서 곽암은 이렇게 논평을 쓰고 있다. "보이는 것에 심취되는 것은 방향을 찾는 데 방해가 된다. 더 좋은 풀을 찾아 그는 여기저기 헤맨다. 그러나 그의 마음은 아직도 완고하고 자유롭다. 만약 그가 나의 말에 따르길 원한다면 나는 채찍을 들어야 한다." 이것은 개인이 내적으로 유일함(oneness)을 깨달은 5 원형과 잘 연결된다. 그러나 즐거움과 자유에 대한 강한 욕망에 이끌려 아직 자기(self)를 따르지는 않는다. 5에서 자기(self)는 혼란스러움에도 불구하고 같이 온다. 내적인 마음의 지침은 아마도 불안을 잠재우는 채찍일 것이다.

발달적인 관점에서 보면, 자기(self)와 계속적으로 접촉하는 발전이 있다. 그러나 어떻게 감정을 억제하는가는 여전히 불가사의한 일이다. 도전은 새로운 행동과 습관을 다루는 지침 안에 있다.

동시적인 관점에서 보면, 자아와 자기(self)의 관계의 이중성은 도전적이다. 마음을 길들이는 지침과 자아 의지는 필요하다. 그러나 數 5 원형에서 보았듯이, 신성(numinous)에 대한, 자기(self)에 대한 욕망조차 자아 중심적이며 따라서 고요함은 사라진다.

[십우도 5] 강한 집중력
목우(牧牛: 소를 기르다)

편견시시불리신(鞭牽時時不離身)
공이종보입애진(恐伊縱步入埃塵)
상장목득순화야(相將牧得純和也)
기쇄무구자축인(羈鎖無拘自逐人)
채찍과 고삐를 잠시도 몸에서
떼지 않는 것은
혹시라도 그가 흙먼지 속으로
들어갈까 두려운지라
서로 잘 이끌어 온순해지면
묶어 놓지 않아도 스스로 사람을 따르리.

이 그림에서 남자는 길들여진 소를 길로 이끌고 있다. 곽암의 논평은 다음과 같다. "하나의 생각이 떠오를 때, 다른 생각도 뒤따른다. 처음 생각이 해탈로부터 올 때, 그에 따르는 모든 생각은 진실이다. 코를 고삐를 당길 뿐이니, 의심은 용납지 않는다." 곽암은 분명하게 이 그림에서 동시적인 관점을 묘사하고 있다. 스파이글만은 흥미로운 관점을 덧붙인다. "이제 문득 우리는 소년이 남자가 된 것을 알게 된다. 그것은 마치 본능과 투쟁을 시작하면서 청년이 되고, 본능과 세상에 만족스럽게 적응할 때 남자가 되는 것과 같다."[8]

스파이글만의 논평은 본능을 길들이고, 삶의 길이 어떠하든지 그 길을 받아들이는 자로서의 '성인'으로 정의 내리면서, 이 그림의 발달적인 면을 드러낸다. 나는 다섯 번째 십우도를 數 6의 원형과 연결시키는데, 이것은 대극의 합일을 통해 통일(oneness)을 경험하는 것이다. 이러한 통합은 몰입(commitment)과 길들임을 통해서, 또는 보다 높은 차원의 목적을 향해 내적인 강한 에너지를 모으는 것을 통해 일어난다.

동시적인 관점에서 보면, '세상의 먼지와 더러움'의 원인은 중심을 잃어버린 구도자가 아니다. 여기에서 우리는 의식으로 들어오는 모든 것이 내적인 과정을 통해 가루가 되는 것을 볼 정도로 인내를 배우게 된다.

[십우도 6] 양도
기우귀가(騎牛歸家: 소타고 집에 돌아가다)

기우이리욕환가(騎牛口彭欲還家)
강적성성송만하(羌笛聲聲送晚霞)
일박일가무한의(一拍一歌無限意)
지음하필고순아(知音何必鼓脣牙)
소를 타고 한가로이 집으로 향하니
목동의 피리소리마다 저녁노을 보내네.
한 박자 한 가락 한없는 뜻을
소리를 아는 이여 무슨 말이 필요하랴.

여섯 번째 그림에서 소를 찾던 목동은 소에 올라타서 피리를 불면서 소가 이끄는 대로 놔두고 있다. 곽암은 다음과 같이 말한다. "투쟁은 끝났고, 얻음도 잃음도 모두 비었구나! 태평한 모습으로 소 등에 누워, 눈은 아득한 허공을 바라본다. 어느 누가 부를지라도 나는 앞으로 간다." '앞으로' 그리고 '집으로 향하는 것' 은 발달적인 관점을 제시한다. 마음 속 음악을 통하여 현재에 이끌리는 것은 동시적 경향을 말한다. 여섯 번째 시의 첫 구절은 數 6에서 數 7로 이동하는 의식의 상태로 보여질 수 있다. 특별히 처음 구절, "얻음도 잃음도 모두 비었구나."는 6의 통합을 생각나게 한다. 이제 소와 목동의 관계에 있어서 필요한 것은 결속력이다. 더 이상 채찍도 고삐도 필요하지 않다.

동시에 그림에서 분명히 보여 주는 것과 같이 이러한 통합의 상태에서는 욕심도 힘도 필요 없이 목동이 편히 쉬는 것을 허용한다. 그는 완전히 소를 믿고 소가 이끄는 대로 둔다. 7이 시작할 때 처음에는 포기하는 것을 요구했고, 무의식을 만날 때 겪게 되는 일은 무엇이든 헌신을 필요로 했고, 진리 안에서 쉴 필요가 있다.

발달적인 관점에서 보면, 이 상태에서 우리는 복종과 믿음, 감정을 배운다. 동시적인 관점에서 목동(또는 명상가)은 선택하지 않은 의식의 자발적인 상태에 있다. 확실하고 충분하게 휴식을 취하고 침묵의 시간을 보냄으로써 의미심장하게 매 순간을 즐기고 모든 것에 편안함을 느끼게 된다.

[십우도 7] 달빛의 눈
망우존인(忘牛存人: 소는 잊고 사람만 있다)

기우기득도가산(騎牛己得到家山)
우야공혜인야한(牛也空兮人也閒)
홍일삼간유작몽(紅日三竿猶作夢)
편승공돈초당한(鞭繩空頓草堂閒)
소를 타고 이미 고향집에 돌아오니
소는 이미 없고 사람 또한 한가롭네.
해 떠오른 지 석자인데 아직 꿈 속에 있고
채찍 고삐 쓸데 없고 초당도 한가롭네.

일곱 번째 그림에서 우리는 오두막 앞에서 산 넘어 달을 향해 빌고 있는 한 남자를 본다. 곽암은 다음과 같이 말한다. "모든 것에는 하나의 법이 있지, 두 개의 법은 없다. 빛이 확실하게 비치는 길 위로 영원히 여행을 하게 된다." 나는 '법'을 의식의 단계에서 깨달음의 표시로서 보며, 그리고 정신적이고 물질적인 것은 하나의 커다란 에너지의 대양으로 본다. 이 그림은 나에게 數 7의 의식을 떠오르게 한다. 數 7의 빛의 파장에 대한 관계와 빛과의 통합에 대한 관계는 9장에서 자세히 논의되었다. 이 상태는 선악의 이분법(분열), 그리고 즐거움과 고통사이의 갈등을 비워낸다. 따라서 그림은 더 이상 소와 목동의 분열을 나타내지 않는다. 소는 고요함 속으로 사라졌다.

발전적인 관점에서 이 그림은 산 위의 목동의 집은 외로움의 상징이며 7의 내적 여행의 강한 상징을 보여 준다.[9] 산을 바라보는 것은 의식에서 더 높은 단계를 나타낸다. 해탈 또는 영원한 빛을 상징하는 달과 산은 여전히 꿈으로 남아 있다. 이것은 또한 달, 즉 여성성과 하나가 되기를 원하는 상징이라고 볼 수 있을 것이다. 입문자가 비록 진리에 대한 그의 경험을 통합하고 자기(self)와 하나가 되는 상태에 이르기 위해 소에게 의지할 필요가 없을지라도, 그는 자신을 비우기 위해 동일시한 모든 것을 버리기 위해 욕망과 내성을 강화하고 용기를 가질 필요가 있다.

동시적 관점에서 보면, 주의 깊고 온전한 존재로서 우리는 각 순간 겪는 경험과 하나가 된다. 우리는 더 이상 내적과 외적, 그리고 자아와 자기(self)로 나누어져 있지 않지만, 조용하고 소리가 없으며 움직임이 없다.

[십우도 8] 모두 없다
인우구망(人牛俱忘: 사람도 소도 다 잊다)

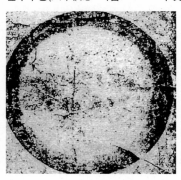

편견인우진속공(鞭牽人牛盡屬空)
벽천요활신난통(碧天遼闊信難通)
홍로염상쟁용설(紅爐焰上爭容雪)
도차방능합조종(到此方能合祖宗)
채찍과 고삐 사람과 소 모두 없으니
푸른 하늘 멀고 넓어 진실로 통하기 어렵네.
붉은 화롯불 속에 어찌 눈을 용납하랴
이제야 바야흐로 조사의 뜻 얻었다 하리.

여덟 번째 그림에서 배경의 둥근 원이 정면으로 등장한다. 곽암은 다음과 같이 말한다. "범속한 생각을 탈락하고, 거룩한 뜻도 다 비어 있다. 부처가 있는 세계엔 놀 필요가 없고, 부처 없는 세계는 모름지기 급히 지나가야 한다. 범속함과 거룩함 둘 다에 집착하지 않으니, 관음보살의 천안이라도 엿보기 어려워라. 온갖 새들이 꽃을 물고와 공양하는 것은, 오히려 한바탕 부끄러운 장면일 뿐이네." 선불교에서

'무'라고 일컫는 비움의 이 그림과 이 시는 '비인격적인(non-personality, 개인적이 아닌)' 상태를 말한다. 가와이 박사가 지적했듯이 단월드의 원칙(Dharmic World of Principle)인 '비움'은 없음과 실재의 이중적인 의미를 내포하고 있다.[10] 11장에서 충분히 논의되었듯이 이 비움은 '존재'에 대한 무한한 가능성을 갖고 있는 모든 충만함의 상태다. 조용히 순수한 마음으로 무엇인가에 집중할 때 우리는 전체에 몰입하게 된다. 따라서 이 여덟 번째 그림의 '비워진 원'은 부처의 본성 또는 자기(self)의 충분히 명백한 활동으로 묘사될 수 있는데,[11] 이것은 또한 통일성(oneness)으로 소멸되는 죽음의 표현이기도 하다. 그렇지만 이 상황에서 어떤 사람은 지하계로의 여행, 즉 7에서 8로 이동한 후에 보게 되는 빛과의 완전한 합일에 이러한 상태를 연결시킬 수도 있다. 스즈키(Suzuki)가 말했듯이 "마침내 심리학적인 사고로의 전환은 '두 번째 깨달음'이 올 때 생겨나는데, 여기서 자아의 상대성은 모든 것이 더 큰 전체의 일부라고 하는 말하는 그러한 방식에서 발생한다."[12]

흥미롭게도 원, 공허함, 어둠 모두 여성성을 나타낸다. 따라서 이 그림은 우리에게 있는 풍부한 여성적 힘, 어둠과의 재통합을 지적하고 있는지도 모른다.

발달적 관점에서 이것은 연금술적 변형 상태로, 여기에서 우리는 반응과 마음으로부터 진정한 자유로 녹아든다.

동시적 관점에서는 어떠한 바람, 욕망 또는 꿈이 여기에는 없다. 모든 것은 비어 있다. 그러나 우리는 신성한 자기(self)에 의해 충분히 유지되고 지지받는다. 우리가 겪는 모든 경험은 하늘처럼 유동적이다. 원형과 무형의 상태에서는 어떤 집착도 없고, 오직 열린 마음만이 있다. 이 상태는 한 마디로 정의 내릴 수 없으며 사람이 내적인 영역으로 사라지지 않는다면 보여지지도 않는다.

[십우도 9] 내적인 앎
반본환원(返本還源: 근원으로 돌아가다)

반본환원이비공(返本還源已費功)
쟁여직하약맹농(爭如直下若盲聾)
암중불견암전물(庵中不見庵前物)
수자범범화자홍(水自范范花自紅)
근본자리로 돌아오고자 무던히도 애썼구나
그것이 어찌 귀머거리, 장님만 같겠는가.
집에서 집 앞의 물건도 보지 않으니
물은 스스로 흐르고 꽃은 스스로 붉게 피네.

　여덟 번째 그림에서와 같이 아홉 번째 그림에서도 우리는 소와 목
동을 볼 수 없다. 그러나 비어 있던 원은 이제 뿌리를 깊게 내리고 꽃
이 활짝 피어 있는 뒤틀린 고목으로 채워져 있다. 곽암은 다음과 같이
말한다. "본래부터 진실은 맑다. 고요함 속에서 통합과 분열의 형태
를 본다. '형상'에 애착을 갖지 않는 자는 '개선'될 필요가 없다. 나
는 흥망성쇠를 바라본다." 이 시와 그림은 우리의 뿌리, 근원―재탄
생과 번영을 가능하게 하는 땅, 여성성―으로 되돌아감의 중요성에
대해 이야기한다. 여기서 우리는 무형으로부터 나타나는 형상의 관점
에서 數 8 원형을 본다.

　발달적 관점에서 보자면, 마지막 단계에서 변화시킬 힘이 있는 비
움의 경험을 통해 새 탄생을 보게 된다. 이 탄생은 전체성이라는 자궁
안에 완전하게 동화되어 분리되지 않은 개인의 탄생으로, 그는 아직
은 보통의 일상적인 세상 속에서 반응이 없는 삶으로 살아가는 것에

대한 준비를 못하고 있다.

동시적 관점에서 우리는 마음이 없고, 중심도 없고, 집착도 없는 상태에서 역사와 삶을 대한다. 외부를 인식하고, 게다가 내적인 앎에 사로잡히는 것은 이러한 명상적 관점에서 이루어지는 것이다. 스스로 자라는 풀처럼 자유로워지는 데 있어서 아무런 노력도 필요 없다.

[십우도 10] 동정과 재탄생
입전수수(入廛垂手: 저자에 들어가 손을 드리우다)

노흉선족입진내(露胸跣足入廛來)
말토도회소만시(抹土塗灰笑滿)
불용신선진아결(不用神仙眞我訣)
진교고목방화개(眞敎枯木放花開)
가슴을 헤치고 맨발로 시중에 들어와서
흙먼지 묻은 얼굴 웃음이 가득하네.
신선의 진짜 비결 쓰지 않고도
곧바로 고목에 꽃을 피우네.

마지막 그림에서 우리는 풍성한 나무 아래에서 부처를 연상시키는 노인과 이야기를 나누는 목동을 볼 수 있다. 가와이 박사는 이 열 번째 그림이 "첫 번째 그림과 연결되고, 따라서 이 일련의 십우도는 끊임없이 순환적으로 반복된다."고 보았다.[13] 數 원형의 관점에서 이 그림은 특히 數 9와 연관된다. 그러나 그것 또한 1 원형과 연결된다. 현명한 노인은 시장에 명상을 가져왔다(그림에서 술). 이 이미지에는 9와 1이 함께 있다. 1과의 연결은 탄생의 경험을 의미하는 것으로, 개성화를 위한 새로운 여정을 말한다. 이것은 자궁으로부터 세계로의 탈출이고, 우리가 지금 막 살펴본 여정을 시작하고자 젊은 수행자가 떠나는 것을 의미한다.

발달적 관점에서 보면, 변화는 이제 일상생활의 다양한 측면들로 통합되어 나타난다. 우리가 사랑으로 그리고 동정적으로 사회에 의미 있는 헌신을 하면서 자기(self)의 도움을 받게 되는 시간이다.

동시적 관점은 분명히 시의 두 번째 부분 '신선의 비결을 쓰지 않아도'에서 볼 수 있다. 이 진리는 이제 완전히 통합되었으며 우리 외부의 어떤 것(어떤 신)의 가르침이나 도움이 필요 없다. 그러나 상처입기 쉽지만 유효한 삶의 도전은 환영이다. 삶은 모두 거의 활기가 있으며 살면서 겪는 모든 경험으로 나오게 된다. 여기서 내적인 관심은 마음, 즉 모든 삶의 형태에 내적인 평화를 주는 자비(metta) 명상에 집중된다. 마음의 눈을 통해서 내부를 들여다보면 빛으로 이끌린다. 따라서 외부에서 빛을 찾을 필요가 없으며, 거기에는 또한 고독이나 분리도 없다.

미 주

1. Spiegelman and Miyuki, p. 46.
2. 이 자료를 제출하면서 나는 십우도 분석에 세 가지의 경우를 결합하였다. 처음의 것은 가와이 하야오의 『불교와 정신치료』의 기술이다. 이 그림들은 15세기 일본화가 수붕(Shubun)에 의해서 그려졌다. 본문에 수록된 시는 십우도 그림의 영문번역 Urs App에 근거하였다. 나는 그들의 數 원형과의 관계를 명확히 하고 강조하기 위해서 이 세 가지 번역을 혼합비교하였다. 가와이 것에 있는 열 마리의 십우도 그림들과 렙스(Paul Reps)의 판은 매우 비슷하다. 두 가지 모두 열 가지 그림의 테두리는 원형으로 되어 있다.
3. Kawai, Hayao, *Buddhism and the Art of Psychotherapy*, p. 44, 58.
4. Walker, Barbara G., *The Woman's Encycopedia of Myths and Secrets*, p. 604.
5. Urs App's homepage at http://www.iijnet.or.jp/iriz/irizhtml/zenart/10ox.htm.
6. Spiegelman, J. Marvin and MokusenMiyuki (1994). *Buddhism and Jungian Psychology*, p. 52.
7. Kawai, p. 60.
8. Spiegelman and Miyuki, p. 66.
9. Spiegelman and Miyuki, p. 69.
10. Kawai, Hayao, op. cit., p. 100.
11. Spiegelman and Miyuki, p. 37.
12. Suzuki, *Manual of Zen Buddhism*, in Spiegelman and Miyuki, p. 72.
13. Kawai, p. 59.

# 15

## 數 원형의 정적인 측면
## 또는 역동적 측면

　필자는 하나의 數에서 다른 數로의 발전 혹은 후퇴하는 개개인의 과정에 있어서의 변화의 역동적 과정을 다루지 않았다는 것에 대해 잘 알고 있다. '역동성'이 모든 심리학적 에너지의 모든 움직임을 포함할 수 있기 때문에 나는 그것을 정의하는 것으로 시작할 것이다. 나는 '역동성'이라는 용어를 완전한 치료 과정에서의 數의 실제적인 움직임으로 정의한다. 게다가 이 자료를 적용하는 치료자들에게 이것은 단지 한 번 스쳐지나가는 정도로 보여질 것이다. 이것은 모래놀이 과정에서 數가 보여 주는 흥미진진한 방법 모두를 다루지는 않는다. 여기에서 다루어지지 않는 추가적인 문제들은 다음과 같다. '數가 반복적이고 설명 가능한 특별한 방식을 따르는가?' '그러한 방식은 자연의 성장과정을 따라가거나 혹은 그것과 비슷한가?' 數 언어에서 정신의 '연금술적 발달' 양식을 발견하기 위해서는 많은 조사가 이루어져야 한다. 그러나 우리가 數를 비선형적이거나 동시적으로 본다고 해도 여전히 해결되지 않는 많은 질문이 남아 있다. 수세기 동안 동양에서는 數를 동시적으로 보아왔기에 이러한 질문들이 야기된다. 예를 들어, 중국의 전통을 지닌 클라이언트는 모래상자에 다양한 數를 사용하고 질적으로 數를 보는 경향이 있는 데 반해, 서양 환경에서 자란 사람은 數를 달리 사용한다.

빠지기 쉬운 함정은 각 클라이언트의 치료과정에서 하나의 모래상자에서 다음 상자로 넘어갈 때 선형적이고 발전적 발달이 있을 것이라는 가정이다. 나는 이것을 제안하지도 않았고, 모래상자에 대한 어떤 일반화를 위해 충분히 모은 조사 자료도 없다. 數 자체의 원형과 이 책에 제시된 數의 연대기적 표상(1부터 9까지)은 실제 삶에서는 원형 1에서 다음으로 진행하며 9에서는 개성화 혹은 해탈의 단계에 이른다는 환상을 지지할 수도 있다.

그러나 특별히 13장과 14장에서 언급했듯이, 우리는 모래상자를 꾸민 상상 속의 무의식에서 나타나는 하나의 數보다 더 많은 것을 보기를 기대할 수 있다. 다른 것들은 창조자가 감지하지 못하여 더 무의식적이고 불시에 나타나는 자료로 남아 있는 반면에, 어떤 것은 더 명백하고, 더 분화되고, 심지어는 의식적으로 언어화될 수도 있다. 사실상, 다양한 사람들의 모래놀이 과정을 관찰하면서 나는 어떤 특정한 數에서 시작해서 몇 개의 數로 향하는 선형적인 움직임이 있을 수도 있고, 많은 다양한 변화 속에서 같은 數가 계속 반복해서 보일 수도 있다는 것을 알아냈다.

여기에 몇 가지 예가 있다. 첫째로, 數 1의 원형을 다루었던 3장([그림 3-6], [그림 3-12], [그림 3-13] 참조)에서 제시되었던 25세 여성은 數 3을 다루었던 부분([그림 5-9] 참조)에서 또다시 다루어진다. 여기서 나는 삼각형 혹은 數 3에 의해 영향을 받은 그녀의 모래놀이 과정을 보여 주었다. 분명히 이 여성은 數 3이 갖는 자아 발달의 일반적인 문제를 지니고 있다. 이와 병행하여 그녀는 1의 원형을 보이는 모래 상자에서 자신의 탄생과 치유하고 재탄생 하려고 애써 노력하는 작업을 하고 있었다.

좀 더 직접적인 변화는 1, 2, 3의 과정을 통해, 즉 의존적 의식을 자기보호의 자신감에 내맡기는 내면의 공포를 통해서 마음이 움직여진 71세 여성에게서 볼 수 있다. 그녀의 모래상자는 [그림 4-13]에 나와 있다. 數가 순차적으로 나오는 또 다른 모래상자는 [그림 3-10]에서 본 '홍수 혼란'을 만든 36세 여성에게서 나왔다. 모래놀이 과정에 대해서 배우고 경험하게 된 심리치료사인 이 클라이언트는 그녀의 모래 상자에서 數 1부터 6까지 체계적으로 움직였다. 이 책에는 그녀의 작품 중 단지 몇 개만 예로 나왔는데, 여기에서 몇 가지를 살펴보고자 한다. 數 1을 표현하는 모래상자([그림 3-10]), 네 방향과 네 요소로의 분화를 보여 주는 數 4의 모래상자([그림 6-6]), 치료 과정의 종결을 향해 만들었던 결합으로서의 數 6의 모래상자([그림 8-8])가 있었다. 그녀는 그 과정을 數 6의 상태로 끝냈다. 또 다른 발전적인 과정을 보여 주는 사례는 자기 자신의 목소리를 찾고자 하는 여성인데, 이 여성은 數 5에서 시작해서([그림 7-9]) 數 7에서 끝냈다([그림 9-4]).

나는 또한 예를 들면 7에서 2로, 9로, 3으로 그리고 4와 같이 불규칙적으로 움직인 클라이언트를 발견했다. 위에서 지적하였듯이, 어떤 모래상자에서는 어떠한 數에도 적합하지 않은 것 같고 순서가 없기도 한다. 나는 또한 분명히 하나 이상의 數 원형을 담고 있는 상자를 보기도 하였다. 이것은 1에서 2로의 움직임을 보이는 사례처럼([그림 4-3]) 과도기적인 모래상자일 수도 있고, 또는 3부에서 실습용으로 사용했던 數에서처럼 하나의 모래상자에 다양한 주제가 나오는 것일 수도 있다.

필자가 여기서 다시 살펴보는 마지막 사례는 40세 남성이다. 그는 많은 상자를 만들었는데, 여기서는 단지 몇 개의 상자, 즉 數 5([그림 7-10])와 數 7([그림 9-10]), 數 8([그림 2-6])을 나타낸 상자에 대해서만 서술하였다. 이 남성이 만든 모래상자에 나타난 數의 움직임은 미로와 비슷하였는데, 모든 범위의 數를 포함하여 발전하면서도 후퇴하고, 앞으로 나아가기도 하고 뒤로 후진하기도 하였다. 그리고 아마도 옆으로도 움직였을지도 모른다. 그는 하나 이상의 數를 표현하는 모래상자(혼합 모래상자)를 만들기도 하였다.

모래에서 數를 발견할 수 있는 다른 방법을 적용해 볼 때(3부에 제시된 표 참조), 하나의 모래상자 속에서 다양한 數의 표상을 보는 것이 가능하다는 것을 강조하고 싶다. 한 편으로 3을 나타내는 모래상자의 복합적 그림을 되돌아보면([그림 5-9]), 치료과정 동안 동일 인물이 동일한 원형을 표현하는 다양한 방법을 사용할 수 있다는 것을 관찰하게 된다. 그녀는 자신을 표현하고, 같은 數 의식에서의 변화를 표현하기 위해 다른 시기에 색과 공간 분할, 수량, 디자인을 표현하였다.


## 요약

그래서 나는 독자들이 數에 관한 이 정보를 하나의 특정한 방법으로 분류하지 않기를 바란다. 이것은 급하게 맞추기 위해 사용되는 것이 아니다. 대신에 당신이 상징적 정보를 클라이언트의 어느 시기의 한 순간의 의식과 더 깊게 연결하게 하고, 더 안전하게 탐구할 수 있는 일반적인 지도로 사용하길 권장한다.

# 16

## 전이 문제에 대한
## 지침으로서의 數원형

　지금까지 동시적이며 진화적인 관점에서 數를 살펴보았는데, 치료적 환경과 모래놀이 과정을 반영하는 것으로서 數를 보는 것 또한 흥미로운 일이다. 앞으로의 세 개의 장에서 제시하는 자료는 그것들이 1에서 9까지 순서대로 적혀져 있음에도 불구하고, 동시적이거나 과정 중심적이고, 발전적이거나 발달 중심적으로 보일 수도 있다.

　때때로 모래놀이를 소개하는 강의에서 치료자들은 이렇게 질문할 것이다. "이 치료가 집에서 모래상자와 장난감을 가지고 노는 것과 어떻게 다른가?" 이에 대한 답변은 앞에서 논의했던 발달적 접근과 동시적 접근 사이의 관련성에 있고 그리고 모래놀이치료자가 만들어 내는 치료적 환경과 무의식이 출현할 수 있도록 제공되는 안전감과 관련이 있다는 것이다. 모래놀이치료 과정에서 서로 다른 시기에 일어날 수 있는 의식 상태 또는 아홉 가지 數 원형의 관점에서 치료실에서의 치료자와 클라이언트의 경험을 확인하고, 數 지도를 통해 모래놀이치료 과정을 관찰함으로써 우리는 안전하고 보호된 치료 상태의 많은 측면을 이해할 수 있게 된다.

　**數** 1의 원형은 1은 조용히, 움직임 없이, 그러나 지지하는 태도로 언제나 기다린다고 설명한다. 모래놀이치료자는 조용히 편안하게 기다리지만 지지하며 들어 주는 태도를 취한다. 나는 이러한 상호 연관성이 있는 공간에서 나오는, 각각의 모래놀이 과정이 가지고 있는 창조성의 강력한 에너지에 거의 경탄한다. 이러한 상태는 모래놀이에서 경험되는 것 중의 하나로, 치료자는 무의식의 지혜 속에서 신뢰를 느낀다. 이러한 견지에서 치료자는 모래놀이의 여행을 하도록 지지하는 자유롭게 보호된 장소인 성역, 즉 요람을 창조한다.

　모래놀이치료자는 모래놀이에서 발생할 수 있는 이중성과 혼란을 편안하게 받아들여야 한다. 모래놀이를 처음 시작할 때 대부분의 성인은 자기 자신을 관찰하고 관찰당하면서 자신을 판단하고 부끄러움과 당혹감을 느낀다. 이 어색함을 인지하고 고려하는 치료자의 능력은 클라이언트가 **數** 2의 에너지에 부응하도록 안전한 환경을 만들어 준다. 이는 분산되고 혼란스러우며 '나는 너와 다르다.' 라는 자기 의식적 에너지를 갖는다. 2의 의식 상태는 이러한 혼란을 표현하도록 하고, 클라이언트의 대극을 유지할 수 있도록 하는 것이다. 그것은 분쟁, 분열, 분리의 감정들을 수용하고 반영하는 것이고, 자기 판단의 단계를 거쳐 클라이언트를 반영하고 지지하는 것이다. 이러한 2의 의식 상태에서 우리는 클라이언트가 자신의 부모나 의식적인 지침원리 없이 자기 자신을 탄생시키는 과정을 관찰하게 된다. 숙련된 치료자는 클라이언트가 이러한 발달을 이해하고 안심할 수 있도록 돕는다.

　3의 의식 상태에서는 인내와 끈기를 필요로 한다. 그것은 자기 충족감과 확고함, 그리고 모래와 장난감을 가지고 하는 의도적이며 목표가 있는 움직임을 표출하는 것으로서 모래놀이에서 나타난다. 이 단계에서 클라이언트는 치료실에 도착하기 전에 무엇을 할 것인지에 대한 계획을 가지거나 혹은 모래상자에 대해 생각해 보고 올 수 있다. 이에 우리는 클라이언트로부터 치료과정에 대한 목적의식과 지속성을 보게 되고, 그들 자신이 만든 작품과 이야기에서 흥미를 느끼게 된다. 반면에 3의 상태에서 때때로 내면과의 연결이 부족한 경우를 발견하게 된다. 예를 들면, 모래놀이치료자가 되려고 계획하는 클라이언트에게서 때때로 이러한 모습을 보게 된다. 만약 그들이 아직 모래놀이 과정에 내면과의 연결을 확립하지 않았다면, 그들은 자신의 훈련을 끝마치고자 하는 욕구가 더 클 수 있다. 또한 과장된 모래놀이 역시 가능하다. 여기에서 치료자의 명료함과 확신감은 모래상자를 만드는 과정 중에 있다는 지식을 전달함으로써 클라이언트를 지지할 수 있다. 클라이언트가 모래놀이과정과 치료 경험에서 의미를 찾는 것은 네 번째 단계에서다. 이제부터 이완되고 편안한 상태로 내려와 내담자는 모래놀이 과정 자체의 경험에 의해 세워지고 강화되는 감정을 표현할 것이다. '모래놀이를 하는 데' 편안함을 느끼게 되는데, 그것은 또한 불행하게도 치료자를 안심시켜 능동적이고 직관적인 클라이언트의 모래놀이치료 과정에 '잠들어버리는' 일상적이고 규범적으로 되게 하는 위험에 빠지게 되기도 한다. 여기서 우리는 능동적인 모습과 단순한 해석을 신중하게 구별하는 도전을 받는다.

　5의 의식 상태에서 때때로 치료적 상황은 규범적이지 않은 무언가를 하고 싶어 하는 클라이언트에 의해서 전이에 대한 테스트라고 여겨지는 시험을 받는다. 클라이언트는 페인트나 음식을 쏟거나 모래를 온통 물들이고 접시를 만드는 동안 드럼을 치고 모래를 여기저기 뿌리거나, 이용할 수 없는 물건을 요구할 수 있다. 클라이언트와 치료자 사이의 역동적 관계는(안전하게 보호된 장소를 통한) 창조성을 표현할 수 있게 하는 지지적인 분위기와 제한 사이에서 균형을 요구한다. 이것은 때때로 불안감을 일으킨다. 치료자는 모래놀이과정에 대한 클라이언트의 구체적인 표현과 동일시하는 주장을 중요한 단계로서 기꺼이 받아들여야만 한다. 그러나 치료실이 통제를 벗어나 완전히 혼돈에 빠지게 된다면 안전한 공간으로 유지되지 못한다. 이 딜레마를 해결할 수 있는 명백한 해답은 없으며, 클라이언트가 이 중대한 때에 자신의 정체성을 찾도록 돕는 것이 중요하다는 것을 마음에 두고서 이 딜레마가 평가될 필요가 있다.

6의 의식 상태는 종종 클라이언트가 자신의 삶에서 일어난 것을 감지하고 해석하기 위해 모래놀이를 하는 데서 나타난다. 여기에서 언어적으로 이루어지는 의식적인 해석은 일반적으로 모래상자를 만든 후에 이루어진다. 이러한 의미에서, 의식과 무의식 사이에 이루어지는 상호작용을 경험하는 것이 자신을 탐구하는 데 유용한 도구가 된 것처럼 모래놀이과정에 대한 헌신과 애정이 있는 것이다. 그러나 우리는 종종 지식으로 모래상자를 만들고자 하는 클라이언트의 요구와 싸우는 것을 본다. 그래서 치료자는 치료적인 투사작용과 해석을 경계해야만 한다. 예를 들면, 클라이언트는 모래상자의 해석을 요청할 수 있다. 그러나 클라이언트에게 응하여 그를 만족시켜 주고자 하는 유혹은 치료의 관계를 망치고 과정을 중단시킬 수 있다. 클라이언트의 요구는 단지 '무시되기' 보다는 다른 방법으로 지지되어야 한다. 지식을 공유하는 것보다는 오히려 하나의 존재로서 분별 있게 사랑하고 지도하는 것이 더 조화롭다.

7의 단계에서 치료자는 클라이언트의 '알지 못하는' 자세를 지지하고 클라이언트 자신의 자기반성과 직접적인 경험으로부터 알게 되는 교훈을 격려함으로써 치료적 환경의 안전함을 강화시킨다. 열린 마음, 신뢰와 의지를 지닌 클라이언트는 이 단계에서 직관적인 내적 안내를 받으면서 자유롭게 움직일 수 있으며, 알려지지 않은 미지의 것과 새롭고 다양한 관계를 발전시키게 된다.

數 7과 8의 단계에서 표현된 의식으로부터 클라이언트는 대극을 통합시키는, "아하!"라고 외치면서 깨닫게 되는 경험을 통해 자기(self)가 반복적으로 보여질 것이라는 것과 그 과정들이 일직선의 목표지향적인 여정이기보다는 오히려 나선형과 같다는 것을 인식하는데서 안전하게 보호된 장소를 발견한다. 클라이언트는 침묵과 말로 표현되는 경험 사이에서, 그리고 알려진 혹은 알려지지 않은 다른 기분 사이에서 전후를 왕복하면서 균형을 잡아 간다. 안전한 치료적 관계는 반드시 의식적인 상호 교환의 관계에서 이루어지는 것이 아니라, 무의식적 전이에 대한 신뢰와 무의식적인 만남에서 유지된다. 이 관계에는 치료자가 클라이언트를 모래놀이를 하는 여정에 있어서 동등한 '타인', 심지어 보살, 치료자를 위한 진리의 전달자라고까지 인정해 주는 상호 존중의 관계가 있다. 이것은 의식적이고 무의식적인 '상호 전이'의 경험을 말한다. 이러한 역동으로 인해 클라이언트는 치료과정과 치료자 모두에 대한 신뢰감을 발달시킨다. 우리는 또한 집단 무의식과의 깊은 관계를 나타내는 모든 상징과 모래의 상호작용 속에서 의식 8을 본다.

치료적 관계에서 표현되는 9는 우리에게 클라이언트가 모래놀이의 경험을 순간의 깊은 상징적 경험으로 명확하게 말하는 것을 보여 준다. 이것은 '아무것도 진행되고 있지 않은 가운데 무언가가 일어나고 있는' 현재진행의 끊임없이 변화하는 놀라운 흐름 속에서 끝을 맺는 것으로서 알려진 것과 알려지지 않은 것이 만나는 침묵의 영역을 준비한다. 9의 의식 상태에서 우리는 또한 클라이언트 개인에게 옳은 것이 무엇이든지 간에 치료적 관계에서 자유로워질 것인지, 치료를 지속할 것인지 중단할 것인지, 할 것인지 말 것인지 결정하는 것을 보게 된다. 특히 클라이언트는 치료를 종결할 마음의 준비가 되어 있으나 치료자의 생각에 그 과정이 아직 완결되지 않았다고 볼 때, 치료를 종결하는 것은 도전이 될 것이다.

다음에 나오는 시는 필자가 이 장을 집필 중일 때 받은 것으로 탁월함에 대한 작자 미상의 시다. 이 시는 필자가 數 의식을 다루는 모래놀이치료자의 여정을 요약할 때 동시에 온 것으로 믿는다.

> 탁월함은 틀리겠다는 의지다.
> 완벽은 옳음이다.
> 탁월함은 위험이다.
> 완벽은 공포다.
> 탁월함은 강력하다.
> 완벽은 분노와 좌절이다.
> 탁월함은 자발적이다.
> 완벽은 통제다.
> 탁월함은 수용이다.
> 완벽은 판단이다.
> 탁월함은 주는 것이다.
> 완벽은 받는 것이다.
> 탁월함은 자신감이다.
> 완벽은 의심이다.
> 탁월함은 흐름이다.
> 완벽은 압박감이다.

탁월함은 여행이다.
완벽은 목적이다.

　모래놀이치료자에게 있어 탁월함은 위에서 묘사된 안전하게 보호
된 장소다. 안전과 보호는 치료자와 클라이언트 사이의 살아 있는 과
정에서 역동적이고 계속적으로 변화한다. 치료실에서 어떤 數가 보여
지든지 간에 그것은 매우 강력하며 살아 있는 경험이다.

# 17

## 모래놀이치료 과정에서 자료 이용하기

필자가 이 책에서 나누는 관찰적이고 해석적인 제안의 청사진은 각 개인의 역사와 상징을 고려하여 신중하고 직관적으로 사용되어야 한다. 우리가 數를 부여한 내용이나 모래놀이에서 제시되는 해석은 깨달음을 통해서만 이해될 수 있다. 프란츠는 이렇게 말한다. "융의 제안을 따라 우리가 무의식이 자연적 數의 표상의 형성에 참여한다는 것을 인정한다면, 數에 대한 모든 진술은 단지 원형의 부분적 양상의 실현으로서 인지할 수 있는 것이 된다."

그러므로 우리는 이 數에 관한 연구가 수학적 공식처럼 객관적으로 증명될 수 없다는 것을 고려해야 한다. 오히려 태초부터 오늘날까지 다른 분야의 연구에서 이루어진 1에서 9까지의 數 해석은 매우 암시적이다. 필자는 모든 數를 통해, 오로지(수학적 계산과 같은) 한 가지 분야에서만 체계적으로 진행하지 않는다. 필자는 방대하게 집합적인 자료에서 배열을 모았고, 모든 數에서 발견되는 이중성과 혼란에 명쾌함과 통일성을 가져오는 상징의 핵심을 발견했다. 필자의 목표는 치료에 임하는 개인뿐만 아니라 치료자들을 위한 의식 상태의 지도를 제공하는 것이다. 數를 이해함으로써 우리는 이러한 상태를 더 잘 이해하고 의식상태의 진화와 수용을 돕도록 안전하게 보호된 장소를 더 잘 창조할 수 있다. 결과적으로 필자는 자료의 완고한 해석을 경고하고 세심한 주의를 격려할 것이다. 數가 모든 인류에게 일반적인 원형이라 할지라도 각각의 사람들은 독특한 방법을 경험하며 그들 자신의 고유한 관점을 가진다.


## 각 사례에 대해 개별화하여 분석하기


클라이언트의 모래상자를 분석할 때, 數 원형에 대한 일반적 정보를 특정한 클라이언트의 경우로 수정하는 데 도움이 되도록 나는 몇 가지 질문과 사항을 고려해 본다. 다음에 나열된 것들이 바로 그것이다.

첫째, 등장한 특정한 數에 대한 개인의 역사는 무엇인가? 그 나이에, 며칠 전에, 몇 주 전에 혹은 몇 달 전에 클라이언트에게 무슨 일이 일어났는가? 이러한 질문들은 중요한 인생의 사건들의 시간적 요소를 설명해 준다.

다음으로 이 數는 클라이언트 자신의 신화 속에서 정확히 무엇을 의미하는가? 생일, 동시적 사건들, 행운의 數나 다른 신념들, 기억, 數에 관련된 중요한 사건들을 고려하라. 개인의 문화적 유산 속에서 數는 무엇을 의미하는가? 우리는 종종 우리의 개인적 혹은 문화적 배경 또는 우리에게 의미가 있는 다른 근원들에 속한 數에 대한 미신이나 믿음을 가진다. 그래서 힌두교인 클라이언트에게 8은 어머니를 뜻하는 칼리와 연결되어 있을 수 있고, 일본인에게는 균형과 협력의 문제와 연결될 수 있다.

셋째로, 모래놀이과정에서 표현되는 數에 나타난 시간과 연속성은 무엇인가? 같은 數가 각각 다른 시기에 다른 의미를 가질 수 있다. 모래놀이치료 초기에 나타나는 數는 여정의 시작점을 의미하며, 탐험해야 할 이슈를 의미하는 것일 수도 있다. 치료 과정 중반기에 나타나는 數는 다루어지는 이슈를 의미한다. 종결기에 나타나는 數는 해결책이나 또는 도달하는 단계를 대표한다. 모래놀이치료를 하는 동안 우리가 고려해야 하는 또 다른 점은 數의 풍부한 원형적 관점 속에서 각 수안에서 다양하게 일어나는 움직임을 보아야 한다는 것이다. 그래서 같은 數가 한 사람의 과정에서 그리고 많은 변화 속에서 여러 번 나타날 수 있다.

특히 우리가 數를 '확인할 때' 고려해야 하는 또 다른 점은 일련의 시리즈 속에서 모래상자를 정적으로 보아야 하는지 또는 역동적으로 보아야 하는지다. 모래상자에 나타나는 數의 '움직임 없음'에 당황하지 말라. 만약 우리가 예측한 대로 되지 않는다거나 또는 우리가 數를 찾을 때 찾을 수 없다면, 우리는 인생이 무질서한 요소를 수반한다는 것을 기억할 필요가 있다. 무질서한 현상은 새로운 과학(심지어 수학에서조차)에서 출현하며, 개인의 심리 역동에서도 분명히 일어난다. 따라서 모든 모래상자가 쉽게 정의되지는 않을 것이다. 數는 원형적인 주제이므로 그것들은 때에 따라 분명하게 나타나지만, 모든 모래상자에서 반드시 그러한 것은 아니다. 數의 흔적은 여러 혼합된 모래상자에서 발견될 수도 있다. 분명한 數 상징이 특정한 모래상자에 나타나지 않는 한, 모래상자가 특정한 원형을 주로 대표하지 않는 것처럼 다룰 것을 제안한다. 동시에 원형적 數의 상징은 완결된 모래놀이 전체

과정을 볼 때 좀 더 쉽게 발견되거나 결정된다는 것을 지적하고 싶다.

마지막으로 고려할 점은 우리 자신의 무의식과 세계관이다. 치료자가 치료실에 가지고 가는 것은 해석, 數 원형 혹은 다른 자료에 심각한 영향을 끼칠 수 있다. 이것에 대해서는 프로이트가 부처를 관찰하는 [그림 17-1]의 삽화에 잘 묘사되어 있다. 좀 더 진지한 예는 오리건 주의 인디언 심리학자, 테리 타포야(Terri Tafoya) 박사가 말해 주는 이야기다. 그는 사랑하는 사람을 잃어버린 것에 대해 정신과 의사에게 상담을 받은 한 인디언 여성에 대해 이야기한다. 그녀는 삭발을 하였고 상담 시간에 집 현관에 아홉 개의 칼을 박아놓은 것에 대해 언급했다. 이것을 근거로 심리학자는 그녀에게 자살적 태도가 있으며 망상이 있다고 진단 내렸다. 그러나 타포야는 이 진단이 문화적 몰이해에서 내려졌음을 지적한다. 그 심리학자는 클라이언트 부족의 슬픔에 대한 표현, 즉 애도의 기간이 머리카락이 다시 자랄 때까지 오래 걸린다는 은유적 표현으로서 머리카락을 자르는 클라이언트의 문화에 대한 인식이 부족하였던 것이다. 더 나아가 아홉 개의 칼은 인디언 보호 거주지의 건축물이 형편없이 지어져 부서지기 쉬운 문을 지탱하기 위해 칼을 박아두었던 것이고, 그 곳의 다른 많은 가족들도 그렇게 하였다. 이러한 점에 근거하여 나는 이 자료의 해석에 주의를 기울여야 한다는 것을 다시 한 번 강조하고 싶다.

"…과도하게 보호적인 아버지는…
강박신경증의 행동 패턴을 보이며…
아마도 긴장증일 수도 있겠군."

**[그림 17-1] 프로이트가 부처를 관찰하다**

미주

1. von Franz, Marie-Louise, *Number and Time*, p. 33.

# 제3부

제18장  數 놀이

# 18 　　數 놀이

　　모래놀이에 나타난 數 원형에 관한 워크숍을 진행하면서, 참가자들이 모래놀이에 나타난 數를 인지하는 기술을 습득하고 싶어 한다는 것을 확실히 알게 되었다. 이 장은 주어진 자료를 자신의 것으로 만드는 독자를 위해 쓰였다. 여기에는 각 數의 특징을 요약한 참고표를 수록하였는데, 이것은 독자가 모래놀이를 경험하면서 자료를 더 잘 통합시키고 세련되게 다룰 수 있게 될 때까지 참고할 수 있는 자료로서 유용하게 사용될 것이다(〈표 18-1〉 참조). 다음에는 數 놀이(number paly)에 관한 두 가지의 실습방법을 제시한다.

　　첫 번째 실습방법은 2장에서 논의되었던 '數는 모래상자에서 어떻게 나타나는가'를 연구 대상으로 삼는 것이다. 당신은 數 원형에 관한 장(5～13장)들을 참고할 수 있으며, 제시된 각 모래상자를 기하학적인 도형, 주제, 색상 등을 통해 연구함으로써 數 원형이 어떻게 나타나는지 확인할 기회를 가질 수 있다.

　　두 번째 실습방법은 책에서 제시된 치료사례의 모래상자를 다시 만

〈표 18-1〉 요약표

| 수 | 디자인 | 분위기 | 전형적인 모래상자 | 소품 | 주제 또는 질문 |
|---|---|---|---|---|---|
| 1 | A) 원 B) 원 C) 원 D) 원 | A) 황홀한 일체감 B) 편집증, 갇힌 기분, 고립감, 혼란감 C) 정벽적인, 화신분증, 화난, 좌절된, 무절서한, 투쟁적인, 기진 D) 해방된, 다시 태어난, 조용하고 사색적인 | A) 친구 또는 자궁, 작은 언덕 B) 넘침, 둘러싸인, 갇힌 C) 무절서한 상자, 중앙에 있는 산 또는 언덕 D) 위와 동일 일반적: 미분화된, 빨강, 하얀 또는 황금색의 상자 | A) 그릇(박스, 집, 고래 등) B) 세장 C) 야생동물, 맨홀수, 군인 D) 씨앗, 달걀, 피 | 나는 독립적인 존재인가? 나는 누구인가? |
| 2 | 선 | 분산된, 분해된, 향수의, 압도적인, 투쟁적인, 혼란된, 좌절된, 불안족스런, 절단된, 부끄러운, 두려운 | 분리된 형상, 두개로 나누어짐, 갈등 상황, 두 측면 사이의 균형, 대극 상황(좋음/나쁨, 약함/강함 등), 남진, 상자를 나누는 선 | 가위, 칼, 총검, 군인, 반달, 노아의 방주, 두 개의 품목, 물, 문 앞에 있는 두 명의 수호자, 소낭 또는 여음상 같은 이미지, 오렌지색의 상자 | 인생은 왜 그렇게 어렵고 혼란스러운가? |
| 3 | 삼각형 | 자기충족, 부적절한 느낌, 자기의심, 좌책감, 성과에 대한 불안, 지식된, 강압된, 서두르는, 쉽 없는, 고양된, 집중된, 동기부여된, 성공과 실패의 주제, 야심찬, 허세, 비쁜, 이기적인, 청조적인, 활발한 | 조력자, 희생자와 악인, 영웅, 흉과 보석과 같은 어떠한 방향이나 초점을 지닌 빛날이아 기 같은 내용이 있는 상자, 보통 상자에 나타난 장면에 움틀 있음이 있거나 이야기나 흐름의 이있음. | 나무, 삼각형, 불, 삼위일체(trinity), 삼각구조(예: 이삘탑), 기도하는 손, 까마귀, 삼원색(빨강, 노랑, 파랑), 부화된 달걀, 통신 장비, 노란 색상의 상자 | 원하는 것을 얻기 위해 권위에 대한 두려움과 이중성을 어떻게 극복할 것인가? |

| | | | | | |
|---|---|---|---|---|---|
| 4 | 사다행 | 수용성 분화, 갇힌 느낌, 정돈된, 과도하게 훈련된, 엄격한, 근심 어린, 조화를 이루거를 원함, 전통적인, 안정된, 근거 있는 | 만다라, 대칭적인 상자, 분화된 상자, 세속적인 상자, 여성 된 상자, 스러움으로 가득 찬 상자, 청색의 상자 | 동정심 마리아, 사각 상자 모는 보트 게임, 침대, 테이블, 의자, 왕관, 땅의 모형, 네 발 짐승, 네 가지 요소; 네 가지 유형의 꽃, 동물, 사람; 대칭적인 정원, 십자가 | 어떻게 내적인 질서와 이미 있는 목적을 화합 시킬 것인가? 주요한 규칙들은 무엇 인가? 이 모든 것들은 진정 무엇에 관한 것인가? |
| 5 | 별표 | 독립, 자유, 멋대로 규칙을 위반, 이기적인, 흩어진, 관대한, 쾌락 주의적, 바쁜, 자발적인 | 본능과 눈리 사이에서의 투쟁, 쾌락주의의 상자, 춤추는, 진출하는, 해방된, 포함되지 않은(uncontained trays) 흩어진 상자, 파란색의 상자 | 홀로그램, 잎, 나무, 열매 조각, 섬자가, 아빠, 시바(Shiva), 하누만(Hanuman), 별, 손, 보인간 배지, 원숭이, 성게, 불가사리, 판신(Pan); 깃털, 풍선, 천사, 요트, 잠자리, 세, 파리, 판아기 | 어떻게 하면 스스로 자유로우면서도 관계를 맺을 수 있을까? 순간순간을 어떻게 하면 충중성하게 보낼 수 있을까? |
| 6 | 다윗의 별 | 통합, 헌신과 책임에 대한 이슈; 이슈에 대한 통제, 심각한, 예정, 이상적인 표준을 기준으로 자신과 타인을을 판단, 기매감과의 투쟁 | 합동(Conjunctio)상자, '함께 작업하기', 조화로운 상자 | 눈송이, 별집, 수정, 나침반, 수레바퀴, 수호신, 파르바티(Paravati), 한 쌍, 결혼장면, 심장, 다윗의 별, 시계, 양성체, 접착제 모든 사슬 | 나의 과업은 무엇인가? 나의 목적은 무엇인가? |

| | 구분 | 심리행위 / 사건행위 | 사건행위 | 예 | 질문 |
|---|---|---|---|---|---|
| 7 | 사각형 위의 심각형 | 신뢰, 명상적인, 개방적인, 운동적인; 배신감, 외로운, 소외된, 고립된, 내향적인, 우수에 젖은, 불안 | 숲과 사막의 장면, 그림자가 나오는 상자(융학파의 개념으로서의 그림자), 밤바다를 여행하는 상자 | 무지개, 피라미드, 용, 수은, 스톤헨지(Stonehenge), 아테네, 베이트, 미네르바, 자줏빛의 상자 | 전체인 우주로 어떻게 돌아갈 수 있는가? |
| 8 | 팔각형 | 자신만만한, 믿을 만한, 풍부한, 정교한, 보호적인; 도, 권력, 영향력, 인정, 정의 등의 문제에 열중하는; 균형에서 벗어난 느낌, 균형을 잡으려고 노력하는 | 현세의, 만다라, 마니, 기미 또는 무서운 어머니와의 직면; 영적이면서 세속적인 상자, 근거가 있는 상징물 | 거북이, 기미, 문어, 아이, 팔리, 아르테미스, 달, 교회, 팔각형 모양, 팔레, 왕권, 제우스의 사자 헤르메스의 지팡이, 세레비, 연꽃, 에베바이스, 8면체, 장미 꽃포, 갈색과 흙색의 상자(나무와 돌) | 어떻게 나는 인생에서 진실을 드러낼 수 있으며, 영적인 원적에 맞출 수 있을까? 어떻게 균형을 찾을 수 있을까? |
| 9 | 구형 또는 세 개의 심각형 | 명상에 잠기는 철학적인, 분리된; 현명한, 활발하지 않은, 눈한; 분출하는 느낌, 상실감과 슬픔, 철회하는, 조용한, 수용적인, 애정적인, 유머가 풍부하고 밝은 | 중앙으로 복귀하는 상자, 슬픔을 표현하고 장례를 치르는, 내용의 상자, 죽음과 재단, 생의 상자, 풍요로운 상자 | 관음보살, 공작, 화산, 배, 뱀, 우로보로스, 진주, 은둔자, 무담, 붓사조, 검정색의 상자 | 어떻게 평범한 일상생활로 돌아갈 수 있을까? |

들어보는 것이다. 독자인 당신은 모래상자의 사진, 상자 안에 놓여 있는 소품들에 대한 설명서, 그 상자를 만든 사람에 대한 몇 가지의 정보, 그리고 상자를 만든 클라이언트의 의견(이것은 가능할 경우에만)을 받을 것이다. 그러면 당신은 자신의 반응에 대해 논리적으로 추론하면서 어떤 數 원형이 나타나는지 생각하고, 상상하고, 직관적으로 알아내고 추측할 수 있게 된다. 각 예의 뒷면에는 당신의 분석과 비교하고 연구할 수 있도록 나의 분석을 제시할 것이다.

## ⟨실습 1: 모래 위에서 數를 나타내기⟩

첫 번째 실습은 2장부터 11장에 걸쳐 보여 주었던 모래상자로 되돌아가게 한다. 여러분은 각각의 數를 모래상자 속에 나타내는 다양한 방법을 발견할 수 있는 기회를 가질 수 있다. ⟨실습 1⟩ 뒷부분에는 정답이 있으며, 그 數에 의해 확인된다.

　3장에서 數 1을 발견:

1. 모래상자에 나타난 기하학적인 모양:

　_____

2. 모래상자에 나타난 양적인 측면:

　_____

3. 집합되어 있는 소품:

　_____

4. 모래상자의 공간 분할:

　_____

5. 모래상자에 나타난 주제:

　_____

6. 분위기:

　_____

7. 클라이언트의 설명:

　_____

8. 모래상자에 사용된 소품:

　_____

9. 모래상자에 나타난 주요한 색상:

_____

10. 모래상자에 나타난 **數**의 요소:

_____


4장에서 **數** 2를 발견:

1. 모래상자에 나타난 기하학적인 모양:

_____

2. 모래상자에 나타난 양적인 측면:

_____

3. 집합되어 있는 소품:

_____

4. 모래상자의 공간 분할:

_____

5. 모래상자에 나타난 주제:

_____

6. 분위기:

_____

7. 클라이언트의 설명:

_____

8. 모래상자에 사용된 소품:

_____

9. 모래상자에 나타난 주요한 색상:

_____

10. 모래상자에 나타난 數의 요소:

_____

**5장에서 數 3을 발견:**

 1. 모래상자에 나타난 기하학적인 모양:

_____

 2. 모래상자에 나타난 양적인 측면:

_____

 3. 집합되어 있는 소품:

_____

 4. 모래상자의 공간 분할:

_____

 5. 모래상자에 나타난 주제:

_____

 6. 분위기:

_____

 7. 클라이언트의 설명:

_____

 8. 모래상자에 사용된 소품:

_____

 9. 모래상자에 나타난 주요한 색상:

_____

10. 모래상자에 나타난 數의 요소:

_____

6장에서 數 4를 발견:

  1. 모래상자에 나타난 기하학적인 모양:

    _____

  2. 모래상자에 나타난 양적인 측면:

    _____

  3. 집합되어 있는 소품:

    _____

  4. 모래상자의 공간 분할:

    _____

  5. 모래상자에 나타난 주제:

    _____

  6. 분위기:

    _____

  7. 클라이언트의 설명:

    _____

  8. 모래상자에 사용된 소품:

    _____

  9. 모래상자에 나타난 주요한 색상:

    _____

10. 모래상자에 나타난 數의 요소:

    _____

7장에서 **數** 5를 발견:

  1. 모래상자에 나타난 기하학적인 모양:

    _____

  2. 모래상자에 나타난 양적인 측면:

    _____

  3. 집합되어 있는 소품:

    _____

  4. 모래상자의 공간 분할:

    _____

  5. 모래상자에 나타난 주제:

    _____

  6. 분위기:

    _____

  7. 클라이언트의 설명:

    _____

  8. 모래상자에 사용된 소품:

    _____

  9. 모래상자에 나타난 주요한 색상:

    _____

10. 모래상자에 나타난 **數**의 요소:

    _____

8장에서 **數** 6을 발견:

1. 모래상자에 나타난 기하학적인 모양:

   _____

2. 모래상자에 나타난 양적인 측면:

   _____

3. 집합되어 있는 소품:

   _____

4. 모래상자의 공간 분할:

   _____

5. 모래상자에 나타난 주제:

   _____

6. 분위기:

   _____

7. 클라이언트의 설명:

   _____

8. 모래상자에 사용된 소품:

   _____

9. 모래상자에 나타난 주요한 색상:

   _____

10. 모래상자에 나타난 **數**의 요소:

   _____

9장에서 **數** 7을 발견:

1. 모래상자에 나타난 기하학적인 모양:
   _____

2. 모래상자에 나타난 양적인 측면:
   _____

3. 집합되어 있는 소품:
   _____

4. 모래상자의 공간 분할:
   _____

5. 모래상자에 나타난 주제:
   _____

6. 분위기:
   _____

7. 클라이언트의 설명:
   _____

8. 모래상자에 사용된 소품:
   _____

9. 모래상자에 나타난 주요한 색상:
   _____

10. 모래상자에 나타난 **數**의 요소:
    _____

10장에서 **數** 8을 발견:

1. 모래상자에 나타난 기하학적인 모양:

———————————————————————————

2. 모래상자에 나타난 양적인 측면:

———————————————————————————

3. 집합되어 있는 소품:

———————————————————————————

4. 모래상자의 공간 분할:

———————————————————————————

5. 모래상자에 나타난 주제:

———————————————————————————

6. 분위기:

———————————————————————————

7. 클라이언트의 설명:

———————————————————————————

8. 모래상자에 사용된 소품:

———————————————————————————

9. 모래상자에 나타난 주요한 색상:

———————————————————————————

10. 모래상자에 나타난 **數**의 요소:

———————————————————————————

11장에서 **數** 9를 발견:

  1. 모래상자에 나타난 기하학적인 모양:

    _____

  2. 모래상자에 나타난 양적인 측면:

    _____

  3. 집합되어 있는 소품:

    _____

  4. 모래상자의 공간 분할:

    _____

  5. 모래상자에 나타난 주제:

    _____

  6. 분위기:

    _____

  7. 클라이언트의 설명:

    _____

  8. 모래상자에 사용된 소품:

    _____

  9. 모래상자에 나타난 주요한 색상:

    _____

 10. 모래상자에 나타난 **數**의 요소:

    _____

## 정 답

數 1: 1) 그림 3-1, 3-2, 3-6, 3-8, 3-9, 3-10; 2) 3-2, 3-9; 3) N/A; 4) N/A; 5) 3-4, 3-5, 3-6; 6) 3-5, 3-6, 3-8, 3-9, 3-10, 3-11, 3-12; 7) 3-6, 3-10; 8) 3-8(젖병); 9) 3-13

數 2: 1) 4-5, 4-13; 2) 4-3, 4-10(두 개의 언덕); 3) 2-3, 4-14; 4) 4-5, 4-6, 4-7; 5) 2-3, 4-5, 4-6, 4-7, 4-13; 6) 2-3, 4-3, 4-5, 4-7, 4-10; 7) 4-6, 4-7, 4-13, 4-14; 8) 4-3, 4-5, 4-13; 9) 4-8; 10) 2-4, 4-7

數 3: 1) 5-4, 5-6, 5-7, 5-9; 2) 2-2; 3) 5-3, 5-4, 5-7; 4) 5-3; 5) 5-3, 5-4, 5-7, 5-9; 6) 5-6; 7) 5-3, 5-6; 8) 5-6, 5-7, 5-9(1); 9) 5-7; 10) 5-7, 5-9(1).

數 4: 1) 2-1, 6-2, 6-7, 6-8; 2) 6-2, 6-9, 6-10; 3) 6-6; 4) 6-8; 5) 6-3, 6-8, 6-10; 6) 6-3, 6-6, 6-7, 6-8, 6-9; 7) 2-1, 6-2, 6-3, 6-6, 6-10; 8) 6-3, 6-7; 9) 2-5, 6-8, 6-10; 10) 6-6, 6-10

數 5: 1) 7-7(십자가); 2) 7-9; 3) 7-11(제목으로 모음); 4) 7-11(주제에 의함); 5) 7-7, 7-9, 7-10; 6) 7-10, 7-12, 7) 7-9, 7-10; 8) 7-7, 7-10, 7-12; 9) N/A; 10) 7-10, 7-12

數 6: 1) 8-7; 2) 8-2, 8-6A, 8-6B, 8-7, 8-8; 3) 8-6B, 8-8; 4) 8-6B; 5) 8-2, 8-5, 8-6B, 8-7(연금술적 색상, 결합) , 8-8; 6) 8-6A, 8-6B; 7) 8-5, 8-8; 8) 8-5(검정색과 흰색의 돌, 상처받음과 치유의 대극), 8-7; 9) N/A; 10) 9-3, 9-9

數 7: 1) N/A; 2) 9-4, 9-6, 9-9(7명의 닌자), 9-10; 3) 9-10 4) N/A; 5) 9-6, 9-7, 9-9, 9-10; 6) 9-3, 9-6, 9-7, 9-10; 7) 9-4, 9-6, 9-7, 9-9, 9-10 8) 9-3, 9-10; 9) 9-3, 9-11; 10) 9-3, 9-9

數 8: 1)10-10; 2) 10-5, 10-9; 3) 10-5; 4) 10-10; 5) 10-3, 10-5, 10-9; 6) 10-3, 10-9; 7) 2-6, 10-3, 10-9, 10-10; 8) 2-6, 10-3, 10-9, 10-10; 9) N/A; 10) 10-3, 10-5

數 9: 1) 11-11, 11-13(미로); 2) 11-2(각 단계의 數와 소품의 전체 數), 11-6, 11-13; 3) 11-3(부분적), 11-9(부분적); 4) N/A; 5) 11-2, 11-6, 11-8, 11-9, 11-13; 6) 11-3, 11-8, 11-9, 11-13; 7) 11-3, 11-6, 11-13; 8) 11-2, 11-8, 11-11, 11-13; 9) [11-11]; 10) N/A

## 〈실습 2: 모래상자 분석의 예〉

다음의 실습은 다양한 모래놀이상자들을 다루며 유용한 정보, 즉 모래상자 안에 무엇이 놓여 있는지, 그 상자를 만든 사람에 관한 정보들, 가능한 경우에는 모래상자를 만든 사람이 자신의 창작품에 대해 무엇이라고 언급하는지에 대한 정보를 기술하고 있다. 여러분은 실습 사례를 통하여 數를 생각하고, 상상하고, 직관적으로 이해하거나 추측할 수 있다. 각각의 모래상자 사례 다음에는 그것이 어떻게 數 원형을 드러내는지에 관한 분석을 제시할 것이다.

상자를 고찰하고 그것이 나타내는 數를 결정하는 데 있어서 고려해야 하는 몇 가지 일반적인 지침은 다음과 같다.

1) 일반적으로 의식적인 마음의 상태와는 가장 적게 연관된 것, 예를 들면 모래나 물체의 기하학적인 모양, 모래에 있는 주요한 색상 등으로부터 시작한다.

2) 다음으로는 나의 직관과 클라이언트의 설명에 근거하여 상자의 분위기를 파악한다.

3) 그런 다음 보다 명확한 방법으로 나아가는데, 공간의 분할과 집합되어 있는 것을 본다.

4) 마지막으로 양적인 측면을 살펴본다.

하나의 數를 발견하는 데 모든 방법이 제시되는 것은 아님을 염두해 두어야 한다. 數를 발견하는 가능성이 다양할수록 의식의 상태가 보다 분명해지고 명확해지며, 數 원형이 보다 확실해진다. 이번 실습에서는 數를 즉각 알아차릴 수 있는 상자를 의도적으로 선택하지 않았다. 이것은 보다 실제적인 실습 경험을 할 수 있도록 해 줄 것이다.

## 실습 모래상자 1

Ⅰ. 소품 설명

1. 금빛의 천사-천국 (B2)

2. 시바신(나타라자, nataraj) (C1)

3. 금 축제 속의 남자(또는 아이)-희열 (A2-4)

4. 녹색의 불상 (B3)

5. 파란색의 마리아(머리) (B3)

6. 제화공(은) (B2-3)

7. 황금 문 (B2)

8. 황금빛의 선물 (B2)

9. 쭈그렁 할멈 (C1)

10. 전라의 여인 (B-C2)

11. 잎으로 몸을 가린 여인 (D2-3)

12. 집(D1)

## II. 배경 정보

이 상자는 42세 여성의 첫 번째 작품이다. 그녀는 흥분된 상태에 있었다. 그녀는 외로움과 소외감을 느끼고 있으며 자신이 엄격하다고 생각하기 때문에 덜 그렇게 되길 바라고 있었다.

## III. 클라이언트 설명

"나는 그것이 무엇인지 몰라요. 다만 빛이 나는 물건이 내 눈을 사로잡았죠. 고요함이 흐르고 있었어요. 제화공은 빛나고 매력적인 사람이었고 문은 다른 세상을 향해 열려 있었죠. 선물은 값져보였고, 보물 같았어요. 그 여인들(할멈과 전라의 여인)은 자신을 드러내고 싶지만 부끄러워하는 나와 같았어요."

그녀는 잎으로 가린 여인을 가리키며 "이것이 나죠, 나는 편안하답니다."라고 말한다. 그녀는 시바(C1)를 가리키며 "이것은 빛나고 있으며 많은 것을 얘기하고 있지만 나는 그것이 무슨 뜻인지는 몰라요. 그것에 대해 알고 싶어요. 그 집은 기이하고, 쓸쓸하고 고요하게 보여요. 내가 왜 이 물건들을 원안에 넣었죠? 나는 이 모든 것을 함께 두고 싶어요. 나 혼자서 원했던 집은 그 누구도 손상시킬 수 없어요. 그것은 자연 그대로의 질서 안에서 존재하죠. 내가 어떻게 이 모든 것을 함께 가져올 수 있을까요?"

## IV. 모래놀이 사진을 보고 다음을 발견할 수 있는가?

1. 기하학적인 모양은? _____

2. 수량은? _____

3. 집합되어 있는 소품은? _____

4. 공간 분할은? _____

5. 주요 색상은? _____

6. 주요 구성요소는? _____

7. 주제는? _____

8. 분위기는? _____

9. 클라이언트 설명으로부터 알아낸 정보는? _____

_____

10. 數와 관련된 소품은? _____


V. 당신의 느낌과 추측을 쓰시오.


VI. 이 상자에 대한 나의 분석

이 모래상자에서는 다음과 같은 요소에 의해 數 1을 발견하게 된다.


| | |
|---|---|
| 기하학적인 모양: | 상자 왼쪽에 있는 원형의 품목 |
| 수량: | 집 그 자체 |
| 집합되어 있는 소품: | 둥글고 황금빛으로 빛나는 물체 |
| 반복되는 이미지: | 여인들과 원들 |
| 공간 분할: | 구별되지 않고 나누어지지 않은 공간 |
| 주요 색상: | 금색 |
| 주제: | 편안한, 소박한, 홀로 있는, 값비싼 보물, 다른 세상으로 통하는 문 |
| 분위기: | 외로운, 스스로를 드러내는 데 부끄러워하는, 편안함과 고요함을 희망하는(나는 잠정적으로 씨앗의 형태로 해석함) |

클라이언트의 설명:　　　"내가 원했던 집은 그 누구도 손상시킬 수
　　　　　　　　　　　　없습니다. 그것은 자연 그대로의 질서 안에
　　　　　　　　　　　　서 존재하죠."

선택된 소품:　　　　　둥근 물체들: 시바신, 잎으로 몸을 가린 여
　　　　　　　　　　　　인, 신과 같은 이미지들: 시바신, 마리아,
　　　　　　　　　　　　부처, 황금문, 천사, 어머니 같은 많은 이미
　　　　　　　　　　　　지들

　상자 좌측에 있는 황홀하고 천국 같은 느낌을 주는 원형의 상징물
들과 우측에 있는 집들은 數 1을 상징적으로 나타내고 있다. 이것은
일체감을 열망하고 있는 그녀 자신의 표현과 같다. 또한 이 모래상자
가 연속적인 상자 중에서 최초의 것이었다는 사실도 數 1을 나타낸다
고 할 수 있다.

## 실습 모래상자 2

I. 소품 설명

1. 중세의 성 (D1)

2. 작은 성 (B3)

3. 도구와 여과기체 (C1)

4 상자의 좌측 가장자리와 우측 가장자리에 있는 체스 성 (A4와 D2)

5. 검은 말을 탄 녹색 기사 (C4)

6. 작은 기사 (B4)

7. 청색 기사 (B4)

8. 말위의 기사와 맞서고 있는 두 명의 작은 기사 (B4)

9. 엑스칼리버(돌 안에 있는 칼) (B3)

10. 마술에 걸린 성 (A3-4)

11. 산위의 마을 (D4)

12. 한 그루의 큰 나무와 두 그루의 작은 소나무 (B-C2)

13. 크리스마스트리 (C1)

14. 한 그루의 소나무 (B-C1)

15. 단풍나무 (B-C1)

## II. 배경 정보

이 상자는 12세 소년이 처음으로 만든 것이다. 이 소년은 알코올 중독자인 아버지와의 19년 동안의 결혼생활을 정리하고 이혼한 어머니 그리고 남동생과 함께 이제 방금 하와이로 이사 왔다. 어머니는 이 소년이 손톱을 깨무는 등 몇 가지 불안정한 습관을 가지고 있다고 보고한다. 이 소년을 치료에 의뢰한 이유는 이혼 후 이사를 와서 사립학교에서 공립학교로의 전학, 그리고 아버지와 가정부 없이 어머니와만 생활하게 된 변화 때문이었다.

## III. 클라이언트 설명

없음

## IV. 모래놀이 사진을 보고 다음을 발견할 수 있는가?

1. 기하학적인 모양은? _____

2. 수량은? _____

3. 집합되어 있는 소품은? _____

4. 공간 분할은? _____

5. 주요 색상은? _____

6. 주요 구성요소는? _____

7. 주제는? _____

8. 분위기는? _____

9. 클라이언트 설명으로부터 알아낸 정보는? _____

_____

10. 數와 관련된 소품은? _____

_____

V. 당신의 느낌과 추측을 쓰시오.

VI. 이 상자에 대한 나의 분석

다음과 같이 數 3의 원형을 볼 수 있다.

수량: 　왼쪽과 오른쪽에 각각 3개씩 있는 성, 뒤쪽
　　　　과 중앙의 3그루의 나무, 3명의 기사(심지어
　　　　3개의 땅 파는 도구)

집합되어 있는 소품: 3개의 그룹

공간 배분: 　좌우, 중앙으로 배분

주제: 　성을 정복하고 해방시키거나 또는 '귀향'의
　　　　여정에 오른 영웅 이야기

분위기: 　남성적인, 확고한, 자기충족적인 힘

선택된 소품: 　나무(삼각형처럼 보이며 성장을 암시하는), 칼
　　　　을 차고 말을 타고 있는 기사

자아를 강화하고 우리에게 보여 준 자아 팽창과 열등감 사이에서 균형을 찾음을 통해 상처 입은 남성상을 치료받고자 하는 것은 전형적으로 數 3과 관련되어 있다.

## 실습 모래상자 3

### I. 소품 설명

1. 4개의 여신상 (A1, A2, D1, D4)

2. 검은색의 돌들 (돌로 두 개의 원을 만듦)

3. 결합된 달과 해 (멕시코 사람) (C4)

4. 조개껍질 (A3 왼쪽과 D3오른쪽)

5. 뱀에 휘감긴 여인 (D2-3)

6. 수정을 가진 소녀 (A2-3 향한)

7. 수정 묶음 (B-C1)

8. 4개의 장식된 달걀 (중앙)

9. 팔괘 모양의 거울위에 있는 정육면체 안에 들어있는 장미 (B-C 2-3)

10. 흩어져 있는 다른 종류의 채소 (네 개의 영역에 3개씩 놓여 있음)

11. 밀로 만든 4개의 화살 (A1, D1, A4, D4)

12. 중심부에서 4겹으로 이루어진 원

## II. 배경 정보

　모래놀이치료사 수련과정 중에 있는 51세 여성이 이 상자를 만들었다. 그녀는 모래놀이의 기초를 세우고, 자신의 삶의 필수불가결한 것으로서 내면의 정체성과 주체적 삶을 표현하기 위해 모래상자를 만들었다.

## III. 클라이언트 설명

없음

## IV. 모래놀이 사진을 보고 다음을 발견할 수 있는가?

　1. 기하학적인 모양은? _____

　2. 수량은? _____

　3. 집합되어 있는 소품은? _____

　4. 공간 분할은? _____

　5. 주요 색상은? _____

　6. 주요 구성요소는? _____

　7. 주제는? _____

　8. 분위기는? _____

　9. 클라이언트 설명으로부터 알아낸 정보는? _____

　　_____

　10. 數와 관련된 소품은? _____

## V. 당신의 느낌과 추측을 쓰시오.

## VI. 이 상자에 대한 나의 분석

이 모래상자에서는 중앙에 있는 두 겹의 콰드리니티(quadrinity)로 이르게 하는 콰드리니티(quadrinity)의 만다라가 발견된다. 일반적으로, 그것은 數 4 원형의 기초를 이루고 중심을 이루는 느낌이 든다. 4개로 이루어진 상징물들이 있는데, 장식된 달걀, 밀로 만든 화살, 4개의 여신상을 둔 4개의 귀퉁이가 그것이다.

집합되어 있는 소품으로, 중앙부에서 4겹으로 이루어진 달걀, 채소, 여인, 조개껍질이 있다. 공간적 형태로는 4개의 방향으로 퍼지는 십자형을 볼 수 있는데, 이것은 상자를 4개의 부분으로 나눈다. 우리는 또한 (복잡합을 단순하게 하기 위해서) 원을 4등분 하는 융의 개념을 발견하게 된다.

數 4는 많은 측면에서 이 상자와 여성성을 연관시키려는 주제 속에서도 나타난다. 즉 보호막으로서의 조개껍질, 음식을 주는 등 양육을 의미하는 것으로서 과일과 채소, 다산을 의미하는 달걀, 밀로 만든 화살 등이 그것이다. 우리는 여신들을 볼 수 있지만 그것은 진정한 남성상은 아니다. 더군다나 가능성에 대한 주제는 중앙에 있는 씨앗들과 달걀에서 분명히 드러난다. 나는 이것을 아니마에 대한 원형적인 관계로 부르고 싶은데, 그 이유는 여성성의 상징물은 현실적인 것(장미, 조개껍질 또는 뱀에 휘감긴 여인, 혹인 마리아)보다 훨씬 더 상징적이기 때문이다. 나타난 또 다른 數 4의 요소는 정돈된 만다라다. 다시금 우리는 많은 물체들에서, 즉 그릇, 음식, 달걀, 밀, 장미와 여신 속에서 數 4를 보게 된다.

## 실습 모래상자 4

I. 소품 설명

1. 8개의 야자수 (D1-3)

2. 파란색의 멀린(Merlin, 아더왕에 나오는 마법사) (C3)

3. 해골 (A4)

4. 괴물상 (A1)

5. 공작 (B2)

6. '꿈틀거리는 벌레' (A4, B4)

7. 오렌지색의 뱀 (B3)

8. 돌고래 (C3)

9. 불가사리 (C2)

10. 가시가 있는 조가비 (D3)

11. 매끄러운 조개껍질 (해안선 따라 C-D 2-4)

12. 금색의 거북 (C3)

13. 두 마리의 황금빛의 백조 (C4, C3)

14. 흐트러진 진주 (C)

15. 입 벌린 조개껍질 (C)

16. 해골(C4)

17. 사기꾼 (A4)

18. 오렌지색의 뱀 (B2)

## II. 배경 정보

이 여성은 선천적으로 변덕스러운 마음의 상태를 보여 주고 있다. 그녀는 이혼과 그것에 따른 물질적인 문제와 관련된 스트레스에 직면해 있다.

## III. 클라이언트 설명

그녀는 심적 상태와 관련되어 현재 심하게 두려움을 보이는 것에 대해 이야기하고 있다. 그녀는 자신의 병 이외의 다른 것을 통해 자신을 재발견하길 원하고 있다. "인생도, 나 자신에게도 싫증나고, 그 어느 때보다도 나 자신이 무기력한 것 같아요. 마법(Merlin)도 나 자신을 안전하게 만들지 못했어요. 나는 작은 둑(강가에 조개껍질로 이루어진)을 만들고 있어요. 그런데 내 생각에 둑 윗부분은 약해질 것 같아요."

## IV. 모래놀이 사진을 보고 다음을 발견할 수 있는가?

1. 기하학적인 모양은? _____

2. 수량은? _____

3. 집합되어 있는 소품은? _____

4. 공간 분할은? _____

5. 주요 색상은? _____

6. 주요 구성요소는? _____

7. 주제는? _____

8. 분위기는? _____

9. 클라이언트 설명으로부터 알아낸 정보는? _____

_____

10. 數와 관련된 소품은? _____

V. 당신의 느낌과 추측을 쓰시오.

VI. 이 상자에 대한 나의 분석

이 모래상자는 數 2의 성질을 가지고 있다. 기하학적인 모양과 유일하게 비슷한 것은 선으로, 모래상자를 둘로 나누는 강이다(선의 중앙에서 나는 마음의 상태를 상상할 수 있음). 그녀가 선택한 쌍으로 된 많은 소품에서, 즉 두 마리의 꿈틀거리는 벌레, 두 마리의 백조, 두 마리의 수중 생물(돌고래와 물고기), 해안가에 있는 두 가지 유형의 조개껍질, 두 마리의 뱀, 두개의 해골 등에서 數 2를 보게 된다. 공간은 명확하게 두개로 나누어져 있다. 즉, 그녀는 좌측을 위험한 죽음, 우측을 안전한 천국으로 묘사하고 있으며, 강이 그 둘 사이를 나누고 있다. 지배적인 요소는 물로, 數 2의 요소를 말한다. 주제는 두 개의 진영, 즉 안전한 천국 대 위험한 죽음의 사막으로 분리된다. 분위기와 클라이언트의 설명 모두 절망감, 우울, '무기력한 인생', 상당한 정도의 취약성을 반영한다. 일반적으로 상실감, 천국으로부터의 소외감, 상처 입은 마음, 분열, 취약성 등은 數 2의 분위기다.

## 실습 모래상자 5

I. 소품 설명

1. 두 개로 찢어진 가면 (B3)

2. 우물에서 물을 퍼내는 두 명의 중국인 (A2)

3. 원시적인 모습의 어머니와 아이 (A1)

4. 남자와 그의 가면, 네츠게(netsuke) (B1)

5. 금화가 보이는 투명한 집 (C1)

6. 서로 장난치며 놀고 있는 두 마리의 용 (D1)

7. 바위 (D1)

8. 양 방향에서 싸우고 있는 양면의 흑인 전사 (D3)

9. 불가사리(중앙) (C2-3)

II. 배경정보

이 모래상자는 59세의 여간호사가 모래놀이치료 과정 중에 만든 것이다.

III. 클라이언트 설명

"나는 양편 모두를 넘나드는 이 흑인을 정말로 좋아합니다. 이 모래상자의 이름은 '변형'입니다. 가면의 변형, 무뚝뚝한 얼굴의 변형, 가면의 벗음, 협동작업 그리고 모든 것이 움직이는 것이 바로 주제를 '변형'이라고 한 이유예요. 손은 옆에 있는 것을 받고 있어요. 나는 내가 왜 양면이 보이는 집/교회를 선택했는지 모르겠어요. 그리고 불가사리는 그것 모두를 같이 지니고 있어요."

IV. 모래놀이 사진을 보고 다음을 발견할 수 있는가?

1. 기하학적인 모양은? _____

2. 수량은? _____

3. 집합되어 있는 소품은? _____

4. 공간 분할은? _____

5. 주요 색상은? _____

6. 주요 구성요소는? _____

7. 주제는? _____

8. 분위기는? _____

9. 클라이언트 설명으로부터 알아낸 정보는? _____

_____

10. 數와 관련된 소품은? _____

_____

V. 당신의 느낌과 추측을 쓰시오.

VI. 이 상자에 대한 나의 분석

　나는 이 모래상자가 數 2를 표현한 것으로 본다. 중앙에 있는 불가사리처럼 반드시 數 2를 암시하지 않는 상징물들도 있다. 그러나 대부분의 상징물들은 數 2의 이중성과 관련되어 있다. 두 조각난 가면과 가면을 들고 있는 남자는 존재의 내·외적 상태의 이중성과 연관되어 있다. 두 명의 중국 남자의 협동작업과 우물에서 물을 끌어올리려고 애쓰는 것 모두 數 2의 요소를 나타내는데, 이것은 "인생이 왜 그렇게 힘들고 혼란스러운가?"라는 주요한 두 가지 질문을 암시하는 끊임없이 어려운 과정이다. 흑인 전사는 數 2의 양방향의 힘과 갈등, 걱정을 나타낸다. 이러한 맥락에서 불가사리는 물과 재생을 상징하는데, 이것은 또한 數 2의 원형에 의해 전형화 되고 있다. 게다가 클라이언트는 무의식적으로 數 2에 관한 많은 요소들, 즉 '오고 가는' '양쪽' '그 자신의 반영' '협동 작업' '양면' 등을 말하고 있다.

## 실습 모래상자 6

I. 소품 설명

 1. 천사가 있는 아테네 (C2-3)

 2. 새의 여신(Bird goddess) (C3)

 3. 현명한 노인 (C3)

 4. 7개의 머리를 가진 뱀 위에서 춤추고 있는 부처 (C2)

 5. 발레리나 (C2와 B3)

 6. 시바 (B2)

 7. 플루트를 들고 있는 판 신(Pan) (B1)

 8. 호른을 불고 있는 인디언 여인 (A4)

 9. 나비가 들어 있는 유리 공 (A4와 D4)

10. 꽃이 들어 있는 유리 공 (A1과 D1)

11. 이시스 (A1)

12. 드럼을 치고 있는 인디언 여사제 (D1)

13. 키 큰 여인 (D4)

14. 두개의 묘비 (A3와 D3)

15. 묘비로 사용된 체스의 졸(卒) (C1)

16. 묘비로 사용된 티키(Tiki, 폴리네시아신화에서 인류를 창조한 신) (B-C4)

## II. 배경정보

이 모래상자는 치료 종결기에 이르고 있는 한 여성이 만들었는데 그녀는 관계 결정의 문제로 갈등하고 있었다.

## III. 클라이언트 설명

클라이언트는 시간 내내 울고 있었다. "저는 내면의 소리에 귀를 기울이고 있습니다. 마음은 이해될 필요가 없죠. 그것은 괜찮아요. 그들은 모두 중앙에 있는 여신에게로 모여들고 있어요. 그들은 여신에 비해 작으며 여신을 숭배하고 있죠. 여신은 우아하고, 강하며 안정감이 있죠."

## IV. 모래놀이 사진을 보고 다음을 발견할 수 있는가?

1. 기하학적인 모양은? _____

2. 수량은? _____

3. 집합되어 있는 소품은? _____

4. 공간 분할은? _____

5. 주요 색상은? _____

6. 주요 구성요소는? _____

7. 주제는? _____

8. 분위기는? _____

9. 클라이언트 설명으로부터 알아낸 정보는? _____

_____

10. 數와 관련된 소품은?

_____

V. 당신의 느낌과 추측을 쓰시오.

VI. 이 상자에 대한 나의 분석

　나의 분석에 의하면 이 상자는 數 8을 나타낸다. 이 모래상자 안의 소품들은 중앙에 8개의 소품들로 이루어진 8각형의 만다라 모양, 모래상자 바닥에 있는 상자 속의 4개 꽃과 4개의 묘비 그리고 4개의 상자 모퉁이에 있는 여신들로 구성되어 있다. 중앙에는 지혜와 보호의 여신인 아테네가 있다. 상자 안에 있는 유일한 남자는 이 여신을 올려다보고 있는데, 이것은 여성성에 대한 존경을 표하는 현자 길가메시가 도시로 돌아오는 장면을 연상시킨다. 더 이상 남성이 지배적이지 않고 여성을 섬긴다. 중앙에는 죽음과 부활을 묘사하는 신과 여신들 (시바신, 춤추는 부처 그리고 새의 여신 등)로 실제 사람을 대신하면서 신전에서의 춤(temple dance)이라는 주제를 가지고 있다. 내가 무의식에 가장 근접하는 數를 결정할 때 제일 먼저 하는 일은 기하학적인 유

형을 찾는 것이다. 여기에서는 명확하게 팔각형을 볼 수 있다. 중앙에
는 8의 실제적인 조각들이 있고 주변부에는 8이 있다(4와 4). 실제의
세상과 영적인 신전을 연결하고 있는 주제와 분위기, 그리고 여성성
에 대한 남녀양성 혹은 다원주의적인 관점을 나타내는 중심적인 아테
네, 이 모든 것은 數 8과 연결되어 있다.

이 모래상자는 數에 대한 의식적인 것과 무의식적인 표현을 구별하
는 좋은 보기다. 의식적으로 클라이언트는 의식을 거행하는 시간과
힘, 자유에 대해 이야기하고 있으며, 사실상 이 상자에는 판 신, 무용
가들, 많은 공기의 상징물, 3개의 날개를 가진 여인과 두 개의 나비가
있다.

그러나 그녀가 신전이라고 부르는 중앙의 팔각형 기하학적인 도형
주변으로 정돈되어 있고, 이 회기에 많이 울었던 클라이언트는 마음
의 소리에 귀 기울이고 마음이 가는 대로 두는 것에 대해 이야기하였
는데, 나는 이것을 자기(self)를 위해 자아(ego)를 포기하는 것이라고
본다. 신전은 아테네에 의해 표현된 남녀양성의 여성성에 관한 것이
다. 클라이언트는 "그녀는 우아하고 강하며, 중심이 잘 잡혀 있어요."
라고 말하고 있는데 이것은 數 8이 포함하는 여성성의 수용적이고도
격한 측면을 무의식적으로 드러내고 있는 것이다.

## 실습 모래상자 7

### I. 소품 설명

그녀는 각각의 영역에 나무와 씨, 이끼를 그리고 모퉁이를 따라서 나뭇잎을 놓았다(D1-4).

1. 황금색의 낙엽(상자 전체)
2. 장미 꽃잎(상자 전체)
3. 나무(상자 전체)
4. 이끼(상자 전체)
5. 잎(상자 전체)
6. 유칼립투스 씨앗(상자 전체)

### II. 배경 정보

이 모래상자는 인생에서 위기를 맞고 있는 여성이 만들었다. 그녀는 가족 및 타인과의 관계성의 상실을 다루었다(가장 친한 친구가 그 섬을 떠났고 새 삶을 시작하였음). 그녀는 낙담되어 있었고, 예전의 친밀했던 관계를 그리워하고 있었다.

Ⅲ. 클라이언트 설명

없음


Ⅳ. 모래놀이 사진을 보고 다음을 발견할 수 있는가?

1. 기하학적인 모양은? _____

2. 수량은? _____

3. 집합되어 있는 소품은? _____

4. 공간 분할은? _____

5. 주요 색상은? _____

6. 주요 구성요소는? _____

7. 주제는? _____

8. 분위기는? _____

9. 클라이언트 설명으로부터 알아낸 정보는? ____

_____

10. 數와 관련된 소품은?

_____


Ⅴ. 당신의 느낌과 추측을 쓰시오.


Ⅵ. 이 상자에 대한 나의 분석

이 사례에서는 6개 부분으로 나누어진 모래상자를 볼 수 있다([그림

18-8l 참조). 각 네모 안에는 6개 종류의 소품 묶음이 있다. 數 6의 원형은 나무와 관목, 잎의 조화로운 전원 풍경으로 묘사되고 있다. 내가 만약 물체들만 보았다면, 나는 이 장면을 다른 數들(5와 1)과 연결시켰을 것이다. 그러나 이 경우에는 공간분할적 측면에서 살펴보고, 상자의 주제와 분위기에 대한 클라이언트 자신의 설명을 뒷받침할 만한 증거에 더하여 상자를 무의식적 측면에서 보면서 나는 또다시 결정하게 되었다.

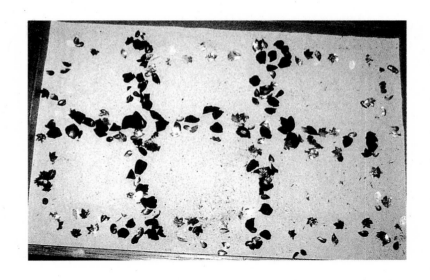

## 실습 모래상자 8

클라이언트는 물체들을 배치하면서 특정 품목에 대한 설명을 했기 때문에 이번에는 함께 설명하고자 한다.

Ⅰ. 소품 설명과 클라이언트 설명

1. 입 벌린 공룡 (D4) "이 녀석은 춤을 출 수 있을까? 그리고 사람들을 위협하지 않을까?" "당신은 두렵지 않다는 것을 나타낼 수 있을까?"
2. E.T. (B4)
3. 황금색의 크리스마스트리 (A1)
4. 청동 말 (C3)
5. 흰색/은색 크리스마스트리 (D3)
6. 피아노 (C3)
7. 책을 가지고 있는 E.T. (B3) "그는 누구도 위협하지 않지만 여기에 있어야만 해요."
8. 토끼(B-C 3-4 원형으로) "모든 토끼들이 초대받았어요." "정말로 토끼들은 춤을 출 거예요."
9. 류트를 지니고 있는 상아빛 여인 (B2)
10. 나무 블록 위의 황금 부처 (A4)
11. 전라의 여인 (C4)
12. 전화 (D1-2) "파티에 모든 사람을 초대하자."
13. 신랑과 신부 (D1-2) "파티에 사람을 초대하기 위해 공중전화

박스 안에 있는 신랑 신부"

14. 대리석 (상자 곳곳에)

15. 스마일 표시 (D1)

16. 흑표범 (D4)

17. 황갈색의 야생 사자 (D4) "사자들은 누구도 위협하지 않을 겁니다. 그들은 입맞춤을 할 거예요. 나는 사자들이 자유롭게 지낼 수 있도록 숲 속에 둘 겁니다."

18. 세 그루의 전나무 (D4) "나는 이것이 좋아요(흑표범과 사자가 있는 숲). 그것은 정말 실제 같아요."

19. 진주를 가지고 있는 요정 같은 공주 (B2)

20. 자주색의 피라미드

21. 천사 (D3)

22. 탁자

23. 과일과 구슬 접시 (C2)

24. 꽃 (A4)(A1)

25. 풍선 (D1)

26. 달걀 껍질, 푸른 잎 (B-C3), "이것은 토끼 먹이죠. 이제 우리는 내가 좋아하는 사람들 모두에게 식탁 위 음식을 따로 떼어 줄 거예요."

27. 수정을 가진 마법사 (B1)

28. 태양빛의 황철광 (B-C 1-2)

29. 흰색의 천사 ('수줍어하는 천사') (C3)

30. 북극곰 (D3)

31. 하얀 말 (D1)

32. 원숭이 (C4)

33. 둥지 안의 새 (D1)

34. 독수리 (D4)

35. 공작 (C-D4) "이 녀석은 피아노를 연주할 겁니다."

36. 녹색의 보석을 가진 용 (크리스마스트리를 움직인)

37. 석기시대의 동굴주거인 (B1)

38. 로봇 (B1)

39. 모래성 (A1) "이것은 그들의 집이에요."

40. 콜라 병 (B2)

41. 생일 케익 (B2)

42. 할머니와 아이 (C2) "나는 아이랑 같이 있는 엄마를 좋아해요."

43. 아이가 있는 엄마 (C3) "그들을 위한 성이 필요해요." (39번-모래성으로 움직인다)

44. 집시 엄마 (C2) "내가 확신할 수 없는 유일한 것은 그녀에 관한 것입니다. 나는 그것들을 집으로 가는 길로 만들 것입니다. 나는 당신이 가지고 있는 모든 장난감을 활용하고 있어요."

45. 푸르고 흰 돌

46. 원숭이 체육관 (C4)

47. 느릅나무 (D1) "한 사람 더 있을 수 있는 공간이 있을까?"

48. 기도하고 있는 여인 (B2-3) "그녀는 음식을 앞에 두고 축복하고 있죠. 그것은 계속되었지만 모두들 즐거워하고 있어요. 그들은 말을 타고 이제 나올 수 있었고, 파티에 참가하고, 그들의 성에 가서 이후로 행복하게 살았어요."

49. 등불 (B2 탁자 위) "파티는 밤새 진행될 수 있어요."

50. 산타클로스의 가방 (D2)

51. 왕관을 쓰고 있는 개구리 ('피아노를 치기 위해') (C3)

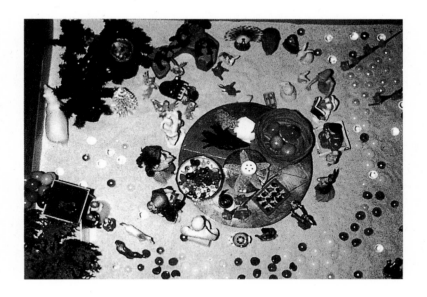

## II. 배경 정보

이 모래상자는 치료의 초기 단계에 있는 성인 여성이 만들었다.

## III. 클라이언트 설명

클라이언트는 이 모래상자가 환송 파티라는 것 이외의 다른 설명은 하지 않았다. 어떤 특정 소품에 대해 설명을 하였으며, 이 설명은 위에 열거된 각각의 소품을 설명한 다음에 기록하였다.

## IV. 모래놀이 사진을 보고 다음을 발견할 수 있는가?

1. 기하학적인 모양은? _____

2. 수량은? _____

3. 집합되어 있는 소품은? _____

4. 공간 분할은? _____

5. 주요 색상은? _____

6. 주요 구성요소는? _____

7. 주제는? _____

8. 분위기는? _____

9. 클라이언트 설명으로부터 알아낸 정보는? _____

_____

10. 數와 관련된 소품은? _____

_____


V. 당신의 느낌과 추측을 쓰시오.


VI. 이 상자에 대한 나의 분석

이 상자는 가득 채워져 있고 매우 복잡하고 압도적이다. 우리는 당위, 한계, 규칙이 없는 것과 같은 혼란함을 충분히 경험하게 된다. 이것은 '너무 많은' '너무 많은 선택들' '너무 복잡한' 등과 같은 포만상태에 의해 혼란하게 되는 감정을 전달한다. 주제는 춤이 있는 파티와 중앙의 음식, 음료와 같은 많은 양식이다. 상자는 바깥쪽으로 5개의 다른 주제를 가지고 있으며 중앙 탁자 또한 5가지 다른 종류의 음식이라는 같은 주제를 갖는다. 5개의 체리가 있는 생일 케이크가 위치한 중앙의 불가사리(별표 모양). 이 그림에서 결혼한 커플, 영적인 상징물 그리고 인간적인 상징물을 발견할 수 있다. E.T.는 신성한 것과 세속적인 것을 연결하고 있다. 공중전화박스에서의 결혼은 클라이언트가 외적 자기(자아의 집)와 내적 세계 사이를 연결할 수 있음을 보여 준다. 중앙의 별모양은 탁자 위에서 밖으로 향해 있고, 음식물은 이용할 수 있으며 풍부하다. 또한 힘은 숲 속의 많은 동물들에 의해 표현되고 있다. 천사들은 數 5의 요소를 지니고 있는 피아노 반주에 맞춰 춤을 추고 있다.

　요약하면, 5각형의 기하학적인 도형이 상자의 중앙에 위치하고 있다. 우리는 중앙에서 특히 실제적인 양으로서의 數 5를 반복적으로 발견한다. 이 모래상자는 공간적 측면에서 다섯 개의 활동영역으로 나누어지고 있다. 탁자 위에는 다섯 가지 음식이 제공되고 있다. 분위기 역시 數 5의 특징을 보이는데, 격정적이며 가지각색이고 감각적인 축제의 분위기다. 이 여성에게 있어서 감각적이고 자유로운 축제는 그녀 자신의 목소리를 찾고 싶어 하는 욕구를 보여 준다. 그녀는 재생의 여정에 있는 것이다.

## 실습 모래상자 9

Ⅰ. 소품 설명

1. 집 (A-C1)

2. 교회 (B1)

3. 푸른색의 성 (D4)

4. 산 위의 마을 (C2-3)

5. 마법에 걸린 성 (A4)

6. 두 개의 모래 성 (D1과 A2)

7. 채색된 모래 성 (C4)

8. 메릴린 먼로 (C4)

9. 영국 여왕 (D4)

10. 가수 (A2)

11. 분홍색의 공주 (D1)

12. 수정을 가진 소녀 (C2)

13. 소녀 (A-B4)

14. 치어리더 (D3-4)

15. 난로 (D3-4)

16. 불 켜진 집 (D3)

17. 중국산 등불 (C4)

18. 두 개의 유아용 침대 (A3)

19. 유모차 (A3)

20. 아기 (A3)

21. 담요 (A3)

22. 빨간색의 안락의자 (D3)

23. 할아버지 시계 (D1)

24. 욕조 (B2-3)

25. 샤워기 (C2)

26. 싱크대 (A-B3)

## II. 배경 정보

이 모래상자는 10세 소녀가 만들었다. 이것은 11개월간의 휴식기에 들어가기 전에 만들었던 마지막 상자였다. 클라이언트는 왕을 찾았지만 내가 가지고 있는 왕은 좋아하지 않았다.

## III. 클라이언트 설명

"이것은 뉴욕입니다."

IV. 모래놀이 사진을 보고 다음을 발견할 수 있는가?

  1. 기하학적인 모양은? _____

  2. 수량은? _____

  3. 집합되어 있는 소품은? _____

  4. 공간 분할은? _____

  5. 주요 색상은? _____

  6. 주요 구성요소는? _____

  7. 주제는? _____

  8. 분위기는? _____

  9. 클라이언트 설명으로부터 알아낸 정보는? _____

    _____

 10. 數와 관련된 소품은? _____

    _____

V. 당신의 느낌과 추측을 쓰시오.

VI. 이 상자에 대한 나의 분석

  소녀는 복잡한 모래상자를 만드는 것뿐만 아니라 설명을 통해서 '구체적인 혼란'을 묘사하고 있다. 數 7의 표현 중 하나다. 흥미롭게도 그녀는 검은 모래를 선택했다. 그녀는 조심스럽게 일곱 명의 여인을 선정하고 그들에게 각각 성(castle)과 물과 관련된 것, 즉 샤워기, 욕조, 싱크대를 주기를 원했다.(그녀는 물을 담을 수 있는 모든 그릇을 사용했음. 그릇이 7개가 되지 않자 그녀는 그것들을 7개로 나누었음) 그녀는 이 상자를 '뉴욕'이라고 불렀다. 수개월 후 치료과정에 복귀했을 때

죽음에 대한 두려움(비행하는 것, 점프하는 것 등)과 관련된 공포감이라
는 새로운 논점을 가지고 왔다. 그런데 이와 같은 논점에 직면하는
것, 알려지지 않은 것에 대한 두려움과 관련된 이 모든 것들은 그녀가
이번 회기를 마치고 떠날 때까지 해결하지 못한 것이었다.

　상처입거나 학대받은 아동이 7의 요소인 정화 혹은 깨끗이 씻고 치
료하는 것을 나타내기 위하여 물이나 물을 담고 있는 그릇을 사용하
는 것은 공통적이다. 게다가 죽음에 대한 두려움 속에서 나타나고 있
는 통제력 상실(부모의 이혼)과 이후에 부딪치게 될 상황에 대한 하나
의 대비책이 여기에 있다.

## 실습 모래상자 10

I. 소품 설명

1. 푸른색의 성 (B1)

2. 아홉 개의 진주 (A2)

3. 수정을 가지고 있는 소녀 (B2)

4. 쉬고 있는 비너스로서의 폴린 보르게제(Pauline Borgehese)
   (C-D2)

5. 비너스의 탄생 (D1)

6. 홀로그램을 가지고 있는 마법사 (C3)

7. 가슴에 붉은 색의 칼이 꽂혀 있는 해골 (C-D4)

8. 말을 타고 있는 기사 (B4)

9. 호수 (중앙)

10. 호수 위의 분홍색 다리 (중앙)

## II. 배경 정보

이 모래상자는 천식에 걸린 29세 독신녀가 만들었다. 이 여성은 관계를 지속적으로 유지하는 것에 대한 어려움, 일과 여가 사이에서 적절한 균형을 유지하는 방법을 모르는 것에 대한 어려움을 제시하고 있다.

## III. 클라이언트 설명

그녀는 '장미꽃 향을 음미하기 위하여' 자신의 삶을 느긋하게 만들기를 원하는 것에 대해 이야기한다. 그녀는 생각할 시간을 갖기 위해 잠시 쉬기 시작했다고 말한다.

## IV. 모래놀이 사진을 보고 다음을 발견할 수 있는가?

1. 기하학적인 모양은? _____

2. 수량은? _____

3. 집합되어 있는 소품은? _____

4. 공간 분할은? _____

5. 주요 색상은? _____

6. 주요 구성요소는? _____

7. 주제는? _____

8. 분위기는? _____

9. 클라이언트 설명으로부터 알아낸 정보는? _____

_____

10. 數와 관련된 소품은? _____

_____

V. 당신의 느낌과 추측을 쓰시오.

VI. 이 상자에 대한 나의 분석

　　이것은 하나의 數에만 해당하지 않는 또 하나의 복잡한 상자다. 우리는 모래의 색(검정색)과 상자 내의 일반적인 움직임으로부터 數 9를 발견하게 된다. 기사는 성 옆의 소녀를 만나고 9개의 진주가 있는 곳에 도달하기 위하여 피 흘리고 있는 해골과 다리를 가로질러 나가야만 한다. 진주는 고통과 아픔을 통해 탄생했다. 이 진주는 이 모래상자 여정의 마지막인 것 같다. 그러나 많은 소녀들, 처녀 그리고 그들을 구하기 위한 기사의 여정은 數 7의 주제다.

　　數 9는 모래상자의 구석에 있는 하나의 작은 묶음(실제의 양) 속에서 나타난다. 선택된 특별한 성이 數 7의 도형을 생각나게 하지만(사각형 위의 삼각형과 7개의 첨탑 모두), 명확한 기하학적인 도형은 없다. 주제는 처녀를 구하는 기사에 관한 것이다. 분위기는 불길하지만 희망적인데 이것은 數 7일 수도 있지만, 스스로 존재하지 못하는 그녀의 무능함을 용인하는 것은 數 9에 관한 것이다. 이것은 명확하게 원형적인 상자는 아니지만 나는 그것을 포함하였다. 왜냐하면 당신의 치료 현장에서 종종 발견할지도 모르는 전형적인 것이기 때문이다. 이것이 그녀의 첫 번째 모래상자였다는 것은 그녀를 數 7의 의식적인 경험을 통해서 數 9의 원형인 마지막 진주에 도달하도록 인도해야만 할 것이다.

## 실습 모래상자 11

### I. 소품 설명

1. 두 명의 고문당하는 남자(기어가고 있는) (B2, C2)

2. 해골이 있는 작은 상자 (A2)

3. 3개의 두개골 (A2-3, C2, B3)

4. 뿔 모양의 두개골 (A1)

5. 남자 (C3)

### II. 배경 정보

이것은 사고로 전신이 마비된 착한 친구를 둔 한 여성이 만들었다.

그녀는 병원에서 그를 간호하면서 인생의 의미에 대해 심각한 고민에 빠지게 되었다. 그녀는 깊은 절망감을 느끼며 신(혹은 우주)으로부터 버림받은 느낌을 받았고, 길을 잃고 혼돈 속에 빠져버린 상태였다. 그녀는 4개의 두개골과 모래더미 속에서 고문당하는 2명의 사람으로 이 사막 같은 장면을 만들었는데 그 장면에서 떨어져 있는 한 개의 작은 상자와 한 명의 남자가 있다.

III. 의뢰인 설명

없음

IV. 모래놀이 사진을 보고 다음을 발견할 수 있는가?

  1. 기하학적인 모양은? _____

  2. 수량은? _____

  3. 집합되어 있는 소품은? _____

  4. 공간 분할은? _____

  5. 주요 색상은? _____

  6. 주요 구성요소는? _____

  7. 주제는? _____

  8. 분위기는? _____

  9. 클라이언트 설명으로부터 알아낸 정보는? _____

  _____

  10. 數와 관련된 소품은? _____

  _____

V. 당신의 느낌과 추측을 쓰시오.

## VI. 이 상자에 대한 나의 분석

나는 이 상자는 명확하게 數 7를 나타내는 것으로 본다. 당신은 그것이 원형적이라고 말할 수도 있다. 이난나 같은 이 여인은 사막의 장면에서 저승을 떠돌아다니는 깊은 심연 속에 있는 것 같다. 모래상자 안에는 7개의 소품이 있다. 상자의 분위기는 상실과 절망이다. 해골은 상실과 죽음을 나타내고, 사막에서 고투하고 있는 남자들은 탈수중 그리고 신으로부터의 잊혀짐과 버림받음에 직면해 있다. 이 상자에는 희망도 양식도 없다. 여기에서 흙무더기나 자궁은 무덤이다. 이 상자를 만든 여인은 새로운 어떤 것을 찾고자 하는 삶에 대한 이전의 모든 생각과 희망을 빼앗겼으나, 상자의 C3영역에서 우리와 마주했던 소외된 남자처럼 분명하지는 않다. 주제와 전반적인 느낌 이 모든 것들은 나를 數 7로 이끈다.

## 실습 모래상자 12

I. 소품 설명

1. 수정 피라미드 (B4)

2. 작은 피라미드 (A3)

3. 거울로 된 궁전 (B1)

4. 백랍으로 만들어진 작은 성 (A2)

5. 검은 석탄 집 (A4)

6. 물속에 있는 인어(백랍) (A1-2)

7. 삼림지대의 마법사 (A1)

8. 수정을 가진 용 (A2)

9. 수정 지팡이를 가지고 있는 요정 (A2)

10. 수갑 (A-B 3-4)

11. 짐승 가죽을 펴고 있는 에스키모인 (A3)

12. 메두사(흰색 판금) (D2-3)

13. 원판 던지는 사람 (D1)

14. 테두리가 있는 거울 (D2-3)

15. 24개의 하얀 대리석 돌 (A)

16. 수정 결정판 (D3)

17. 컵(2) (컵을 상자에 놓았다가 다시 생각하고서는 선반에 다시 갖다 놓음)

18. 15개의 분홍색 대리석 (B1에서 C4까지)

19. 6개의 마노 석판 (B-D3)

20. 12개의 통나무 (B-D 2-3)

21. 보물상자 위의 마법사 (C1)

22. 성모 마리아 (B1)

23. 날개달린 여신 (D2)

24. 마술사 (D4)

25. 여마술사 (D4)

26. 홀로그램을 가지고 있는 마법사 (D1)

27. 나체로 있는 여인 (D1)

28. 검은 곰 (C4)

29. 2개의 청동 꽃병 (B2-3)

30. 팅커벨 (C2)

## II. 배경 정보

이 여성은 결혼생활에 충실할 것인가 혹은 떠날까를 놓고 갈등하고 있었다.

## III. 클라이언트 설명

없음

IV. 모래놀이 사진을 보고 다음을 발견할 수 있는가?

1. 기하학적인 모양은? _____

2. 수량은? _____

3. 집합되어 있는 소품은? _____

4. 공간 분할은? _____

5. 주요 색상은? _____

6. 주요 구성요소는? _____

7. 주제는? _____

8. 분위기는? _____

9. 클라이언트 설명으로부터 알아낸 정보는? _____

_____

10. 數와 관련된 소품은? _____

_____

V. 당신의 느낌과 추측을 쓰시오.

VI. 이 상자에 대한 나의 분석

실질적이고 양적인 측면에서 우리는 6개의 통나무, 6개의 마노 석판, 게다가 24개의 하얀 대리석 돌($2+4=6$)과 15개의 분홍색 대리석($1+5=6$)을 볼 수 있다. 주제별로는 6명의 마법사, 마술사 혹은 여자 마술사들을 발견하게 된다. 모래에 표현된 디자인의 측면에서 보면, 그녀는 무의식적으로 B1부터 C4까지 분홍색 대리석으로 음양의 물결을 만들어 냈다(아마도 그녀는 대조적인 것을 함께 엮어내는 긴장 속에서 작업을 했을지도 모름). 6개의 통나무와 마노 석판으로 만든 길은 좌측의 분산되거나 활동적인 에너지를 거울, 즉 처음에는 메두사를 찾고 그 다음에는 팅커벨을 찾도록 안내한다. 의식(거울)으로 향하는 잘 지시된 여정의 주제는 數 6의 원형을 나타내는데, 이것은 상상과 현실의 분열을 통합하고자 하는 열망과도 같다. 數 6과 관련되는 물체들은 수갑(한 개는 열려 있는), 원판 던지는 사람, 짐승 가죽을 펴는 에스키모 그리고 많은 수정 등이다. 내가 클라이언트를 알고 있어서 나는 이 그림에서는 볼 수 없는 것을 더 첨가하고 싶은데, 실제 삶 속에서 이 여성이 직면하고 있는 문제는 팅커벨과 메두사 사이에서 균형을 이루면서 결혼생활에서 건강한 친밀성 혹은 에로스를 유지하는 것이다. 그녀가 고민하는 것은 충실함과 헌신에 관한 것이다.

## 실습 모래상자 13

Ⅰ. 소품 설명

1. 찢어진 날개를 가진 새 (A2)

2. 버섯 모양의 지붕으로 된 집 (A-B2)

3. 얼굴 없는 사람 (A2-3)

4. 땅의 여신 (A3-4)

5. 2명의 꼬마 요정 (B2)

6. 바위 (B2)

7. 병속의 동전 (C2)

8. 무지갯빛의 팔각형 공 (C3)

9. 비명을 지르는 괴물 (C1)

10. 우스꽝스러운(공상의) 말 (D1)

11. 문어 (D4)

## II. 배경 정보

이 모래상자는 예기치 못한 남편의 죽음으로부터 회복되고 있는 59세 여성이 만들었다.

## III. 클라이언트 설명

"나는 과도기적인 상황을 거쳐 현재는 나아지고 있습니다. 현재의 상황을 헤쳐 나가는데 점점 자신감이 생깁니다. 모든 농작물을 돌보는 땅의 여신은 풍부함을 나타내죠. 이 모래상자는 모든 것이 일어나고 있는 세상처럼 보여요. 아직도 세상은 평화와 마술로 둘러싸여 있습니다."

## IV. 모래놀이 사진을 보고 다음을 발견할 수 있는가?

1. 기하학적인 모양은? _____

2. 수량은? _____

3. 집합되어 있는 소품은? _____

4. 공간 분할은? _____

5. 주요 색상은? _____

6. 주요 구성요소는? _____

7. 주제는? _____

8. 분위기는? _____

9. 클라이언트 설명으로부터 알아낸 정보는? _____

_____

10. 數와 관련된 소품은? _____

_____

V. 당신의 느낌과 추측을 쓰시오.

VI. 이 상자에 대한 나의 분석

이 모래상자는 數 8의 또 다른 목록들의 집합체다. 중앙에서 우리는 무지개색의 공 안에 있는 數 8이라는 팔각형의 기하학적인 도형을 발견한다. 비록 실제 양적인 측면에서 8개의 소품들이나 소품 묶음 혹은 공간의 분할 등은 볼 수 없지만 주제, 분위기, 클라이언트의 설명 그리고 선택된 물체 등에서 數 8의 원형에 관한 힘을 찾을 수 있다.

이 모래상자에서 數 8과 관련된 것들로는 땅의 요소, 어머니 그리고 원형(A3-4)에 의해 표현된 풍부함 등 이 모두를 상징하고 있는 땅의 여신, 팔각형의 무지개 공(B/C-2/3), 이중적 여성성인 어머니 원형에 대한 또 다른 상징인 문어(D4), 병속에 있는 동전(C2) 등이 있다. 數 8의 느낌과 관련된 그녀의 설명으로는 1) "나는 과도기적인 상황을 거쳐 현재는 나아지고 있습니다. 현재의 상황을 헤쳐 나가는데 점점 자신감이 생깁니다." 2) "모든 농작물을 돌보는 땅의 여신은 풍부함을 나타내죠." 3) "이 모래상자는 모든 것이 일어나고 있는 세상처럼 보여요. 아직도 세상은 평화와 마술로 둘러싸여 있습니다." 등이 있다. 게다가 우리가 상자 안에 있는 모든 품목들을 하나의 움직임으로 연결시켜보면, 모래 속에서 무한대의 표식 혹은 數 8의 도형을 볼 수 있다는 사실 또한 흥미롭다.

## 실습 모래상자 14

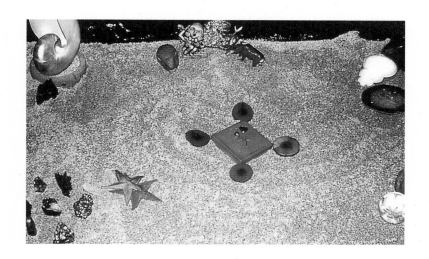

I. 소품 설명

1. 앵무조개 껍질 (A1)

2. 숯 조각 (A1)

3. 토끼 (B1)

4. 험프티-덤프티(Humpty Dumpty, 땅딸보) (B1)

5. 구리 덩어리 (B1)

6. 수사슴 (B-C1)

7. 클라이언트가 넣은 깃털이 있는 하얀 조개껍질 (D1)

8. 마노 조각 (D1-2)

9. 전복 껍질 (D4)

10. 하얀 꽃이 들어 있는 공 (D4)

11. 달걀 (D4)

12. 3개의 불가사리 (B4)

13. 다양한 종류의 수정 (A4)

14. 체스 세트에서 갖고 온 저당물 (A4)

15. 흙색의 타일 (B-C2-3)

16. 4개의 나무 조각 (B-C2-3)

17. 빨간 장미 (C2-3)

18. 자줏빛 하트 (C3)

## II. 배경 정보

이 모래상자는 과도기적인 상황에 처해 있는 폐경기 여성이 치료의 중간단계에서 만든 것이다.

## III. 클라이언트 설명

"험프티 덤프티(땅딸보)는 어릴 적 독일에 있었을 때 들었던 이야기에 나오는데, 자꾸 넘어지지만 매순간 다시 일어나죠. 나는 토끼를 좋아해요. 타일이 없어지지 않고 여기에 있는 것이 정말 좋아요."

## IV. 모래놀이 사진을 보고 다음을 발견할 수 있는가?

1. 기하학적인 모양은? _____

2. 수량은? _____

3. 집합되어 있는 소품은? _____

4. 공간 분할은? _____

5. 주요 색상은? _____

6. 주요 구성요소는? _____

7. 주제는? _____

8. 분위기는? _____

9. 클라이언트 설명으로부터 알아낸 정보는? _____

_____

10. 數와 관련된 소품은? _____

_____

V. 당신의 느낌과 추측을 쓰시오.

VI. 이 상자에 대한 나의 분석

만약 기하학적인 도형으로 전체 상자에 하나의 상상의 선을 그린다면, 우리는 5각형을 볼 수 있게 된다. 특히 유일하게 역동적인 힘이 5각형 상자의 상단 중앙(B-C1)에 있음을 고려하면 더욱 그렇다.

이 상자에서 가장 내 눈길을 끄는 소품은 數 4를 나타내는 중앙의 4각형 흙색 타일과 4개의 나무 조각이다. 잃어버리지 않았다는 그녀의 이야기 속에서 나는 그녀가 그녀 자신과 연결되었다고 보았다. 그 타일의 중앙에서 한 개의 자줏빛 하트를 볼 수 있는데, 이것은 네 번째 샤크라(charkra)를 나타내는 것이다. 자줏빛 하트는 또한 미군이 전장에서 부상을 입었을 때 받는 것으로 용감함을 상징한다. 또한 중앙에는 빨간 장미가 있는데, 이것은 이 여성이 장미가 갖고 있는 유대인의 영성에 대한 전통적인 관계와 연결되어 있을 가능성도 보여 준다. 하트를 통해서도 영성과 연결되어 있음을 알 수 있다. 그러나 비록 땅이 갖는 많은 여성적 상징물이 數 4와 연결될 수 있는 수정과 조개껍질에 있을지라도, 상자의 주변부에서는 5를 발견하게 된다. 눈에 띄게 특이한 것은 중앙에 있는 것인데, 여기에는 험프티 덤프티, 수사슴, 토끼가 있다. 험프티 덤프티는 종종 융통성 있게 무릎을 꿇는 책략가(트릭스터)와 연관된다. 3개의 상징물 모두는 또한 서구 유럽 문화에서는 다산과 연결되어진다(그녀는 독일 태생). 험프티 덤프티처럼 달걀도 다산을 상징하는 의식과 관련되어 있다. 토끼는 다산과 비옥함을 나타내는 것 외에도 저승과도 관련되어 있다. 수사슴의 생식기는 수사슴의 관능적인 난폭함 때문에 강력한 최음제로 여겨져 왔다. 따라서 이 모든 세 가지의 이미지들은 생명력과 위험을 지닌 다섯 가지 감각의 재현으로서 판(Pan) 신의 다산과 관능성의 유사성을 통해 數 5의 원형을 불러일으키고 있다. 또한 5갈래로 나뉘는 불가사리(B3)와 조개껍질 속의 깃털(D1)에서 재생의 상징을 발견한다. 이런 식으로 이 모래상자는 중앙의 4에서 주변의 5로 움직이는 것이다.

## 부록

# 인생행로의 數

## 도 입

모래놀이치료의 창시자인 도라 칼프(Dora Kalff)는 그녀의 클라이언트 개인의 인생 목적과 여정을 이해하기 위한 배경지식으로서 '인생행로의 數'를 산정하기 위하여 수비학(數秘學)을 사용하였다. 여기에서 우리는 인생행로의 數를 인간의 원형(archetype)보다는 성격의 정체성으로서 살펴볼 것이다. 각 數는 특정 개인의 정체성을 나타낸다. 이것은 클라이언트와 친구 모두를 살펴보는 데 흥미가 있을 것이므로, 이 부록에서 나는 인생행로의 數를 어떻게 계산하고 이러한 수적인 예측의 자료로부터 얻어지는 요약된 해석을 어떻게 제공하는지를 설명할 것이다. 이것은 필자가 1986년과 1987년 사이에 고안한 소프트웨어 프로그램에서 도출한 것이다.

필자는 數 원형에서 예측한 수점의 자료를 모아 얻은 인생행로의 정보와 앞의 3장에서부터 11장까지 설명된 의식의 상태를 서로 구별하고자 한다.

사실상, 필자가 이 책에서 나누었던 모래상자를 만든 클라이언트의 數를 계산했을 때, 한 개인의 인생행로와 그들이 표현한 상자에 나타나 있는 의식 상태와의 관계는 단지 우연적이거나 아주 적은 상관관계를 가짐을 알게 되었다. 앞에서 언급한 것처럼 심도 깊은 의식의 과정을 살펴보는 원형적 자료로 동일 클라이언트는 서로 다른 數를 나타내는 상이한 모래상자를 만들 수도 있다. 그러나 그들의 인생행로는 동일하다.

필자는 개인의 페르소나와 일반적인 일을 다루는 관점에 대한 기초 정보로서 인생행로를 살펴본다. 필자는 그것을 개인적으로 활용하고 모래놀이치료의 창시자인 도라 칼프에게 경의를 표하기 위해서 부록으로 추가하고자 한다.

## 생일 數에 의한 삶의 목적을 향한 인생행로 지도

인생행로의 數는 개인의 생년월일에 들어간 모든 數를 더하고 그 총수를 다시 한 數씩 분해한 다음 그것들을 더하는 것이다. 예를 들면, 생년월일이 1950년 12월 12일일 때,

$$1 + 9 + 5 + 0 + 1 + 2 + 1 + 2 = 21(2 + 1) = 3$$

따라서 생년월일이 1950년 12월 12일인 사람의 인생행로의 數는 3이 된다.

## 인생행로의 해석

수비학에서 인생의 행로를 구성하는 특정한 혼합된 에너지는 개인이 올라갈 산과 그가 도달할 수 있는 정상을 나타낸다. 그것은 그 개인이 무엇을 위해 태어났는가를 나타내는 것이며 반드시 무엇이 가장 쉬운 가를 나타낼 필요는 없다. 따라서 그것은 성장과 변화의 시기에 반복되는 도전과 개인이 자신의 목적을 성취하기 위한 완벽한 기회를 찾게 될 주요 영역을 나타내며, 자기 자신과 다른 사람들 모두에게 유용하다.

각 數에 의해 나타나는 인생행로의 해석은 다음과 같은 사항, 즉 1) 운명 또는 경로, 2) 학습, 3) 기회, 4) 일, 5) 도구, 6) 성취, 7) 도전, 8) 함정에 대해 논의된다. 수비학에 따르면 운명은 數의 독특한 개성과 인생 목표, 인생이 주기적으로 반복해서 성취하는 것에 대한 서술이다. 학습은 개인이 배우도록 구체화되는 것이다. 일은 과업중심의 시각에서 보는 개성이다. 도구는 과업을 배우고 도전에 맞서기 위한 자원으로 사용될 수 있는 數의 독특한 재능과 은사다. 성취는 중도(middle way)이거나 또는 각 특정 인생행로의 극단 사이의 균형을 말한다. 도전은 중도를 발전시키는 것으로서 자주 직면하는 것이다. 함정은 사람이 빠질 수 있는 극단적인 위치를 나타낸다.

### 인생행로 1

**운명 또는 행로**

핵심어: 독창성, 집중, 신뢰, 효율, 자기개발, 개척

1은 카리스마적인 개성을 갖고 타고난 개인주의자다. 그는 독특하

고, 첫 번째가 되고, 최고가 되는 것을 매우 좋아한다. 이러한 개인은 모험을 애호하고 그것을 유발시킨다. 그들은 창시자가 되거나 주도권을 쥐며 종종 길을 제시한다. 그들은 사람들이 할 수 없다고 말하는 일에서 성공하기를 좋아한다.

1과 함께 하기 위해서는 특별한 사람이 되어야 한다. 그리고 1(Ones)은 그들이 성숙해 감에 따라 다른 사람을 판단하기보다는 격려함으로써 자신의 동료 집단의 범주를 넓힐 수 있음을 배운다. 따라서 그들은 그들 자신의 것과는 다른 관점을 허용하고 용납하는 것을 배우게 된다.

1의 행로는 그가 할 수 있는 것과 제일 잘하는 것을 찾는 것이다. 이러한 개인은 결국에는 다음 기회를 위한 기초로서 각각의 성공을 수립함으로써 도달되는 쉬운 행로로 올 것이다. 그들은 가르치거나 확립하는 것을 배움으로써, 그리고 권위와 책임을 수용함으로써 이것을 할 수 있다.

### 학습

1의 학습은 일생을 통해 개인성(individuality)의 의미에 대해서, 그리고 그와 다른 개인들이 완전하다는 것을 배우는 것이다. 여기에서 말하는 완전함이란 외부적 기준에 의해 부과된 어떤 것이 아님을 인식해야 한다. 이것은 1이 자기신뢰와 독립을 배우고, 심지어 다른 사람들이 자신이 기대하는 것과 다를 때라도 어떻게 그들을 받아들이는 가를 배우는 기회를 갖게 되는 것을 의미한다. 1은 자기개발을 통해 다른 사람을 고무시키고 격려하는 것을 배우게 될 것이고, 다른 사람들을 그들이 아닌 무언가가 되도록 강요하지 않으면서 창조적으로 되는 것을 배울 것이다.

1은 그들이 운전석에 앉아 그들이 어디로 가고 있는지 아는 것을 느끼기 좋아한다. 그들이 자신에게 집중하기 위해 시간이 걸릴 때, 그들은 자기표현의 일부가 되는 성실함, 친근함, 관대함을 허용할 수 있다. 이 목적을 성취하기 위해 1은 자신에 대해 배워야 하며, 그것은 또한 그가 훌륭한 지도자가 되도록 허용하는 것이다. 그렇게 함으로써 그는 어떻게 시너지를 창출해내는지를 발견할 수 있다. 즉, 어떻게 하면 성공적이고 효과적인 그룹을 위한 초점이 되느냐를 발견할 수 있다는 것이다. 인생행로의 數가 1인 개인은 목적을 성취하는 길과 새로운 방법을 확립하고, 발견하고, 발명하는 것을 배울 것이고, 지침을 세우고 길을 닦음으로써 다른 사람들이 그를 따라할 수 있게 될 것이다.

### 기회

1을 위한 기회는 세계가 그 자신의 의지 안에 포함되어 있다는 잘못된 믿음에서 생겨난 한계로부터 그 자신을 자유롭게 하고, 그 자신의 의지가 신성(the Divine)의 일부임을 발견하는 것에 있다. 1은 신속하고 정확하게, 그리고 소란이나 소동을 최소화하여 결정을 내릴 수 있다. 이것은 노력을 요하는 많은 영역에서 기회를 얻게 한다.

### 일

1은 자발적으로, 그리고 흥미롭게 일을 하거나 고안하는 것을 지속한다. 그들은 열정, 비전, 성실 및 영감에 의한 착상으로 일과 놀이를 할 수 있다. 이것은 재정적인 성공과 좋은 공적인 이미지를 의미할 수도 있다. 1은 특히 위기 시에 무엇을 얼마나 많이 할 필요가 있는지, 누가 그 일에 적합한지를 알면서 그들의 통제 아래 있는 일들에 대해 고삐를 바짝 쥐는 것을 유지한다. 그들은 승리하기를, 승리를 좋아하는 사람들과 함께 있기를 좋아하고 그리고 이것이 일어나기 위한 촉매제가 될 수도 있다. 1은 진보를 위한 많은 기회를 갖는 것을 좋아하고, 프로젝트와 직업에서의 도전을 즐기기를 좋아한다. 자유, 통제 또는 지도력이 주어지면 1은 뛰어난 결과를 산출해낼 수 있다.

### 도구

1이 가진 특별한 장점은 다음과 같다. 독창성, 대담성, 새롭고 참신한 아이디어, 영감 있는 사고, 명확성, 창조성, 긴급함을 분발시키는 활동, 자기신뢰, 발명력, 강한 의지, 용기 그리고 그 생각에 옳은 것을 하고자 하는 태도다. 1은 다른 사람들을 그들이 일상적으로 하는 평범한 일보다 더 하도록 이끄는 능력을 소유한다. 만약 1이 자기 자신을 신뢰한다면 자신과 다른 사람들에게 굉장한 위로가 되는 빛이 될 수 있다. 독특하게 접근하는 은사는 성공의 열쇠를 제공해 준다. 1은 그들 자신의 생각들을 전달하고, 그들 자신의 가치를 깨닫는 가운데 다른 사람들의 생각의 가치를 발견하며, 그들이 그것들을 성취하도록 도울 것이다.

### 성취

인생행로의 數가 1인 개인은 그가 원할 때마다 독립적으로 되는 능력이 있을 때, 그가 자신이 누구인지를 알고 그 지식이 개인적 관계 및 사업관계에 방해가 되지 않을 때, 자신이 인생행로의 성취에 도달한 사실을 알 것이다. 이것은 자기 충족적이고 결정적인 개인성이며, 성공, 개인적 권력, 명예, 권위, 존경 및 지도력을 그의 삶에 가져오기 위해 창의성을 사용하는 것이다.

**도전**

보통 제1유형의 사람들은 그들이 굉장히 존경하는 사람들로부터 오는 충고가 아닌 한 그것에 대해서 별로 신경 쓰지 않는다(심지어 그들은 그것을 그들 자신의 생각으로 보는 것을 더 좋아함). 그들로 하여금 계획을 변경하도록 하는 것이 항상 쉬운 것은 아니다. 도전은 너무 격렬하게 다른 사람들을 납득시키려고 노력하는 형태 또는 완고하거나 비판적인 형태로 올 수도 있다. 만일 1 유형의 개인이 분별력을 잃는다면, 그는 권력 여행(power trip)을 떠날 수도 있다. 그는 그의 행동이 열등감에 의해, 또는 탁월함에 대한 자의적 기준으로 자신과 타인을 비교하는 경향에 의해 얼마나 많이 자극되었는지 발견해야만 한다. 여기서의 도전은 그 자신과 타인을 판단하지 않는 것과 적절함과 충분히 좋은 감정을 증진시키는 것을 배우는 데 있을 수 있다.

1은 다른 사람들이 자신이 좋아하는 방식으로 일을 하게 하는 법을 배우는 것, 다른 사람들의 제안을 받아들이고 그것을 선용하는 것, 다른 사람들이 그들 자신의 힘으로 한 기여를 인정하는 것, 그리고 다른 사람들이 계획하고 일을 하는 것에 대해 말하는 것을 허용하는 것에 도전을 받는다. 협동을 배우는 것과 재치 있는 단호함은 좋은 시험이며 그것은 많은 보상을 가져온다. 그것은 1로 하여금 무능력, 부적당성 그리고 충분히 좋지 않은 것에 대한 두려움의 감정을 치료하게 한다. 따라서 1의 특성을 지닌 개인은 실제로 감탄과 존경을 받을 수 있으며, 이것은 가치 있는 것이다.

만일 1이 본래의 상태로 되고자 함에도 불구하고 그 자신의 유일함을 나타내는 에너지가 없다고 느끼는 시기를 거치게 된다면 또 다른 종류의 도전이 일어날 것이다. 그는 자극을 받지 못한다고 느끼며, 그 결과 어떤 종류의 도전을 해야 할지 모르는 곤경에 빠지거나 변화에 대한 두려움을 느낄 수 있다. 이러한 일의 결과는 활기를 잃고 비활동적으로 되는 것이다. 1의 특징을 갖는 사람들은 상급자들과 갈등을 경험할지도 모른다. 그러한 갈등 속에서의 긴장이나 분노는 그들 자신 안에 여전히 무엇이 해결되지 않았는가를 가까이 살펴보는 거울이다. 이들이 그들 자신의 독특한 방법을 발전시킬 때, 집단 안에서 매우 가치 있는 존재가 되며 탁월함과 인정을 받게 된다.

### 함정

만약 1이 균형에 대해 모르거나 또는 너무 벗어나 있다면, 그는 완벽주의나 비판적 태도에 의해 억제될 수 있다. 그는 완벽함이 해답이라는 이념과 생각을 어떤 것에 비유하는 데 있어서는 신중해야만 한다. '일이 반드시 어떤 특정한 방식으로 처리되어야 한다.'는 신념은 1로 하여금 자신을 어떻게 일이 되어져야 하는가를 결정하는 사람 또는 자기 자신이나 다른 사람들 속에 있는 결점 내지 부적당한 점을 찾아내는 사람으로 만든다. 이것은 그가 충분히 잘했는가에 관하여 스스로를 의심하도록 하며, 그의 반응은 그가 충분히 잘할 때까지 화를 내는 것이라고 생각하게 한다. 또 다른 함정은 싸워야만 하는 누군가로 간주되는 것이다.

또 다른 가능성 있는 함정은 관성, 침체, 게으름, 어리석다고 느끼거나, 반대로 교만하게 여기는 것 그리고 변덕스러운 행동 등이다. 이러한 경향을 최고로 상쇄시키기 위해 발전시켜야 할 최고의 자질은 재치 그리고 우리는 모두 하나이지만 독특하고 특별한 개인이라는 인식이다. 이러한 함정에 빠졌을 때 1에게 있어 빠져나오는 가장 쉬운 길은 완벽함이란 그가 세상에 부과할 수 있는 어떤 것이 아님을 인식하고 인정하는 것이다. 대신에 그는 세상이 그의 마음에 드는 제한에 맞지 않을 때에라도 그것이 그가 경험할 수 있는 어떤 것으로서 보아야 한다.

## 인생행로 2

### 운명 또는 행로

핵심어: 양육, 협력, 관계, 팀워크

다른 사람들의 소망과 요구는 인생행로의 數가 2인 개인들이 따라가는 행로와 많은 관련이 있다. 2의 특징을 지닌 개인들은 다른 사람들에게 약간 수수께끼같이 보일 수 있는데, 이것은 그들이 사물을 논리적으로 분석하기보다는 느끼고 있기 때문에 그렇다. 이런 식으로 그들은 다른 사람들이 논리를 통해 추론하지 못하는 것을 배울 수 있다. 2는 고도로 발달된 직관을 소유한다. 그들에게는 익명성이 편안하며, 그들은 조용하고 남의 눈에 띄지 않는 것을 즐긴다. 그러나 때때로 의도하지는 않지만 공적인 역할을 담당하기도 한다. 그들은 다른 사람들만큼 공격적이지 않은데, 이것이 2의 사람들은 언제나 삶의 좋은 것들이 부족해야 함을 의미하는 것은 아니다. 2는 '거두어 들이는' 數다. 다른 사람들을 통해 많은 것들이 2에게로 들어온다.

2들은 민감하며 어떤 상황이든 양쪽을 살필 수 있는 능력이 있다. 따라서 그들은 종종 공평한 심판을 요하는 대화의 중재자가 된다. 2의 특징을 지닌 개인은 외교적이며, 사려 깊고, 충성스러운 친구이자 중재인 그리고 훌륭한 경청자다. 만약 누군가가 자신의 양육을 필요로 한다면 2는 욕심 없이 그들에게 자신을 내어 줄 것이다. 자기영광 및 자기찬미의 삶이 아니다. 2는 다른 사람에게 유익을 가져다주는 재능과 능력이 있다. 그들은 우리가 동료들의 필요를 고려함으로써만 진보할 수 있다는 것을 배우는 기회를 갖는다. 이러한 인생의 행로는 우리에게 좋은 교훈과 미덕으로서의 겸손에 대해 가르쳐 준다.

2의 특징을 지닌 개인은 불확실한 나날의 존재보다는 익숙하고 충분히 입증된 일상을 선호한다. 그는 사물을 실체적인 물질 수준에서 수집하고 축적하는 것을 좋아한다. 2는 놀랍도록 날카로운 유머감각이 있는데, 이것은 부분적으로는 다른 사람에 대한 관찰, 그리고 부분적으로는 상상으로부터 나온 것이다. 그러나 2는 사소한 비난 또는 괴롭힘에 오히려 쉽게 상처받을 수 있으며, 모욕을 당했을 경우 개인적으로 받아들이는 경향이 있다.

### 학습

2를 위한 학습은 타이밍, 인내, 리듬과 관련이 있다. 그의 주변에서 무슨 일이 일어나는지 주의를 기울임으로써, 2의 개인은 그것과 협력하는 법을 배우고 다른 사람을 첫째에, 자신을 두 번째로 둔다. 그들은 다른 사람을 진정으로 존경하는 것과 그들과 원만히 지내는 법을 배운다. 그들은 인내와 친절, 즉 다른 사람들의 필요를 생각함으로써 나누고 진보하는 것이 진정으로 의미하는 것을 발전시킨다. 여기서 2의 인생행로를 지닌 개인은 지혜와 이해심으로 다른 사람을 지지하는 법을 배운다. 따라서 그들은 자신에게 종종 어려운 일인 좋은 선택과 결정을 내리는 법을 배우게 된다. 그들은 또한 수줍음과 과묵함을 다루는 법을 배울 수도 있다. 왜냐하면 그들은 기대치 않게 타인의 이목을 끌 수 있기 때문이다.

### 기회

다른 사람과 함께 하거나 그들을 위해 일할 때, 공동체 활동들을 위해 일할 때 그리고 상세한 부분까지 세심한 주의를 기울일 때 기회는 온다. 그들은 다른 사람들을 만족시키는 그들의 능력과 미적 감각으로 인해 대중 앞에 놓일 수 있다.

### 일

그들은 단지 조그만 격려에도 많은 것을 돌려 주는 양심적이며 자발적인 노동자다. 행복한 환경이 중요하다. 왜냐하면 그들은 평화로운 조건에서 일을 가장 잘하기 때문이다. 그들은 대개 압력, 마감시간 또는 스트레스 상황에서는 편안하지가 못하다. 그들의 직업은 다른 사람을 지지하고, 인간관계를 향상시키는 것이며, 인간관계 그 자체다. 그들이 감정을 이입하고 관대하며 동시에 여러 관점을 볼 수 있을 때 다양한 상황에서 중재자와 피스메이커로서 행동할 수 있다. 섬김, 헌신, 평화가 그들의 임무다. 그들은 자신에게 의존하는 사람들이 낙담하지 않도록 하는 경향이 있다. 그들은 분주하고 재촉하는 일상적 업무와는 동떨어진 정교하고 체계적이며 세밀한 일을 선호한다.

### 도구

인생행로가 2인 사람들은 비록 수줍을지는 몰라도, 내면에는 매력적인 성격이 있다. 이런 개인은 어떤 형태의 집단활동에서든 탁월함을 보이는데, 집단활동에서 그들은 사람들을 한데 엮는 그들의 재능을 발휘할 수 있다. 2의 도구는 명확함, 직관, 수용성, 인내, 이해, 감정이입의 의사소통이다. 그들은 필요한 경우 비밀을 지켜줄 수 있는 막역한 친구의 역할을 탁월하게 감당한다. 2의 특별한 재능은 협력, 외교, 다른 사람을 돕는 능력, 세심한 부분까지 주의를 기울이는 것, 순종, 제안들을 잘 받아들이는 것, 화평을 유지하는 것 그리고 봉사다. 그들은 신사적이고, 감성적이며, 과묵하다. 친절함과 지혜가 충분하다면, 그들은 신적으로 영감을 받을 수 있다. 2는 또한 다른 사람들이 본보기로서 돌아볼 수 있는 조용하고 분별력 있는 지혜를 발전시킨다. 2들은 양육, 모성역할, 보살핌의 역할을 취하고 그것을 매우 잘 수행한다.

### 성취

인생행로의 數가 2인 개인은 그가 성공적으로 협력하고, 화평을 유지하고, 봉사하고, 다른 사람들의 감정을 고려할 수 있을 때 성취했다는 것을 알 것이다. 성취를 하게 되면, 2는 감정이입과 직관을 발전시킬 것이고, 평화의 사절이 될 수 있을 것이다. 그의 방법은 보이지 않는 것인데, 즉 이야기를 매우 잘 듣고 흡수하여 그가 개인적인 이야기를 나눌 준비가 된다면 그것은 아주 적절할 것이다. 양보와 친밀함 또한 성취의 보증서이다. 2는 친밀함과 상호협력으로 누군가의 삶의 일부가 될 수 있다. 내적 기쁨과 평온한 마음을 통해 행복이 올 것이다. 가정, 사랑, 관계, 협력 그리고 물질적 안정이 그들을 보호하고 양육한다. 그래서 이러한 것들은 2들에게 중요하다.

### 도전

그들은 두 가지의 선택 사이에서 갈등하며 어떤 길로 가야 할지 확신하지 못하는 등 결정을 내려야 하는 도전을 받을 수 있다. 2는 동요하거나 우유부단한 자신을 발견할 수도 있다. 그들은 작은 일을 지나치게 걱정하거나, 그들의 안정이 정말로 위협받는다면 낙담과 염려의 감정에 직면하기도 한다. 소심함, 시무룩함, 비난, 비관주의는 모두 두려움이 유발한 행동들로서, 이것들은 언젠가는 극복해야 할 필요가 있는 것들이다. 안정에 집착하는 것은 그들로 하여금 걱정거리와 변화에 맞서는 데 주저하게 만든다. 2의 유보적인 태도는 멀리 떨어져 있다는 인상을 보일 수 있는데, 이것은 대부분의 경우에 민감함을 감추기 위해 세워 둔 보호판과 같은 것이다.

그의 특징을 지닌 개인은 마치 자신은 중요하지 않은 것처럼 수동적으로 또는 눈에 띄지 않게 행동할 수 있다. 그는 자신을 도움을 주는 위치에 둠으로써 다른 이들의 복지를 지나치게 고려할 수도 있을 것이다. 이들에게 주어지는 또 다른 도전은 이들은 오직 마음에 둔 사람들과만 일을 하거나 또는 강하고 지배적인 사람 뒤로 숨는다는 것이다. 이것은 다른 사람들이 그를 위해 일하도록 조정하는 것으로 보이고, 그 보상으로 보살핌과 아첨을 제공하는 것으로 나타날 수 있다. 2의 특징을 지닌 개인이 하고 싶은 대로 하도록 아첨을 사용하지 않게 하는 것이 그에게 주어진 시험이다. 2는 또한 "나 먼저 아니면 너 먼저?"라는 논쟁을 제기할 수도 있다. 그가 너무 교만해지고 있다면 그는 그것을 인정하는 것을 배워야 할 필요가 있다. 그들은 그들의 직관적 통찰이 단지 그들뿐 아니라 다른 사람들을 위해 존재한다는 것을 인식할 때까지 협력과 비협력의 극단 사이를 왔다 갔다 할 것이다. 정서적 불안정, 사랑받지 못한다고 느끼는 것, 그들 자신의 필요가 채워지기를 원하는 것 그리고 그것을 취하고자 하는 강한 마음이나 두려움을 표현하는 것 등 이 모든 것들이 배움의 수단이 될 수 있다.

## 함정

만일 2가 조화로움에서 너무 벗어나 있거나 모른다면, 그는 아마도 불필요한 과대망상증에서 유발된 우유부단함이나 수줍음으로 인해 방해받고 억제될 수 있다. 또 다른 함정은 비관적 태도, 과민반응, 또는 쉽게 상처받는 것이다. 정반대의 접근방법을 취함으로써 2는 다른 사람에 대해 무관심할 수도 있다.

그들은 크게 실망했을 때 수동적이거나, 들러붙거나, 보복적이 될수 있다. 그릇된 초연함에 자극되어 이러한 현실로부터 벗어나기 위한 열망이 일어날 수도 있다. 2의 특징을 지닌 개인은 우유부단함 또는 신경성 긴장으로 인해 무력해질 수 있다.

이들이 이러한 함정으로부터 벗어나기 위한 가장 쉬운 방법은 다른 사람들이 조종당한다는 느낌 없이 협력할 수 있도록 자기 자신을 보다 신뢰하는 것이다.

## 인생행로 3

### 운명 또는 행로

핵심어: 자기표현, 기회가 올 때 이용하기, 생산적으로 되는 것을 배움

이것은 상상과 카리스마를 통해 삶을 풍요롭게 함으로써 마음속에 있는 것을 외부적으로 나누는 경로다. 3의 인생행로에서 대부분의 기회들은 인생에서의 아름다움과 가장 좋은 것을 보는 것에서부터 나온다. 이것은 단순히 자기를 높이기 위한 것이 아닌 자기표현의 시간이다. 3은 여행을 많이 다니고 다른 사람들의 경험으로부터 많은 교훈을 얻을 것이다. 이들은 용감하고 번뜩이며 대담하고 훌륭하고 다재다능하며 자랑하는 것을 좋아한다.

### 학습

3은 모든 사람들의 삶의 질을 높이고 보다 행복해지는 방법으로서 자기표현의 형태로 자신의 재능과 능력을 사용하는 것을 배워야만 한다. 3은 삶을 체계화시켜 균형적으로 사는 방법을 터득한다. 3은 자신의 생각과 감정과 믿음을 표현하는 방법을 배워야 한다. 또한 3은 우정, 친밀함, 놀이, 삶의 가벼운 측면에 대한 가치를 배워야 한다. 그들

은 성실함과 진실함을 통해 이득을 얻기 때문에 자신에게 솔직하고 명확해지는 법을 배운다. 3의 특징을 지닌 사람들은 자기를 표현하는 자신만의 방법을 찾아내고 상상력과 영리함을 이용해야 한다.

### 기회

3의 사람들은 운이 좋고 낙천적이다. 융통성과 낙천적인 성격 때문에 심지어 불운도 나중에 생각해 보면 축복으로 드러난다.

### 일

3은 타고난 예능인이다. 이들은 그림, 글, 노래, 연기, 춤과 같은 예술 영역에서 활동을 할 수 있다. 그들은 영리한 머리와 유창한 말솜씨를 바탕으로 대중연설이나 정치를 하는 것도 잘 어울린다. 이들은 경쾌한 기분을 지니며 바쁘고 새로운 사람을 쉽게 만난다. 그리고 이들에게는 안전감이 중요하고, 자신의 유머를 좋아하는 동료들과 좋은 관계를 이루는 스트레스가 낮은 직장환경이 중요하다.

### 도구

3의 특징을 지닌 사람들은 실패를 극복하고 서슴없이 재도전한다. 그들은 존재하는 것만으로도 사람들에게 즐거움을 제공하는 능력이 있다. 이들은 좋은 매너를 가지고 있고 다른 사람의 감정을 배려한다. 이들은 활기, 낙천성, 상상력, 열정, 유쾌함, 사회성, 유창한 언어 구사력, 예술적 재능, 유머감각, 명랑함, 다정함, 아름다움에 대한 사랑 등과 같은 특별한 재능을 가지고 있다. 한 번에 여러 가지 일에 쉽게 집중하는 능력도 가지고 있다. 뛰어난 순발력과 재치가 있으며 대화 시 직접화법을 쓴다.

## 성취

3의 인생행로를 지닌 사람들은 다양한 능력과 삶의 표현을 통해 충족된다. 이들은 순진하고 순수한 방식으로 타인들에게 기쁨과 힘, 밝은 미래를 제시한다. 균형 잡힌 에너지와 찬양, 기쁨, 낙천성으로 자기를 표현하는 예술적이고 창조적인 성공 속에서 성취감을 느낀다.

## 도전

이들은 고양이와 쥐의 말싸움을 악의 없이 즐긴다. 이들은 충동적일 수 있고, 투입되는 다른 모든 요소를 배제하고 한 가지 프로젝트에 완전히 몰입할 수 있도록 다방면으로 에너지를 분산시킬 수 있다. 어느 상황에서든지 이들이 가장 원하는 완전함이 넘치는 풍요롭고 신나는 삶을 잃을 수도 있다. 완전함이란 통합을 의미하는 것으로, 조화롭고 생산적인 방식으로 삶의 다양한 요소를 통합하는 능력이다. 또 다른 도전은 잡담, 비판, 쓸데없는 농담과 같은 피상적인 사회적인 관계로 인해 에너지를 낭비하거나 얕아지는 것이다. 이들은 중심이 있고 진지하며 진실한 관계보다 이미지 형성과 관련된 피상적인 관계로 끌릴 수 있다. 이들은 너무나 많은 사람들의 인정을 한꺼번에 받으려 한다.

## 함정

만약 3의 특성을 지닌 사람들이 방심하게 되거나 또는 균형을 잃게 되면, 이들은 자신의 자만심과 방종과 자신의 한계에 대한 무지로 인해 방해받을 수 있다. 이로 인해 슬프고 피곤하고 우울해질 수 있다. 또한 이들은 지위와 인기를 얻기 위한 동기에서 지나치게 일을 많이 할 수도 있다. 이들은 종종 내일에 대한 생각 없이 삶을 불태우는 것을 매우 좋아한다. 하지만 극단적인 낙천주의에 빠지는 함정에 떨어질지도 모른다. 특히 그들이 휴식을 갖지 못한다고 느끼고 그들의 재능을 표현하는 데 집중하지 못한다거나 그들이 친밀한 관계에서 빠져나오려고 한다면, 그들은 때때로 허영적일 수 있고 사람들로부터의 관심을 너무 많이 기대할 수도 있다.

## 인생행로 4

### 운명 또는 행로

핵심어: 성취를 통한 자기 정복

인생행로 4의 개인들은 그들이 확실하게 성과를 볼 수 있다고 간주한 것을 성취하길 원한다. 그렇게 하면서 그들은 실제적으로 한계와 좌절을 어떻게 효과적으로 다루는지를 알게 된다. 말하자면 어떤 직업이라 할지라도 필요한 만큼의 노력만을 쏟으며 필요 이상의 일을 하지 않는다는 것이다. 그렇지만 그들은 그 일을 완수하기 위하여 근면하고 정직하고 성실하게 임한다. 이들은 진술하다고 느끼는 것이 중요하다는 것을 발견한다. 그리고 그들은 믿을 만하고, 중심이 있고 자연과 조화를 이룰 것 같다. 그들은 전체적인 변형을 불러올 무언가를 고안하고 만들거나 건설하는 것을 도울지도 모른다. 이 길은 거대한 성취의 하나가 될 수 있다. 4의 특징을 지닌 사람들은 리드미컬하고 일상적이고 효과적인 체제를 선호하고, 이것을 세우는 것을 즐긴다.

처음에는 인생에 실제적으로 접근하는 것에서 나온 것 같아 보이는 4의 또 다른 측면은 이들이 독특한 방식으로 사물을 보는 경향이 있다는 것이다. 그들은 반항아이거나 문제아가 아니나, 사물을 다르게 본다. 이것은 그들이 마음속으로 깊이 사물들이 만들어지는 방식을 이해하고, 구조에 대한 지식이 부족한 사람들에 의해 잃어버릴지도 모르는 다른 응용들과 가능성을 그들의 기획력을 통해 볼 수 있기 때문이다. 따라서 4의 특징을 지닌 사람들의 기획에 대한 재능은 그를 군중으로부터 떨어지게 만들지도 모른다. 이들은 예외적으로 과학, 기계를 다루는 데에 재능이 있으며 그리고 세계에 대한 개념적 언어적 측면과 물질적 형식 측면에서 효과적인 구조를 기획하는 데 재능이 있을 수 있다.

### 학습

4의 인생행로는 처음부터 끝까지 무언가를 세우기 위해 배우는 시간을 나타낸다. 이것은 조직되는 것, 어떤 행동에 대해 책임지는 것 그리고 효율, 생산, 서비스를 통하여 결과를 만들어내는 것을 배우는 것을 포함한다. 이들은 믿음직해지고, 신속해지고, 명백하게 권위적이고 사려 깊은 것을 배우게 된다. 이들은 유연성을 발전시킬 필요가 있고, 그래서 그들은 계획을 세운 대로 살아가기보다는 그들이 나아가는 것에 따라 계획을 세울 수 있게 된다. 그들은 다른 사람들이 기여하도록 하는 것을 배우고, 다른 이들에게 약간의 책임을 주는 것과 일을 위임하는 것을 배울 필요가 있다. 이렇게 함으로써 그들은 자신에게 모든 일들을 부가하지 않게 될 것이다.

### 기회

세계는 4에게 있어 활동과 발견의 영역이다. 그들은 노력의 결과로 나타나는 가시적인 산출을 좋아한다. 이들은 일의 진정한 가치를 발견하는 것을 배우고, 의존적이고 인내하게 되고, 할 필요가 있는 것을 하고, 그것을 잘하며, 자기 자신뿐 아니라 다른 이들을 위해서 세워나가고, 훌륭한 본보기를 세울 때 기회가 생긴다.

### 일

4의 특징을 지닌 사람들은 일이 조직적이고 잘 수행되는 단위라면 팀의 일부로서 잘 적응한다. 그렇지만 계획이 뒤죽박죽이 된다면 그들은 곧바로 계획을 멈추고 주도권을 잡아 짧은 시간에 순조롭게 일들이 진행되게 할 능력이 있다. 만약 특별히 위원회의 일이 사회에서 인정을 받는 것이라면, 그것은 이들에게 호소력이 있다. 그들의 체계적이고 조직적인 접근방법 때문에 언어적 표현이든 물질적인 표현이든 간에, 이들은 세밀한 주의가 요구되는 분야에서 뛰어나다. 그는 현실적인 감각을 지닌 유머가 있는 사람일지도 모른다. 4는 적절한 시간에 훌륭하게 결과를 산출하는 데 필요한 인내, 끈기, 조직, 계획을 세우는 재능이 있다. 그들은 참을성 있게 일상의 과정을 발전시키는 것과 생산적인 일의 가치를 안다. 그들은 기초를 수립하고, 관리하고 그리고 올바른 방향으로 진행되게 하는 능력을 세움으로써 실용성을 보인다.

### 도구

4의 특징을 지닌 사람들은 디자인에 대한 뛰어난 감각으로 본인이 탐구하기로 선택한 어떠한 매체에서든지 자신을 표현하게 된다. 이러한 점 때문에 이들은 사물을 자신과 다른 사람들에게 유용하게 만드는 솜씨를 가지고 있다. 그들은 훌륭하고 창의력 있는 마인드를 가지고 있는지도 모른다. 그들은 실질적으로 감정이입을 하며, 그들이 생각하기에 지지할 만한 가치가 있는 다른 이들의 목적을 성취하도록 지지하는 것을 특별히 잘한다.

이들은 완성된 형태를 구상함으로써 현실 세계의 존재에 대한 어떠한 개념을 취하거나 지도할 수 있다. 일단 그들은 어떤 프로젝트에 즐

겹게 몰입되면 자신이 선택한 과업을 성취하기 위해 강렬하고 확실하게 헌신하는 재능을 가지고 있다.

신뢰, 품위, 인내, 생의 기쁨, 상식, 끈기, 검소함은 누군가가 하는 것을 견고히 붙들고 열심히 하고 즐기는 것과 같은 미덕이다. 4의 특징을 지닌 사람들은 긍정적이고 과학적이고 현실적인 접근법을 가지고 있다. 그들은 실제적인 관점으로 상황을 평가할 수 있는 자연적인 능력을 갖고 있는 탁월한 조직자요 계획자다. 그들은 강한 의지력을 가지고 있다. 일단 결정되면, 그들은 끝까지 매듭짓는 경향이 있다.

### 성취

이 인생행로에서의 성취는 4의 특징을 지닌 개인이 성실하고 인내심 있게, 그리고 능숙하게 하고자 선택한 것은 무엇이든지 이룰 수 있는 힘, 안정성, 안전을 허락하는 것에 의해 이루어진다. 또한 성취는 인생을 조직하는 능력과 실제적인 성취의 원리를 바탕으로 하여 신뢰와 정직 속에서 보여진다. 그 결과 4의 사람들이 선택한 방법으로 성취될 수 있는 것이다. 4는 그가 갖기를 원하는 것을 알고 그리고 그것을 달성하는 것으로부터 안정을 찾는다.

### 도전

도전은 어떠한 측면에서 제한되거나 한정되는 느낌의 형태로 올 수 있다. 때때로 이들은 규율을 피하기 위해 반항하기를 바랄지도 모른다. 4의 특징을 지닌 사람들은 제한과 제한을 피하는 것을 배우기 위한 몇 가지 교훈을 받았을지도 모른다. 어떻게, 언제 그들의 손에 힘을 줄 것인지를 발견하고, 자신들의 진정한 한계들을 알고 수용하여 한계를 정의하고, 그들 자신의 현실을 계획하면서도, 임의적이고 부당한 한계를 받아들이지 않는 것은 그들에게 좋은 것이다.

또 다른 도전은 자기부정이다. 4는 약간 완고하다. 다른 의견들이 나타나는 즉시 그것을 부정하기도 한다.

4는 또한 그 자신의 한계를 배우는 것이 필요하다. 그가 거기 있는 모든 것을 다 할 수도, 할 필요도 없다는 것을 수용하는 것이 이루어 져야한다. 그는 또한 계획들이 바뀌어야 한다는 것을 발견할 때면 그의 계획을 바꿀 만큼 충분히 융통성이 있어야 할 것을 배울 필요와 그가 하기를 원하지 않는 것에 '아니요' 라고 말할 필요가 있다. 이들은 자신이 노력 없이 얻을 수 있는 신선함과 홍분의 감정을 통하여, 그들이 가치 있다고 고려하는 것에 에너지를 쏟으려고 하는 자발성이 있음을 인식할 것이다. 그들은 지나치게 심각해지는 습관을 피해야만 한다.

이들은 數가 주는 교훈에 저항할지도 모르는데, 이러한 경우에 그들은 규약 또는 정해진 관습을 피하기 위해 지연시키는 경향이 있다. 그리고 개인은 일상적인 일과 제도를 싫어하고, 지름길과 일을 벗어날 방법을 찾으면서 다른 누군가에게 대한 세세하고 단조로운 요구를 지나쳐버리기 원할 것이다.

### 함정

4의 특징을 지닌 개인은 자기 가치감에 대한 의심 또는 물리적, 감정적으로 또는 다른 이유로 스스로 한계를 지음으로써 물러나 있을 수 있다. 이것은 몹시 감상적으로 자신에 대한 연민에 빠지거나 자기부정에 빠질 수 있다. 또 다른 함정은 그림을 한 번에 한 단계씩 보는 대신에 그림을 전체적으로 보는 것에 의해 압도되는 것이다. 이것은 지연시키는 결과를 보게 된다. 4의 사람들이 함정을 피할 가장 쉬운 방법은 그가 상황마다 자유롭게 선택할 수 있다는 것을 인식하는 것이다. 그는 스스로 자신이 원하는 것을 하기에 충분하다는 것을 느끼기 위해 취해야 할 것을 해야만 한다.

인생행로 5

### 운명 또는 행로

핵심어: 자기(self)의 해방

여행의 각 전환점에서 예기치 못한 일들과 놀라움을 기대하라. 5의 모토는 "그 순간에 충실하게 인생을 살아라."이다. 5의 특징을 지닌 사람들은 그들의 영리하고 상냥한 마음이 제기하는 많은 문제에 대한 답을 찾으려고 노력하는 등 호기심이 있다. 그들은 사람들이 함께하고 서로 의사소통하는 조직활동의 중심 역할을 한다. 이것은 위험스러운 행로로, 자유롭게 사는 도박꾼의 행로일 수 있다.

### 학습

5의 특징을 지닌 사람들은 자유가 무엇을 의미하는지를 배우고 도피주의 또는 전권 위임된 자유(carte blanche license)로부터 참된 자유를 구별해야 한다. 그들은 자신의 센스와 모험적인 경험을 통해 배우게 되는데, 아직은 변화를 재촉하지는 않는다. 그들은 변덕스러움을 관대히 봐주는 것에 의존하지 않고 그 순간에 어떻게 진실할 수 있는지를 알아낸다. 5가 주는 교훈 중의 하나는 극도의 신체적, 감정적 또는 물질적 수준의 변화를 다루는 것이고, 그 가운데서도 현재에 머물러 있으면서 자유로운 정신을 유지하는 것을 다루는 것에 관한 것이다. 이것은 5의 특징을 지닌 개인이 그가 후에 그것을 깨뜨리는 유혹을 받지 않게 하기 위해 주의 깊게 말을 하고 현명하게 돈을 사용해야만 하는 것을 의미한다.

5의 사람들은 변화하며 흥미롭고 활발하며 때때로 혼돈된 삶, 모험과 탐구와 다양한 경험들로 가득 찬 삶을 누린다. 그들은 어떠한 상황에도 적응할 수 있는 능력을 사용하는 것과 불확실성의 상황에도 현명한 결정을 내리고 재빠르게 행동하는 것을 배워야만 한다. 이들은 열린 마음과 주의 깊은 시야를 가져야만 한다. 그들은 그들의 자유를 신중하게 다루고, 그것에 높은 가치를 주며, 그것을 남용하지 않을 필요가 있다. 자유를 적절하게 사용하는 법을 배우는 것은 이들을 자유롭게 만든다. 그러면 그것은 그의 주인이 아니고, 그가 그것의 주인이며, 그것은 더 중대한 것으로 나아갈 수 있다.

### 기회

이들에게 가장 좋은 기회는 갑자기 예기치 않게 나타난다. 기회가 찾아올 때, 그는 대개 그것에 바로 뛰어 들어간다. 그는 이상을 찾아가면서 위험스러운 것, 사색, 상상력 있는 아이디어에 편안해질 수 있다. 기회는 여행을 통하여 새롭고 다른 것으로부터, 그리고 많은 다른 사람들을 만나는 것으로부터 온다.

### 일

5유형의 사람들은 보통의 과업보다는 생각을 유발하는, 창의력을 요하는 일을 필요로 한다. 그가 무엇을 하든지, 설령 그것이 어리석은 것일지라도, 그는 그 안에서 창의적인 것을 찾아낼 것이다.

### 도구

무엇보다도 5유형은 의사소통자다. 언어는 이들의 강점이다. 그는 말하고, 팔고, 진척시키고, 다른 이들을 현란하게 매혹시킨다. 그는 주변에 있는 사람들을 동기 부여할 능력이 있다. 5유형들은 어떠한 어려움을 통해서도 그들을 지탱할 재치 있는 유머감각을 천부적으로 부여 받았다. 다재다능, 모험심, 관능성, 진보성향, 기쁨, 독립, 창조성, 추구하는 높은 비전이 5의 도구 중에 있다. 그는 흥미롭고 매혹적이며 결코 주위에 동료가 없지 않으며, 어려움에 있는 사람에게 항상 동정적인 경청을 하며 친근한 충고의 말을 기꺼이 주려 한다.

5의 특별한 재능은 지성, 호기심, 판매술, 사람들과의 접촉, 여행, 창작력, 성격 판단력, 사람의 마음을 끄는 힘이다. 융통성은 그들이 풍부하게 가지고 있는 특성이다. 5의 사람들에게 다루기 쉽지 않은 일이 생겼을 때, 이들은 가장 심한 타격일지라도 쉽게 뛰어넘어 재빨리 회복한다.

### 성취

5의 사람들에게 있어 성취는 진정한 자유에서 나타난다. 이것은 현재에 진실한 동안에 약속을 지키고자 하고, 책임지고자 하는 데서 나온다. 내적인 자유는 정점이고, 재정적이고 개인적인 것이며, 자유의 다른 중요한 형태는 패키지의 일부분이라는 것이다. 이것은 내적인 조화를 이룸으로써 변화를 환영할 만한 능력을 갖추게 한다.

### 도전

도전은 너무 많은 변화로부터, 또는 변화가 적당할 때에도 그것에 반발하는 것으로부터 오게 된다. 반드시 더 좋은 것을 위해서가 아닐지라도 다른 것들이 빨리 움직이길 바라면서 휴식이 없다는 느낌이 있을 수 있다. 만약 5의 사람이 지루해졌을 때 멈춰야 한다면, 그는 자신이 하기를 원한다고 말했던 바를 성취하는 것을 잃게 될 것이다. 그는 자기 자신이 재정에 대한 근심과 관계의 기복, 실망, 슬픔 또는 많은 정서를 일으키게 되면서, 변화를 거부하는 것을 발견할 수 있다.

그는 혼자일 때 누군가와 함께 있기를 원하는 것과 그가 누군가와 함께 있을 때 자유롭고 싶은 것 사이에서 왔다 갔다 하는 자신을 발견할지도 모른다. 5의 특징을 지닌 사람은 무언가를 발견하고 모험하는 것, 그리고 다음에 무엇이 있는지 바라보는 것에 너무 몰입되어 있어서, 가정적인 삶이 덜 중요해진다. 그러나 그는 만약 가정적인 삶이 없다면 그것을 매우 갈망할 것이다. 모험에 대한 애정은 5와 가까운 사람들에게 불확실성을 가져다줄 수 있는데, 그들은 재능 있고 흥미를 주는 사람이기에 그 자신을 지지하고 자신에 대해 감사한다. 5는 다양한 재능을 갖고 있다. 그러나 이것은 방향성의 부족과 근심을 일으키고, 휴식이 부족할 수 있고, 또는 그 자신을 위한 자극을 추구할 수도 있다. 많은 것들을 쉽게 정복하는 능력은 이들에게 삶에 대해 비현실적인 태도나 조급함을 가져다줄 수 있다.

비록 떨어져 있거나 이행되지 않는 것은 아닐지라도 자유는 무엇으로부터의, 또는 무엇에로의 자유가 아니라 선입관이 없는 관찰자로 있으면서 행하는 동안 자유를 느끼는 것이며, 매 순간 균형을 이루며 사는 것을 말한다. 도전은 약속을 지키거나 헌신함으로 일어날 수 있다. 5의 사람은 그가 지키고 행하고자 하는 서약을 함으로써 자유가 온다는 것을 배우게 된다. 이것은 그를 자유에 속박되어 있는 것으로부터 자유롭게 한다. 5의 특징을 지닌 개인이 매 순간을 완전하게 몰입되어 산다면, 그는 주변 사람들에게 활력을 주고, 다른 사람들에게 모험적인 삶을 가져다줄 것이다.

### 함정

5의 특징을 지닌 개인은 과도한 확장 또는 헌신의 부족으로 함정에 빠질 수 있으며, 너무나도 많은 자기 탐닉의 결과를 보게 된다. 이것은 불완전, 손실, 실망감, 재정적 근심, 패배감으로 갈 수 있다. 새로운 경험에 빠지고 감각을 자극시킬 필요가 있으며, 중독될 정도로 이러한 자극은 매우 필요하다. 그런데 이것이 남용될 때는 약물, 성적인 모험 또는 다른 어떠한 위험한 일들과도 관계될 수 있다. 증후들은 초조감, 변덕, 불안정성, 공격성, 인내심의 부족, 과도한 수다 그리고 일관성의 결여 등이 될 것이다. 5의 사람은 실망된 마음, 이미 이루어진 관계에 손상이 가는 것에 특별히 주의해야 한다. 만약 5의 사람이 잘못된 자유로 너무 멀리 가게 된다면, 그는 빈, 공허한 느낌을 경험할지도 모른다.

인생행로 5에 있어서 개인은 주변에 있는 사람들의 감정을 알고 존중하는 것을 배움으로써 스스로 함정으로부터 벗어나게 된다. 5의 사람은 스스로를 발견하는 그 어떠한 환경과 상황에서도 완전하게 존재할 필요가 있다. 그는 순간순간 융통성 있게 반응함으로써 이득을 얻게 된다.

### 인생행로 6

**운명 또는 행로**

핵심어: 조화와 섬김

6의 인생행로에 있는 개인은 인생에서 자신이 비교적 일찍 책임 있는 지위에 위치하고 있음을 발견할지도 모른다. 그와 관련된 사람들은 그의 정직함과 판단을 존중한다. 그리고 그의 많은 동료들은 몇 년에 걸쳐 가까운 친구가 된다. 이 인생행로에 있는 개인은 가정과 가족, 그리고 모든 수준에 있는 사회의 가치를 배운다. 6의 사람은 다른 사람의 삶과 그가 위치해 있는 상황에서 조화를 이룰 수 있다.

그는 필요하다면 정신적, 영적 또는 물질적인 도움을 기꺼이 주려 한다. 6의 사람은 자신에게 주어진 많은 역할을 갖고 있다. 중재자, 예술가, 중개인, 부모, 애정 있고 헌신된 아이 등이 있다. 그는 인류의 권리와 정의를 지지하고 보호하는 것을 도울지도 모른다. 6은 피상적이고 잘못된 사람들을 피하기를 선호한다. 그들 자신의 사랑과 충성은 진실되고 전적으로 자연스럽다.

### 교훈

6의 특징을 지닌 사람들은 타인에게 지원을 이끌어 주어야 할 책임이 있음을 배울 필요가 있다. 그것은 분개에 의한 것이 아니라, 그들이 애정을 가지고 자발적으로 그렇게 하는 것을 허락하는 태도로 해야 하며, 우리가 다른 이들을 도와 조화를 이루는 것이 우리 자신을 위한 것이라는 태도로 잘 해나가야 한다. 그들은 일대일의 상황에서든 또는 집단의 상황에서든 간에 상호신뢰감과 협력을 불러일으킬 수 있는 지도자가 될 좋은 훌륭한 결정으로 의무와 책임의 균형을 맞추는 것을 배우기 위해 관계를 어떻게 조정해야 하는지에 대한 지혜를 개발할 필요가 있다. 6의 사람들은 그들 자신의 문제를 해결하는 것뿐 아니라, 다른 사람들이 자신의 문제를 해결하도록 돕는 것도 배운다. 그들은 가정생활을 효율적으로 이끌어가는 것과 가정 내의 삶을 즐겁게 만들고, 이러한 능력을 또한 전문적인 일에도 적용하는 것을 배운다. 그들은 그들의 기대를 조정하고 발생한 일을 받아들임으로써 상당히 많은 것을 배울 수 있다. 이것을 위해 이들은 이성적인 마음의 통제를 풀어놓고 그의 심정을 따라야만 한다. 그러면 좋은 관계와 효과적인 상승효과가 관련된 모든 사람들에게 발생할 수 있다. 그리하여 이들은 예의와 지혜로써, 그리고 그의 연수를 훨씬 뛰어넘는 열정으로 권세를 부리는 것을 배울 수 있다. 그들이 일어설 때 기회를 취하는 것을 배우는 것은 설령 그것이 변화를 요구하더라도 좋은 일이다. 그리하여 6의 사람들은 새로운 선택대안에 개방되어 있고 융통성을 배우게 된다.

### 기회

6의 사람들에게 있어서 기회는 책임을 받아들이고, 섬김을 베풀며, 차이점을 조정하고, 필요한 것을 제공하며, 사랑하고 돌보는 것에 의해 발견된다. 활동무대는 일과 공동체뿐만 아니라 집과 가정 상황이다. 이들은 그들이 개선이 필요하다고 느끼는 것은 무엇이든지 개선하려 노력하고 신중하게 조언을 해 준다. 그들은 그 대가로 상당한 사랑과 존경을 얻는다. 6의 사람들은 돕기 위해 손을 뻗치지만, 하지만 다른 사람들이 자신의 일을 스스로 이끌어가도록 하게 하는 것이 언제가 가장 좋은 때인지를 배우게 된다.

### 일

6의 사람들은 인간관계에서 친절하게 지지하고 공평함을 이루기 위해 노력한다. 특별히 예를 들자면, 인생행로 6에 있는 개인의 경우 훌륭한 교사를 예로 들 수 있다. 젊은이들의 미래를 형성하는 것은 6의 사람들에게 호소력이 있고, 친구나 학생들에게 사랑과 존경을 얻게 된다. 그는 감정이입과 기술 때문에 가르칠 수 있다. 6의 사람들은 다른 사람들을 섬기고 그들이 그들 자신을 돌보도록 돕는 많은 길을 발견할지도 모른다. 아름다움과 조화를 추구하는 직업도 또한 해당된다. 성공한 많은 예술가들은 이 유형에서 태어났다. 심미적인 형상과 소리, 아이디어를 통해 균형을 이루게 된다. 또한 균형을 이루고자 하는 소망은 법과 법정에 연관됨을 통해서 또는 단순히 법을 즐기는 것에 의해 표현될 수 있다.

### 도구

6의 특징을 지닌 개인들이 갖고 있는 특별한 재능은 확실성, 인내심, 이해력, 책임감, 성실함, 이타적, 도덕적, 적응력, 좋은 충고와 상담, 교육적인 일들과 가정 일들에의 참여다. 6의 사람들은 객관적으로 새로운 것들을 전달할 능력이 있으며, 그 결과 그것들은 알려지게 된다. 그들은 사물의 양상이 개선되는 것을 좋아한다. 이것은 집을 꾸미는 것과 같이 물리적인 현실에 적용할 수 있으며 또는 다른 영역에 적용할 수 있다. 그들은 내적 신념으로부터 생긴 용기와 잘못된 것을 꿰뚫어 볼 수 있는 능력을 부여받았다. 다른 사람들의 문제를 이해하는 그들의 지혜와 능력은 이른 나이에 시작될 수 있는데, 그들의 우정으로 세대 간 차이는 큰 영향을 미치지 못하는 결과를 보게 된다. 그들은 젊은이나 나이든 사람들에게 좋은 상담자가 된다.

6은 용서하는 유형이지만, 그럼에도 상당히 원칙적이어서 자신이나 다른 사람들에 대한 피해와 불공평을 피하기 위하여 필요하다면 단호해질 수도 있다. 6은 또한 본성적으로 외교적이어서 다른 사람들이 좋고 빼어난 결정에 이르도록 돕는다. 그들은 설명적이면서 애정 있고, 교육적이며, 감정적으로 친밀하다.

### 성취

성공은 책임과 사랑, 아름다움, 균형을 통해서 그리고 그의 마음을 따르고 그것이 의미하는 것이 무엇인지 아는 것을 통해 이루어진다. 그것은 그 자신에 대한 사랑을 포함하여, 그가 사랑을 발견해 왔다는 것을 아는 것과 주고받는 것 간의 조화로서 나타난다.

또한 증거는 통제할 필요가 없는 성공적인 사업, 가족, 공동체 생활

내에서 발견될 수 있다. 오히려, 사랑의 나눔이 있을 것이다. 그리고 가정의 조화, 미적 환경, 가깝고 협조적인 관계 내에서 성취는 이루어 진다. 이들은 이해의 기술과 감정이입, 그리고 충성을 보임으로써 많은 사람을 도울 것이다.

### 도전

6은 너무 많은 임무를 띠게 되는 경우에 도전받을 수 있고, 그때에 그는 자신이 가족이나 가까운 친구들에 대한 의무감에 연루되어 자신이 너무 바쁘다는 것을 발견할지도 모른다. 이것은 근심의 감정을 동반하게 될 것이다. 다른 사람으로부터 어떤 것들을 기대하거나 또는 그가 다른 사람들의 기대에 맞춰 살아야만 한다고 느낄 때에 또 다른 도전을 받을 것이다.

사랑과 진정한 우정에 관한 개인의 이상과 의견이 이 세상에서 그가 하는 것을 성취하게 하고 오랜 관계를 유지하는 데에 동기를 부여하는 요소일지도 모른다. 가끔 그는 주고받는 것 사이에서 균형을 맞추느라 애를 쓰기도 하는데, 비록 그가 다른 사람들을 돕는 데에 전혀 주저하지 않더라도 그는 다른 사람들로부터 도움을 받아들이는 것에 주저하게 된다. 통제의 문제는 또 다른 도전이 될 수 있다. 그것은 그의 환경과 친구 또는 가족을 통제하려 노력하는 것 또는 그가 다른 사람들을 위해 무언가를 함으로써 사랑을 살 수 있다는 것을 생각하는 것이다. 만약 6의 사람이 지배하게 된다면 예상과 반대의 결과가 올 것이다.

### 함정

이들은 안정을 꾀하기 위해 통제의 역할을 할 필요가 있다고 느끼는 것 때문에 함정에 빠질 수 있다. 이것은 허락 없이 다른 사람들의 일에 간섭함으로써 나타날 수 있다. 이들은 다른 사람들에게 제한을 가하기보다는 돕는 데 주의를 기울여야만 한다. 또한 이들은 조화와 평화에 관한 자신의 이상에 맞춰 다른 사람들이 살아 줄 것이라고 기대하지 않도록 주의하고, 자기희생 또는 자기연민에 빠지지 않도록 주의해야 한다. 두려움이 아니라 사랑으로 행하라.

또 다른 함정은 그 자신의 밖에서 조화와 사랑을 찾는 것인데, 그것은 상실과 거부 또는 시기에 대한 두려움의 결과를 볼 수 있다. 자기 자신을 돌보고 사랑하고 내적인 조화를 발견하는 것은 인생행로의 함정에서 탈출하는 열쇠가 된다.

### 인생행로 7

**운명 또는 행로**

핵심어: 신뢰, 지혜, 내적인 발견, 사색가

인생행로 7은 종교와 철학에 상관없이 지식의 축적과 영성의 경로다. 그것은 내면으로 이끌어서 개인이 자기를 발견하도록 도울 것이다. 이후에 그것은 그를 외부로 다시 이끌게 될 것이고, 그가 배운 것은 큰 유익이 될 수 있다. 그것은 내적 지혜의 행로라고 불린다. 이것은 발견의 삶으로, 그것은 7의 사람들을 즐거운 예배와 진정한 영성으로 이끌지도 모른다. 이들은 표면적 가치로는 아무것도 얻을 수 없다는 배움과 그들 자신에게 주어지는 어떠한 두려움도 허용하는 것, 그들이 정말 누구인지 발견하는 것, 그리고 그들의 지혜와 나아가 진실에 대한 그들의 탐구를 증가시키는 주제에 대한 배움과 직면하게 된다.

이들은 그들 자신의 집, 도서관, 자연 또는 외지의 고요함 속에서 배우기를 좋아한다. 그들은 자연에서 평화롭게 시간을 사용하기를 즐기고, 또한 여행을 즐긴다. 그들의 우정은 오래 지속되는 경향이 있다. 그들은 지적이고 철학적인 사람들을 깊이 존경하며, 그들과의 가깝고 의미 있는 관계를 추구한다. 이들은 개인적으로 자연의 법칙을 발견하기를 좋아하고 자연과 관계된 일에 관심이 있다. 이들의 안정성은 그가 우주에 대한 믿음과 신뢰를 발전시킬 때 온다. 이들은 철학자로부터 회의론자까지의 여러 부류를 따라 광범위하게 존재하고, 탁월하고 전문가적인 명성을 가진 과학적인 사상가가 될 수 있다. 그들은 지혜와 영감을 추구하는 일을 하기를 좋아한다.

### 학습

인식을 개발하고 더 깊은 자기 또는 우주적 길잡이와 친숙해지는 지혜를 찾는 데 필요한 내적 성찰과 관련해 배워야 하는 중요한 교훈이 있다. 이들은 이론과 개념적인 원리들을 통해 답을 찾는 타고난 직관적인 정신분석가다. 그는 마음에 관하여 어떻게 그것이 운용되고 어떻게 그것을 사용하는지를 배운다. 그는 지식과 학습이 주는 유익함에 가치를 준다. 또한 이들은 단지 사고하기보다는, 그리고 적절한 시각으로 물질세계를 바라보기보다는 정말로 생각하는 것이 무엇인지를 배운다. 그들은 정신적인 능력 또는 법칙이 물질적인 사건에 적용될 때에 자신이 발전한다는 것을 배운다.

### 기회

이들은 지식을 모으는 가운데, 조용하고 자연적인 장소에서, 지적인 자극이 있는 곳, 즉 책이나 사람들 또는 경험으로부터, 정신분석을 하는 가운데, 그들이 찾는 진리 가운데 그리고 세계 가운데에서 기회를 찾을 것이다. 가장 훌륭한 기회는 신성한 섭리에 의해 주어질지도 모른다.

### 일

　상세한 분석적 접근을 하게 되는 그 어떠한 직책도 이들에게는 좋은 것이 된다. 이들은 느슨하게 감독되거나 또는 홀로 일하는 것을 선호하는데, 이는 이러한 상황에서 그들이 더욱 분명하게 생각하기 때문이다. 그들은 잘 훈련되고, 조용하며, 정신적으로 예리한 사람들과 함께 일하기를 좋아한다. 이들은 상당히 개인주의적이고 스스로가 남에게 잘 이해되기를 바라기 때문에 협력은 신중하게 시작되어야 한다.

### 도구

　7의 사람들은 차분하고 조용하며 침착하다. 이들이 사용하는 수단은 관찰, 용기, 신뢰성, 품위다. 그들의 힘은 사고의 명쾌함 가운데 있는데, 그것은 그들이 객관적이고 논리적인 방법으로 현실을 관찰하고 분석하는 것을 가능하게 한다. 그들의 특별한 재능은 정신적인 능력, 양질에 대한 추구, 안정, 차분함, 분석, 지식, 홀로 일을 잘 해나감, 학구적임, 직관적인 힘, 영성, 판단력이다. 이들은 조심성 있고 분석적이며 회의적, 탐구적, 연구적이다. 그들은 발명에 의해서가 아니라 인식과 추론에 의해서 지식을 개발한다. 그들은 고급스럽고 귀족적이며 세련되고 다른 이들에게 의미와 심오함을 일으킬 수 있다. 7의 특징을 지닌 개인은 아마도 좋은 배우일 것이다. 그는 대부분의 사람들보다 더 멀리 앞을 내다볼 수 있고 좋은 계획자나, 비전 제시자, 심지어 예언가로 알려질 수도 있다.

### 성취

이들에게 있어서 성취란 자신이 내적인 지침을 발견할 때에 나타
나는 것으로 그것은 믿음과 힘, 큰 평화를 준다. 그는 언젠가는 겉모
양을 뛰어넘는 진실과 영적인 깨달음에 이르게 되고, 그것이 마음 안
에서 발견된다는 것을 알게 될 것이다. 이들은 성취를 하게 되면서 자
기의, 그리고 삶의 우주적 원리의 지혜와 지식을 갖게 된다. 그는 자
신의 영적인 재능으로 다른 사람이 지혜를 얻고 치유되도록 도울 수
있다.

### 도전

이들이 경험하게 되는 도전은 두려움의 형태로 올 수 있다. 이것은
신체적 또는 정신적 스트레스, 근심 또는 걱정으로 나타날 수 있다.
만약 이들 개인이 규칙적으로 혼자 있고, 명상하거나 또는 운동하고,
자연 속에 있는 시간을 갖지 못하게 된다면 그는 혼란스럽게 되거나
심지어 빈정거리는 사람이 될 수 있다. 이들은 또한 그런 식으로 개인
적인 자유를 추구하고 그들 스스로 거리를 두기 위해 아주 바빠지면
서 다른 방향으로 나아가게 될 수도 있다.

다른 이들은 가끔 7의 사람들이 의사소통이 어렵고 경솔하다고 인
식한다. 그는 예기치 않게 갑자기 물러가거나 또는 친구들과 연락을
끊은 채 오랜 시간 사라지지 않음으로써 관계를 발전시킬 수 있다. 이
들은 평화롭고 아름다운 곳을 좋아하는데 있을 만한 장소의 부족으로
소심하거나 우울하고 또는 근심스러울 수도 있다. 그러한 상황에서
이들이 운동하고 잘 먹으며 깊이 숨 쉬는 것은 좋다. 이들은 자신의
내적 믿음을 찾을 때까지(그것은 그 자신 안에 신뢰감을 가져다주고 혼자
있는 편안함을 가져다준다) 공허함에 직면할지도 모른다. 어떤 종류의

종교는 이들에게 큰 평안과 안전감을 줄 수 있다.

### 함정

만일 이들이 아는 것이 없거나 마음에 평정이 없다면 모든 종류의 걱정되는 이유를 대면서 무관심이나 두려움을 보일 수 있다. 이것은 7의 사람들이 마음을 관찰하고 살피는 것을 배우기보다는 단지 마음이 이들을 통제하면서 극단으로 나아가버리기 때문이다. 이들은 건강한 신체적 상태를 유지하는 것이 유익하다.

만약 이들이 너무 냉소적이고 회의적이라면, 그는 게임이나 수사학에 마음이 사로잡힐 수 있다. 그는 외부 세계에 의해 흥분되기보다는 지적인 것이나 영적인 것에 흥미를 갖는 자신을 발견하게 된다. 그는 그의 감정과 현재 일어나고 있는 것들로부터 벗어나려고 할지 모른다. 상상력이나 직관, 생각에 과도하게 몰입되는 것, 마약이나 알코올 등의 남용 혹은 외부의 현실로부터 탈출하는 다른 방법들이 모든 가능한 함정이 될 수 있다. 이들이 만약 여기에 사로잡혀 있다면 은둔하거나 숨기거나 세상과의 접촉을 피하고자 하는 자신을 발견하게 된다.

---

### 인생행로 8

### 운명 또는 행로

핵심어: 조직, 균형, 힘, 물질세계에 대한 재평가

8의 인생행로는 물질적 존재를 받아들임으로써 힘을 현명하게 사용하는 것을 배우는 것이고, 실제적으로 표현되는 것을 통해 우리 삶에 영적인 기여를 하는 것이다. 이것은 각 개인에게 엄청난 잠재력을 부여하는 강력한 인생행로다. 인생행로가 8인 사람들은 오래 걸리는 계획이나 그것들을 계속 지속할 수 있는 불굴의 집요함이나 독립심이 있다. 사업에서 크게 성공한 사람들이나 큰 회사의 설립자들이 이런 유형의 사람들이며 이들은 책임을 위임할 필요성을 인식하고 있다. 따라서 유능하고 충성되며 경험 많은 동료들이 그들 주위에 있는 것을 볼 수 있다. 이들은 밤을 새어서 일을 하기보다는 계획하고 조직하고 집요하게 일을 성취해내는 것을 통해 성공한다. 이 여덟 번째 유형의 사람은 한계나 제한을 성공을 위해 기술을 더 고안하는 어떤 것, 도전으로 받아들인다. 이 행로는 돈과 권력과 이것의 사용과 관련된 사업이나 상업 세계 그리고 법의 행로이다. 이들은 다른 사람들에게 힘을 부여하고 존중함으로써 다른 사람들이 그에게 힘을 부여하고 존중하도록 설득시키며, 이러한 일은 세상에서 많은 일을 이루어내는 그의 능력을 향상시킨다.

### 학습

8의 사람들은 특별히 물질세계에 맞추어진다. 이들은 삶을 직접적으로 경험하는 것이 필요하며, 이것은 민감한 균형 감각을 필요로 하는 대단한 힘이다. 8이 세계에 내놓은 것은 영향력이 있다. 이들은 균형을 찾고 그러한 힘의 양극단사이에서 중도를 찾기 위해서 권위를 주고받는 것, 돈을 벌고 사용하는 것, 풍부함과 단순함을 활용하는 것을 배운다. 이들은 물질세계에 있는 것을 배우나, 그렇다고 완전히 물질세계 속에 있는 것은 아니다. 이들은 물질적으로 성공하는 것, 권위를 공정하고 현명하게 행사하는 것, 돈에 대해 정확히 평가하는 것 그리고 자신의 개인적 권력을 사용하는 데 주의를 기울이는 것을 배운다.

이들 개인은 일반적인 법칙을 통하여 점점 지혜로워진다. 그는 물질주의에 집착하는 것을 피하고 자신을 영적이고 물질적인 세계와 조화시키는 것을 배운다. 그는 물질적인 성공이나 인정을 추구하거나 이것들을 피함으로써 위의 것을 배울 것이다. 친족관계와 가족과 관련된 문제에서 이들은 힘을 현명하게 나누어 사용하며 다른 사람을 지배하지 않는 것을 배워야 한다. 그리고 용서하는 많은 관점들을 배워야 한다. 다른 사람의 의견들과 필요, 이상들에 대한 그의 관심은 자신의 행로에 대한 헌신과 일치하여 성장할 것이다. 이들은 실제적인 단계에서 신뢰할만하고 관대해지는 것을 배워야 한다. 이들은 인생에서 원하는 것을 그들 자신과 다른 사람들에게 인정하고, 그리고 그것을 언제, 어떻게 표현하는지를 배우게 된다. 이들은 목표를 설정하고 결과를 얻는 것에 대해 배운다.

### 기회

이들은 사업계에서, 행정력을 행사하는 데에서, 부와 권력을 가진 사람들과의 접촉에서, 그리고 큰 사안과 조직 안에서 기회를 갖게 된다. 그래서 기회는 그룹이나 회사에서 존경받는 사람들을 통해서 나올 수 있다. 세상은 8의 사람들이 보여 줄 수 있는 자상하고 영적으로 동기부여되어 있고 실질적으로 유능한 개인들을 필요로 하고 있다. 그들은 실제적인 방법으로 성공하고 성취하려는 것으로 자신과 다른 사람들을 꼭 붙잡고 있는 잘못된 이미지와 가설을 깨는 기회를 갖게 된다.

### 일

이들은 사업상 행정이나 지도자의 영역에서 뛰어난 편이다. 이들은 모든 상황에서 최대의 효과를 얻기 위해 기회를 매우 빨리 활용하고 반응할 수 있는 강력하고 영감 있는 지도자가 될 수 있다. 이들 개인은 재무, 상업, 건축, 인사, 법과 관련된 영역에서 일해야 한다. 이들의 평생 직업은 그들이 느끼기에 중요하고 가치 있는 삶의 영역에서 균형을 회복하는 것으로 방향 지어져 있을지도 모른다. 이런 양상이 전개되면 이들은 사랑하고 용서하는 것을 잘 기억할 것이다.

### 도구

이들이 사용하는 수단은 훌륭한 관리 능력, 번영에 대한 의식, 자수 성가한 사람이 되는 것, 책임성, 날카로운 판단력, 효율성, 위엄, 행정 적 태도, 조직, 큰 규모의 잘 시행되는 계획 그리고 큰 그룹을 다루는 능력이다. 운 좋게도 날카로운 판단력 때문에 이들은 작은 노력과 준 비에도 불구하고 적절하게 큰 모험을 할 수 있다. 그의 자신감 있는 태도가 기회를 만들고 그 기회는 곧 잘 평가될 것이고 가치 있다면 실 행될 것이다.

자신의 힘을 활용하고 드러내도록 힘을 신뢰하는 이들의 전략은 자 수성가한 사람이 되도록 해 준다. 이들은 목적을 세우고, 기록하고, 조직하고, 보다 나은 결과를 얻기 위해 통계적 평가를 실시하고 그리 고 효과적인 것과 완벽함을 위해 개선하는 것을 잘한다. 이들은 거칠 수도 있고, 실제적이며, 강하며 매우 야심이 많을 수도 있다. 비록 이 들 개인은 보수적인 이미지를 나타내지만, 그는 타고난 인습 타파주 의이기도 하다. 그는 보통 이상의 신체적인 힘과 인내심을 가지고 있 다. 만일 이들의 재능이 동정적인 마음으로 돌려진다면, 이들의 세계 에 대한 기여는 결코 작지 않을 것이다.

### 성취

8유형의 개인이 더 큰 선을 위해 다양한 수준으로 힘을 호의적으로 사용하는 것을 배웠을 때에 그가 이루는 성취는 자신감 있고 인정받 고 또 성공적으로 보인다. 그때 이들은 자신의 힘이 다른 사람을 돕는

데에 사용되는 것에 대해 즐거움을 느낀다. 어떤 일을 달성하는 것과 함께 이들은 물질적 세계와 정신적 세계가 하나라는 것을 발견했다. 정신적인 힘이 물질적인 성공을 지지해 주었을 뿐만 아니라 물질적인 성공이 정신적인 힘을 지지해 주었는데, 특별히 자선사업이나 동정적인 노력을 통해서 이루어졌다.

### 도전

이 길은 도전적인 삶의 길로, 항상 순탄한 길만 있는 것은 아니며 우리는 종종 뛰어넘어야 하는 장애물들을 만나곤 한다. 이들은 물질적인 도전에 직면하게 되는데, 힘에 대한 두려움, 실패에 대한 두려움, 재정적 빈곤에 대한 두려움, 또는 돈, 권력, 인정받는 것이 줄어드는 것 등에 직면하게 될 것이다. 그는 성공하기 위해 그의 모든 노력을 다 기울일 것이다. 하지만 자신의 생각이 자기 이익 중심인지 아닌지를 살펴볼 필요가 있다. 이들은 자신이 원하는 것을 얻기 위해 다른 사람들을 재촉하지 않도록 조심해야 한다. 내적인 스트레스와 힘에 대한 합당하지 않은 요구 때문에 많은 긴장이 야기되며 실질적인 영역에서 실패한 것으로 드러나게 되며 힘과 명성의 손실을 가져올 수 있다. 이러한 일이 일어나고 8 유형의 사람이 자신의 윤리관을 정화시킨다면 이들은 곧바로 다시 회복될 수 있다.

이들은 끈질긴 고집과 과도한 영리주의 때문에 자신이 만든 장애물이나 삶에서의 투쟁을 경험할 수도 있다. 대립관계를 격렬하지 않게 피하고 그가 원하는 것을 얻을 때 한 발짝 옆으로 비켜서는 것을 배우지 못한다면 그는 힘의 투쟁에 빠져들게 되며 방해를 받게 된다. 이들이 자신의 식욕을 충족시키기 위해 탐닉하고 자신의 욕구를 채우려 할 때 같은 장애물 들이 발생하게 된다.

### 함정

이들은 그 자신의 탐심이나 복수심, 시기 또는 힘에 중독되어 있는 것으로 인해 발전이 없게 된다. 이들에게 있는 함정은 너무 많은 이기심이다. 이것은 자신과 다른 사람들을 압력 아래에 두거나 계속해서 그 압력 아래에 있도록 요구하는 것으로 나타날지 모른다. 이들은 또한 밀어 붙이는 것, 용서하지 않으려는 마음 그리고 동정의 마음을 수반하는 더 의식적인 목적에 대한 수단이라기보다는 목적으로 보이는 물질적인 이득, 평판, 지위를 얻고자 마음에 사로 잡혀 있는 것 등을 경계해야만 한다.

또 다른 함정은 극적인 효과를 위해 자신을 과장하거나 힘을 남용하는 것이다. 함정에 사로잡히게 되면 이들은 더 주어야 한다고 느끼게 될 때에도 자선이나 후하게 주는 것을 피할 것이다. 이들이 사랑하는 사람들을 배제시키거나 당연하게 여김으로써 외로움을 창출하는 것은 그렇게 놀랄 일이 아니다. 이들은 만약 자신이 다른 사람들의 꿈과 필요에 동정적이지 않다거나 그의 돈이나 힘, 영향력의 증가에 여전히 굶주려 있다면 이들이 함정에 사로잡혀 있다는 것을 인정할 수 있다. 이들은 더욱 겸손해지고 도덕적으로 됨으로써 자유로워진다. 이들은 자신의 기본적인 행복과 안전을 줄이지 않고 다른 사람들에게 기여하는 기회를 발견하게 될 때 그는 곧잘 관대해질 것이다.

---

### 인생행로 9

#### 운명 또는 행로

핵심어: 이기심 없는 헌신. 자연스럽게 내버려 둠

9의 인생행로와 함께 하는 개인은 선택의 자유를 자신의 삶에서 배운다. 이들은 환상적인 드라마와 같은 인생에 자신을 과도하게 동일시하며, 자신의 비전을 알게 될 때 다른 사람들을 풍요롭게 하는 방향으로 움직인다. 이들은 여행하면서 세상의 지혜와 고통, 기쁨을 발견하고, 인생에 대한 더 넓은 시각을 얻기 위해 친숙한 가정이나 집을 떠날 필요가 있을 것이다. 그는 사랑하고 이해하고 동정적이 되고, 사려 깊고, 민감하고 관대해지는 것을 배워야만 한다. 이것은 그가 믿고 있는 것을 더 깊이 파고 들어가거나 이를 위해 용기 있게 싸울 수 없다는 것을 의미하는 것은 아니다. 이들은 강한 의지를 갖고 있으며 의견을 기꺼이 표출하려고 한다.

이들은 모험적인 경향이 있으며 아름답고 매우 극적인 경험을 가지고 있을 것이다. 이러한 것으로부터 그들은 황홀감과 고통과 인생의 강물과 함께 흘러내려가는 감정을 경험할 수 있다. 그들의 행로는 전부이거나 또는 아무것도 아닌 것이며, 행동의 길이다. 이들은 중도에서 조화롭게 행동하는 것과 행동하지 않는 것 사이의 균형 맞추는 것을 배운다. 이 길은 소거의 길이요, 세상적인 것들이 그대로 흘러내려가도록 하는 길이며, 부드럽고 자유롭게 영원한 것으로 녹아들어가는 길이다.

**학습**

9의 행로에 있는 개인은 세상 속에 있는 것과 그렇지 않은 것을 배운다. 이들은 개인적인 초점을 넘어서 봉사의 삶을 배운다. 어떤 면에서 이들은 빛과 영감과 비전을 필요한 곳에 제시할 것이다. 이들은 지난 삶으로부터 계속되는 끝마무리가 오래 걸리는 사업을 하고 있을 것이다. 이들은 이득을 얻기 위해 어떻게 방출해야 하는지를 배운다. 그들은 진정한 사랑은 진정한 자유를 주는 것임을 배운다. 9의 행로에서 각 개인은 그가 집착해 왔던 많은 것들, 사람들, 이상들, 꿈들을 포기할 것이다. 그러나 그는 더 좋고 만족스러운 무언가에 의해 충분히 보상을 받는다. 그는 그의 말과 행동이 다른 사람에게 미치는 영향, 진정으로 봉사가 되는 길을 찾는 것, 다른 사람들이 그들 자신이 필요로 하는 것을 가질 수 있음을 아는 것, 그리고 지식을 공유하기 위해 그것을 찾는 것을 배워야 한다.

이들은 판단하고 정죄하지 않는 것을 배워야 하고, 자신이 알고 이해하고 있는 보편적이고 일반적인 관점을 이해하지 못하는 타인들의 무능력을 묵인하는 것을 배워야 한다. 이들은 다른 사람들을 자신의 신념과 이상에 따라 오도록 하기 위해 인내, 참음, 재치를 사용하는 것, 이해력을 발달시키는 것, 예를 들어 가르치는 것을 배워야 한다. 9의 유형을 지닌 사람들이 자신이 살고 있는 세상을 더 좋은 곳으로 만들기 위해서는 그 자신의 삶 속에서부터 시작해야 하고 가장 친숙한 환경에 동정적으로 되어야 한다. 이들은 자신이 하고 싶어 하는 것을 행하기 위해 자유로워지는 법을 배워야 한다. 이들은 자신의 의도가 사심이 없고 치료적인 한 항상 지지를 받을 것이고 돌보아질 것이다. 이들은 거의 아무것도 하지 않으면서 몇 시간이나 며칠을 보내고 나서 고도로 창조적인 활동이 필요한 곳에 뛰어들어 놀라운 결과를 달성해낼 수 있다.

### 기회

이들에게 기회는 헌신, 동정, 포기, 소거, 깨달음 등을 통해서 온다. 그는 그 자신보다 더 큰 무엇인가에 관여되거나, 영적이고 인도주의적인 프로젝트에 참여하는 기회를 얻을 것이다.

### 일

9 유형의 사람들은 일을 통해서 자신을 투사시키거나 존재하는 것을 정당화하려고 노력하지 않고 그냥 있는 것이 쉬운 일이다. 그는 어려움 가운데 있는 다른 사람들을 도와주는 것을 배우는 것을 즐긴다. 이들은 종종 직업을 바꿀 것이고 이사하며 여행을 다닐 것이고, 좋은 교육을 찾아다니기도 할 것이다. 이들은 자신이 하게 될 일에 있어서 그 일이 이미 그렇게 계획되어 있는 것처럼 그것에 대해 직관적으로 알아내는 능력이 있다. 이들은 마찰을 거의 일으키지 않고도 놀라운 영향력을 줄 수 있는 동료로 영감을 불어넣으며 자극을 줄 것이다. 때때로 그는 직관에 의해 영감을 받기 때문에 일의 방식에 있어서 다소 괴짜로 보일 수 있다. 자선, 인도적인 개혁, 그룹의 복지를 향상시키기 위해 기여하는 것 등이 특별한 만족감을 줄 것이다. 이들의 심오한 삶에 대한 이해가 예술이나 문학작품에서 분명하게 드러날 것이다. 이러한 분야에서 적절한 예술 형태를 통해 그의 지혜와 깊은 정서적 느낌을 표현할 수 있기 때문이다. 그는 정상적으로 받아들여지는 한계에 순응하지는 못할 것이다. 이들은 일반적인 경쟁적인 사업 세계에서 벗어나서 다른 사람들을 이해하고 돕는 일에 집중하는 것을 더 좋아한다.

### 도구

이들이 사용하는 수단으로는 힘들이지 않는 것, 침착성, 편함 등을 가지고 있다. 그는 놀라울 정도로 편견이 없다. 그는 자신보다 형편이 덜 좋은 사람들에게 깊은 애정을 느끼며 그들을 보호하고 도와주려고 애쓴다. 사람들은 9 유형의 사람에게 자석같이 끌리고 색다른 성격에 매료되기 때문에 이들은 쉽게 사람을 사귈 수 있다. 이들은 많은 놀라운 재능들을 소유하고 있는데, 그중에서 가장 가치 있고 득이 되는 것은 사람들을 이해하는 심오한 재능이다. 그리고 이러한 재능은 다른 사람들의 행복에 크게 기여할 수 있다. 그들은 동정, 관용, 고귀함, 철학, 신뢰할 만함, 자비심, 이상주의, 카리스마, 지식, 기쁨 등이 어우러진 열정을 소유하고 있다. 이들 개인은 그냥 있는 것에 익숙하다. 그는 따뜻하고 무조건적으로 사랑하고 다정하기 때문에 그에게 다른 사람을 끄는 매력이 있다.

이들은 개인적일 수 없다. 그들의 용서와 사랑하는 형태는 더욱 우주적이다. 이들의 마음은 대양처럼 넓고, 그래서 통상적인 관계는 결국에는 너무 판에 박힌 것이 될지 모른다. 이러한 에너지는 예술가의 가장 높은 전율이다. 그래서 9 유형의 사람들은 감정적이고 예술적이고 영감 있는 사람들 사이에 있을 때 편안함을 느낄 것이다.

### 성취

이들이 아량, 동정, 이완, 무조건적인 사랑과 용서, 비전의 폭을 제시할 때 일이 성취되는 것을 볼 수 있다. 이들은 인도주의적인 노력을 요하는 분야에서 봉사하는 것이 효과적일 것이다.

### 도전

이들이 관점을 발전시킬 필요가 있을 때 내버려 두는 식의 태도를 둘러싸고 몇 가지 도전이 일어날 것이다. 이러한 도전은 사람들 주변에 그냥 그대로 내버려두게 되는 형태에서 나올 수 있다. 이들은 무언가를 해야 하는 때가 되었을 때 그냥 그대로 내버려두지 않으려는 상황에 직면할 수 있다. 만약 9 유형 사람의 관심이 협소하고, 보통의 삶 그리고 보다 넓은 관점에서 벗어난 개인적인 필요에 맞추어져 있다면 이들은 그가 임의로 하도록 도움으로써 손실, 극적 효과, 고통을 겪을 것이다. 인간의 무지가 도전을 받을지도 모르나, 그것은 먼저 연구되어야 하고 경험되어야 하고 이해되어야 한다. 이들은 비판받는 것이 어려움을 알게 된다. 따라서 이들은 더욱 객관적으로 되는 것을 배울 필요가 있다.

9 유형의 사람이 '어떤 것도 중요하지 않다' 는 자세를 견지하고 있다면, 삶에 더욱 참여적이고 삶에 대한 욕구를 개발하는 것이 이들에게는 때때로 중요한 논점이 될 수 있다. 무가치함이 이들에게는 사실로 다가온다. 그래서 장래나 직업을 선택하는 것을 쓸데없는 일이라고 느낄 수 있다. 이들이 마음이 넓은 사람임에도 불구하고 때때로 개인적인 관계를 하지 않는 것으로 보이기 때문에 다른 사람들은 이들이 잘 돌아보지 않고 있다고 생각할 수도 있다. 이들은 어떤 것에 대해서 흥분해 있을 때에는 자기주장이 강하고 충동적이고 공상에 잠기거나 과도하게 이상적이 될 수 있다.

### 함정

이들이 직면하게 되는 함정은 게으름, 노력하지 않으려는 것 그리고 실용주의다. 기이함은 덧없는 호기심이나 목적 없는 상태에서 나타날 수 있다. 돌아다니는 것은 재미있으나 이들은 실제적인 것을 해내기 위해 어딘가에 머무르는 법을 배워야 할지도 모른다. 만약 이들이 다른 길로 간다면 일이 더 잘 될 것이라고 생각하는 것은 이들이 일을 끝내지 않고 내버려두는 결과를 초래할 수도 있다. 이들은 자신의 관대함과 관용 때문에 다른 사람들이 자신을 이용하는 것을 막는 법을 배워야 할 필요가 있을 것이다.

9 유형의 사람들은 인생은 환상이며, 그래서 그들과 세계와의 관계에 대해 다루어질 필요가 있다는 것을 경험하게 될 것이다. 그들은 임

의로 내버려두고 신이 개입하도록 하는 것을 배우고 있다. 만약 9의 유형을 지닌 개인이 신을 개입시키지 않고 임의로 내버려 둔다면 의기소침해지고 무관심해질 수 있다. 함정에 빠진 이들은 사랑이 이 세상에서 살아가는 방법임을 믿는 것과 의식의 더 높은 차원으로 너무 멀리 물러가 있는 것보다는 일상생활을 명상하는 것을 배울 필요가 있다. 이들은 겉으로 드러나는 모습과 상관없이 자신이 완전한 세계의 비전을 소유하기 위해 여기에 왔다는 것을 생각해야 한다. 이러한 생각은 무엇인가를 변화시키는 데에는 시간이 걸린다는 것을 기억하도록 도울 것이다.

# 용어 풀이

연금술(Alchemy): 기본 금속(기본 물질)이 철학자의 돌(개성화의 이행이나 영혼을 물질에 대한 애착으로부터 자유롭게 하는) 또는 금으로 변형되는 과정. 융은 연금술의 연구를 의식과 무의식, 태양과 달, 대극과 '결합' 하고자 하는 목적으로 무의식을 변형시키는 과정에 상징적으로 비유하였다.

확충(Amplification): 확충이란 꿈이나 모래놀이 또는 다른 심리치료에서 나타나는 상징이나 이미지를 명확하게 하고 상세하게 설명하기 위해 개인적인 관계와 개인의 집단 문화 속으로 뻗어나가는 것이다.

아니마(Anima): 육체에서 분리된 여성성의 관념작용은 보통 남자 안에 있는 여성적인 이미지와 관련된 무의식의 정신 내에서 기능하는 원형적 구조 안에 있다. 아니마는 아프로디테, 아테네, 마리아, 관음보살과 같은 집단적인 형태와 형상으로 묘사된다.

원형(Archetype): 생활의 상징과 이미지를 창조하는 기초가 되는 DNA 안에 있는 것으로, 유전적이고 형태가 없는 정신의 일부. 원형은 생물학을 의식으로 연결하는 것이고, 우리의 삶에서 상징적인 표현을 통해서만 분명해진다. 원형과 정신에 대한 관계는 본능과 육체에 대한 것과 같다.

**복합상자**(Composite tray): 이 책에서 '복합(composite)' 이라는 표현은 특정한 數를 나타내는 한 가지의 명확한 요소보다 더 많은 것을 모래상자에서 표현한 것과 관련된다. 만약 모래상자가 하나 이상보다 더 많은 數를 표현하고 인식가능한 數의 다양한 요소가 상자에 나타난다면, 나는 이것을 복합상자라고 부른다.

**결합**(Conjunctio): 대극의 합일을 표현하는 것으로 연금술에서 사용된 개념. 융의 견해에 의하면 통합의 결실을 맺는 관계에서 이루어지는 두 가지 또는 그 이상의 무의식적 요소의 결합을 말한다.

**여자 노파**(Crone): 세 여신이 가지고 있는 세 가지 측면의 세 번째에 대한 일반적인 명칭. 여자 노파는 노인 또는 죽음, 쇠약해지는 달 그리고 재생에 앞서 먼저 일어나야만 하는 피할 수 없는 죽음에 대한 또 다른 상징이다. 이 이름은 까마귀와 다른 검은색 생물이 죽음의 신으로 신성시되어 온 이후부터 크로노스(Cronos), 썩은 고기를 먹는 까마귀와 결부되어 왔다. 여자 노파는 또한 여성의 인생에서 세 번째 단계(폐경 후)를 상징한다. 이 단계에서 여성은 현명한 할머니로 신뢰받으며, 두려움과 멸망을 넘어서는 강력한 능력을 인정받는다.

**분화**(Differentiation): 전체와 부분을 구분하고, 엉킨 것을 해결하고, 이전에 무의식적으로 연결되었던 것을 의식적으로 분리하고 구분하는 의미로 융이 자주 사용한 단어. 다른 말로, 무의식에 깊이 있는 혼동을 명확한 의식적 구조로 구별함으로써 해결하는 것을 의미한다.

**자아(Ego)**: 개인의 정체성, 강한 인격의 발달, 지각과 현실감을 테스트하는 것과 관련된 의식의 중심. 융은 자아는 낮은 자기(self)이고, 우리의 무의식에 있다고 믿었고, 고등 자기(Higher Self)는 자아로부터 분화되고 신과 동일한 것으로 보았다. 융학파의 문헌에서는 종종 자아와 자기의 관계, 그리고 의식과 무의식의 영역 사이의 중재에 대해 다룬다. 개성화의 과정에서 자아는 첫 번째로 발달하고, 그 다음에 강화되고, 마침내 자아에 대한 상대적인 것으로 규정되는 자기(self)에 종속된다고 본다.

**에로스(Eros)**: 종종 사람의 힘과 같은 것으로 생각된다. 이 책에서 에로스는 정신적인 관계의 원칙이고 관계를 맺는 힘을 의미한다.

**가루다(Garuda)**: 인간의 머리를 지닌 새로 초자연적인 태양신으로, 독약도 효력을 발휘하지 못하는 강력한 마법의 힘을 소유한다.

**철학자의 돌(Philosopher's Stone)**: 철학자의 돌은 연금술 과정의 결과다. 이것은 원기를 회복하고 치료하는 힘을 지닌 것으로, 금속이나 금에 비유된다. 이것은 개성화의 최종적인 목적이다.

**기본 물질(Prima materia)**: 모든 존재의 기원이 되는 것으로 기초적이고 형태가 없는 본래의 재료나 물질. 이것은 가장 근본적이고 정제된 에너지로 간주된다(변형되기 이전의).

**푸에르 애테르누스(Puer Aeternus)**: 영원한 젊음을 나타내는 원형과 관련된다. 성인의 인격으로 과장되어 나타난다면 소년에서 성인으로 성장하는 데 정신적 어려움이 있는 것으로 간주된다.

**자기**(Self): 인격의 합일로서의 전체와 인간의 온전한 잠재력에 대한 원형적 이미지. 자기는 인간 정신 안에서 필연적으로 통합하는 원칙이며, 이 책에서는 종종 신성이나 전체성으로 간주된다.

**세넥스**(Senex): '노인'에 대한 실제적인 원형으로, 여자 노파(crone)에서 의미하는 여성과 푸에르 애테르누스(puer aeternus)에 반대되는 개념이다. 푸에르(puer)처럼 이 원형은 연령과 관련되지는 않는다.

**테메노스**(Temenos): 신의 존재가 느껴질 수 있는 신성한 장소로 규정하기 위해 초기 그리스 시대에 사용한 단어. 심리학적 공간(Psychological container)은 치료기간 동안 치료자와 환자에 의해 형성되고, 무의식적인 과정에 대한 상호 존중과 비난받기 쉬운 상징적인 요소를 조사할 안전하게 보호된 장소에 의해 특징지어진다.

**초월적 기능**(Transcendent function): 새로운 합을 이루는 기능. 초월적인 기능은 실제적인 것과 가상의 것을 연결하거나 또는 의식과 무의식을 함께 일으킨다. 이 개념은 종종 세 가지 분야에서 조화를 이루는 '접착제'로서의 창조적인 과정과 관련 맺는 것으로 나타난다.

**무의식**(Unconscious): 자아에 접근할 수 없는, 알려지지 않고 계발될 수 없는 정신적 내용으로 그 자체만의 법칙과 기능을 갖고 있다.

**우누스 문두스**(Unus Mundus): 단일 세상에 대한 뉴턴 이전의 사상. 융의 시각에서 이 개념은 상호연결과 상호관계를 제안하는 데 사용된다. 보통 실체의 신속한 상호교환을 표시하는 미립자 물리학에 사용되는 이미지다.

소낭(Vesica piscis): 數 2와 관련된 것으로, 두 개의 원을 겹쳤을 때 중앙에 형성되는 아몬드 모양의 눈(mandorla)처럼 생긴 것이다. 이것은 전통적으로 여성 생식기(common yonic)의 상징처럼 보였다. 이것은 數가 태어나는 자궁이나 문과 관련된다. 타원형의 아몬드 모양은 또한 물고기로 불리고, 종종 성모님과 하느님의 일치됨으로 예수님에게 '작은 물고기(little fish)'를 가져다준 것과 관련된다.

## 참고문헌

Abraham, R. (1994). *Chaos, gaia, eros.* San Francisco: Harper Collins.

Abraham, S., & Robbins, L. (1979). *The wonder of numbers.* Van Nuys, CA: Astro-Analytics Publications.

Abt, T. *Alchemy as a myth of our time.* (audio). Los Angeles: C. G. Jung Institute.

Allan, J. (1989). *Inscapes of the child's world.* Dallas, TX: Spring Publications.

Andrews, T. (1990). *Sacred power in your name.* St. Paul, MN: Llewellyn Publications.

App, U. (1996) *The Ten Oxherdering Pictures.* Retrieved April 6, 2000 from The International Research Institute for Zen Buddhism web page:

Barks, C. *Rumi: Voice of Longing* (audio). Music by David Whetston and Marcus Wise.

Bechwith, M. (1970). *Hawaiian mythology.* Honolulu: University of Hawaii Press.

Bell, E . T. (1991). *The magic of numbers.* New York: Dover.

Bly, R., & Woodman, M. (1998). *The maiden king.* New York: Henry Holt.

Bonheim, J. (Ed.). (1997). *Goddess*. New York: Stewart, Tabori and Chang.

Brazier, K., & McCoard, B. (1997). *Sandplay: Silent workshop of the psyche*. London: Routledge.

Brazier, G. (1972). *The visconti Hours*. New York: N.Y. Publishing

Buess, L. (1978). *Numerology for the new age*. Marina del Rey, CA: De Vorss & Co. Publishers.

Bunker, D. (1980). Numerology and your future. Gloucester, MA: Para Research.

Campbell, F. (1931). *Your days are Numbered*. Marina del Rey, CA: De Vorss & Co. Publishers.

Campbell, J. (1974). *The mythic image*. New York: MJF Books.

Chevalier, J., & Gheerbrant, A. (1982). *The Penguin dictionary of symbols* (J. Buchanan-Brown, Trans.). London: Penguin Books.

Cirlot, J. E. (1993). *A dictionary of symbols*. New York: Philosophical Library.

Coates, A. (1974). *Numerology*. Sacraemento, CA: Citadel Press.

Cooper, J. C. (1978). *Dictionary of symbols*. London: Thames and Hudson.

Cunningham, J. C. (1998). Eros: The way of the octopus. *Journal of Sandplay Therapy, 7*(1), 129–137.

Devlin, K. (1998). *Life by the numbers*. New York: John Wiley and Sons.

Eastwood, P. S., & Jones, W. (1986). *Numerology software program*.

Edinger, E. F. (1992). *Ego and archetype*. Boston: Shambhala.

_____(1999). *Archetype of the apocalypse*. Chicago: Open Court Publishing.

Ellis (1978). *Number power*. New York: St, Martin's Press.

Erikson, E . H. (1950). *Childhood and society*. New York: Norton.

Farrell, K., & Presser, C. (1993). *The Herder dictionary of symbols*. Wilmette, IL: Chiron.

Franck, F. (1992). The game of goose. *Parabola, 17*(2), 38–40.

Gebser, J. (1992). Cave and Labyrinth. *Parabola, 17*(2), 61–63.

Goodwin, M. (1987). *Numerology, the complete guide*. North Hollywood, CA: Newcastle.

Grof, S. (1988). *The adventure of self discovery: Dimensions of consciousness and new perspectives in psychotherapy and inner exploration*. New York: State University of New York Press.

Hauck, D. W. (1999). *The emerald tablet*. New York: Penguin/Arkana.

*Healing Island*. (1998). (newsletter) Number 3. Winter. Waimea, HI: Holistic Hospital.

Heline, C. (1985). *Sacred science of numbers*. Marina del Rey, CA: De Vorss & Co. Publishers.

Henderson, J. L. (1993). Images of initiation. *Journal of Sandplay Therapy, 3*(1), 45–55.

Hillier, J. (1980). *Book of illustration,* London: Sutheby, Parke, Bemet, and Berkeley, Ca: University of California.

Hitchcock, H. (1972). *Helping yourself with numerology*. New York: Parker.

Houston, H., & Jordan, J. (1982). *Your name, your number; your destiny*. North Hollywood, CA: Newcastle.

Ifrah, G. (1998). *The universal history of numbers*. London: Harvill Press.

Jackson, B. (1995). Off on a tangent. *Journal of Sandplay Therapy,*

4(2), 56.

Javene, F., & Bunker, D. (1979). *Numerology and the divine triangle.* Gloucester, MA: Para Research.

Jordan, J. (1965). *Numerology the romance in your name.* Marina del Rey, CA: De Vorss & Co.

Julien, N. (1996). *The mmmoth dictionary of symbols.* New York: Carroll and Graf.

Jung, C. G. (1953). *Collected works.* Published for the Bollingen Foundation by Princeton University Press, Princetion N.J., and by Routledge and Kegan Paul, London.

_____(1969). Psychology and religion. *Collected Works XI* (2nd ed.).

_____(1973). *Memories, dreams reflections.* Mew York: Random House.

Kalff, Dora M. "Introduction to sandplay therapy." in *Journal of Sandplay Therapy, 1*(1),

Kawai, H. (1996). *Buddhism and the art of psychotherapy.* College Station. TX: Texas A & M University Press.

Kluger, R. S. (1991). The archetypal significance of Gilgamesh. (workshop) C. G. Jung Institute, San Francisco.

Konraad, S. (1983). *Numerology: Key to tarot.* Atglen, PA: Schiffer Publishing, Ltd.

Krauss, B. (1992). *Birth by fire: A guide to hawaii's volcanoes.* Aiea, HI: Island Heritage.

*Larousse encyclopedia of mythology.* (1994). New York: Barnes & Noble.

Levine, S. (1991). *Guided meditations, explorations and Healings.* New

York: Anchor Books.

Levitt, S. (2000). *Taoist feng shui*. Rochester, MA: Destiny Books.

Lewis, H. S. (1956). *Self-mastery and fate with the cycles of life*. San Jose, CA: Rosicrucian Order, AMORC.

Lopez, R. R. (2000). *Mandala of the holder of the buddha heart: A guide*. (unpublished lecture). Honolulu, HI.

Lytle Croutier, A. (1992). *Taking the waters*. New York: Abbeville.

Mann, A. T. (1993). *Sacred architecture*. Rockport, MA: Element, Inc.

Millman, K. (1993). *The life you were born to live: A guide to finding your life purpose*. Tiburon, CA: H. J. Kramer, Inc.

Moon, B. (Ed.). (1997). *An encyclopedia of archetypal symbolism: The archive for research in archtypal symbolism. vol. 1*. Boston, MA: Shambhala.

Moore, G. (1973). *Numbers will tell*. New York: Grosset and Dunlap Publishers.

Mykian, W. (1973). *Numerology made easy*. North Hollywood. CA: Wilshire Book.

Myss, C. (1997). *Energy anatomy: The science of personal power, spirituality and health*. (audio) Louisville, CO: Sounds True.

Nichols, S. (1980). *Jung and tarot*. York Beach, ME: Samuel Weiser.

Ouspensky, P. D. (1949). *In search of the miraculous*. San Diego, CA: Harcourt Brace & Company.

_____ (1995). *The symbolism of the tarot*. Van Nuys. CA: Newcastle.

Palmer, H. (1991). *The enneagram*. San Francisco: Harper.

Platania, J. (1997). *Jung for beginners*. New York: Writers and Readers Publishing, Inc.

Porat, R. (1998). Images of war and images of peace. *Journal of sandplay Therapy, 7*(2), 28.

Raleigh, A. S. (1994). *Occult geometry and hermetic science of motion and number*. Marina del Rey, CA: De Vorss & Co. Publishers.

Reece, S. (1995). The mound as healing image in sandplay. *Journal of Sandplay Therapy, 4*(2), 14–31.

Roquemore, K. (1985). *It's all in your numbers*. San Francisco: Harper and Row.

Samuels. A., Shorter, B., & Plaut, F. (1986). *A critical dictionary of Jungian analysis*. New York: Routledge.

Schimmen, A. (1993). *The mystery of numbers*. New York: Oxford University Press.

Schneider, M. S. S. (1995). *A beginner's guide of constructing the universe*. San Francisco: Harper.

Sepharial, A. (1974). *The kabala of numbers*. North Hollywood, CA: Newcastle.

Shah, I. (1967). *Tales of the Dervishs: Teaching stories of Sufimasters over the past thousand years*. London: Octagon Press.

_____(1972). *Thinkers of the east*. New York: Penguin Books.

Simpson, J. (1980). *Hot numbers*. New York: Crown.

Spiegelman, J. M., & Miyuki, M. (1994). *Buddhism and Jungian Psychology*. Tempe, AZ: New Falcon Publications.

Stein, R. (1985). *Your child's numerology*. London: Futura.

Stevens, A. (1982). *Archetypes*. New York: Quill.

von Franz, M. (1974). *Number and time*. Evanston, IL: Northwest University Press.

Vries, A. (1984). *Dictionary of symbols and imagery*. Amsterdam: North

Holland Publishing.

Walker, B. (1983). *The woman's encyclopedia of myths and secrets*. San Francisco: Harper.

_____(1988). *The Woman's dictionary of symbols and sacred objects*. San Francisco: Harper.

Waring, P. (1979). *Dictionary of omens and superstitions*. Chanwell Books.

Waterfield, R. (1988). *The theology of arithmetic*. (Trans). Grand Rapids, MI: Phanes Press.

Weinrib, E. The shadow and the cross. in *Proceedings of the 10th International Congress of Analytical Psychology*, M. Matoon (Ed.), 416.

Wiber, K. (1998). *The essential Ken Wilber*. Boston: Shambhala.

Wiscott, L. (1890). *Numbers*. London: Theosophical Publication.

Woodman, M., & Dickson, E. (1997). *Dancing in the flames: The dark goddess in the tranformation of consciousness*. Boston: Shambhala.

Young, H. D., Freeman, R. A., Sandin, T., & Ford, A. (2000). *Sears and Zemansky's university physics* (10th Ed.). Essex, UK: Addison Weley Longham.

# 그림 목록

# 찾아보기

## 내 용

### 저자 소개

◈ Pratibha S. Eastwood, Ph. D.

이스트우드 박사는 심리학자이자 모래놀이치료사로 버클리에 있는 캘리포니아 대학에서 Academy Training을 받았으며, 1979년부터는 하와이에서 교사로 일하고 있다. 그녀는 여러 전문 분야에서 독특한 접근법을 통해 치료사로서의 역할을 하고 있다. 이스트우드 박사는 이 분야에서 지도자적인 위치를 가지고 있다는 점에서 지속적인 명성을 얻고 있다. 광범위한 연구와 여행을 통해 그녀는 다양한 집단과 문화에서 반복적으로 드러나는 數의 원형을 증명하고 있다. 數에 정통한 이스트우드 박사는 최근, 그녀만의 數에 대한 식견을 융학파 연구와 모래놀이치료에 접목하고 있으며, 많은 워크숍과 세미나를 개최하였고, 數에 대한 소프트웨어를 개발하였다. 이는 작품집 『창조의 손으로』와 『모래놀이 치료관련 저널』에 소개되기도 하였다.

### 역자 소개

◈ 정정순

독일 만하임 발도르프 사범대학 졸업(교육학 및 특수교육학 전공)
단국대학교 특수교육학과 교육학 박사(정서장애 전공)
발도르프 교사자격증, 몬테소리 국제교사자격증 및 예술치료전문가자격증 취득
前 단국대학교, 명지대학교, 한양대학교 강사
現 원광대학교 동서보완의학대학원 예술치료학과 특수아동예술치료전공 지도교수
　　한국모래놀이치료학회 이사

역서 및 논문
『인지학 예술치료』
『치료교육과 R. 슈타이너의 감각론』
「놀이미술치료가 발달장애유아의 사회적 행동에 미치는 효과」
「미술놀이의 치료적 활용 연구」
「분리불안 아동의 행동특성 연구 및 양육자 역할의 중요성」
「오이리트미 정서훈련이 자폐성 아동의 감정표현과 사회성 발달에 미치는 효과」
「자폐성(정신지체)유아의 감정표현행동 측정모델개발에 관한 연구」
「점토를 이용한 미술치료활동이 정신지체 청소년의 자기 표현력에 미치는 효과」
「태교미술에 대한 인식도 조사」
「통합예술치료 프로그램이 발달장애아동의 감정표현에 미치는 효과」
「Eine Anwedungsm Öglichkeit der Waldorfpä dagogik auf Korea: Inhalt und Probleme」 외 다수

◎ 김보애

샬트르 성 바오로 수녀회 서울관구 입회
상지대학교 사회복지학과 졸업
이화여자대학교 일반대학원 사회복지학 석사, 박사(임상사회복지 전공)
現 명지대학교 아동학과 겸임교수
  서울특별시립동부아동상담소장
  국제모래놀이치료학회 정회원
  한국모래놀이치료학회장
  한국모래놀이치료학회 지도감독자
  한국심리재활학회 놀이치료 지도감독자
  한국약물상담가협회 약물상담 지도감독자
  한국치료공동체협회장
  건강한 가족공동체 본부장

저서 및 논문
『건강한 가족공동체』
『모래놀이치료의 이론과 실제』
『신비스러운 모래놀이치료』
「환각제 흡입 청소년 재활을 위한 Sand-play therapy 활용 사례 연구」
「비행청소년을 대상으로 한 치료공동체 프로그램 적용 및 효과성 연구」

◎ 정선영

이화여자대학교 일반대학원 사회복지학 석사
現 서울특별시립동부아동상담소 아동상담교육과장
  한국심리재활학회 놀이치료전문가
  한국약물상담가협회 약물상담가 1급
  건강한 가족공동체 지도자

# 모래놀이치료와 數 상징

Nine Windows to Wholeness: Exploring Numbers in Sandplay Therapy

2006년 8월 10일 1판 1쇄 발행
2017년 9월 15일 1판 2쇄 발행

지은이 • Pratibha S. Eastwood, Ph. D.
옮긴이 • 정정순 · 김보애 · 정선영
펴낸이 • 김 진 환
펴낸곳 • (주) **학지사**

　　　　04031 서울특별시 마포구 양화로 15길 20 마인드월드빌딩 5층

대표전화 • 02) 330-5114　　팩스 • 02) 324-2345

등록번호 • 제313-2006-000265호

홈페이지 • http://www.hakjisa.co.kr
페이스북 • https://www.facebook.com/hakjisabook

ISBN 978-89-5891-270-7 93180

정가 **17,000**원

교육문화출판미디어그룹 **학지사**

학술논문서비스 **뉴논문** www.newnonmun.com
심리검사연구소 **인싸이트** www.inpsyt.co.kr
원격교육연수원 **카운피아** www.counpia.com